EURYTHMY FORMS FOR THE CALENDAR OF THE SOUL

EURYTHMY FORMS
FOR THE CALENDAR OF THE SOUL

Translation by Dorothea Mier

RUDOLF STEINER

SteinerBooks

CW A 23/2

SteinerBooks | Anthroposophic Press
834 Main Street, P.O. Box 358
Spencertown, New York 12165
www.steinerbooks.org

The drawings reproduced here are unedited photographic reproductions of the original drawings by Rudolf Steiner. The forms were drawn from the viewpoint of the audience on various kinds of paper with pencil, indelible pencil, or ink and are given at nearly their original size.

This book is volume A 23/2 in the Collected Works (CW) of Rudolf Steiner, published by SteinerBooks, 2025. It is a translation of *Eurythmieformen zu den Wochensprüchen des Anthroposophischen Seelenkalenders*, 4th edition, published by Rudolf Steiner Verlag, Dornach, Switzerland, 2012.

ISBN: 978-1-62148-386-1

Printed in the United States of America by Versa Press

CONTENTS

Autumn

Winter

The dates indicated for the verses are those of the first edition, which covered the year 1912/13. When asked about the change of dates that occurs from year to year, Rudolf Steiner said: The main thing is to always begin with the first verse at Easter. The change in dates is not so important because three successive verses of the Calendar are always kept in the same mood.

PREFACE

In this translation, with great help from Melissa Lyons and RongRong Ji, I have tried to be consistent. I wondered sometimes: Is it more helpful to translate what Rudolf Steiner has written, word for word, which would help you recognize what is on the page, or to go directly from the meaning?

From Rudolf Steiner we learn that the way he formulated what he brought helped exercise the "muscles" needed in order to understand. (Lea van der Pals often mentioned, if you would help the butterfly out of its chrysalis, it wouldn't have the muscles to fly!) Making things too easy may not be that helpful. Tradition is not to be scorned—Rudolf Steiner was still alive and could answer questions the first eurythmists may have had, which do not appear on the original forms. For instance, where there are sounds given for the Vortakt (prelude) but not the Nachtakt (postlude), then they belong to both. Where there is a difference, these are given.

I have only translated what Rudolf Steiner has written other than the text itself which is easily recognizable.* A glossary of terms is included so you can recognize the words written. I would like to thank Annemarie Bäschlin and Ute Medebach for helping to decipher Rudolf Steiner's handwriting. It is clear that a great deal was written out of the moment, with no consideration that it is for posterity—these forms were drawn in the midst of the work itself, you can feel the immediacy of life and activity, and one can imagine how much of what was written was jotted down, possibly with the eurythmists present. I have intentionally not "edited" anything but left it as close to the original as possible, so there is often a lot of repetition.

In my experience, when doing the verses in translation, it is helpful to remember that they are "thought forms." In German, the verb frequently comes at the end—is that in the form? For my feeling, not necessarily. One can make so much sense out of the forms. The meaning will be expressed differently in each language but still be true.

Dorothea Mier, 2025

* Brackets [ ] indicate translator's comments.

PREFACE TO THE SECOND EDITION, 1977

In the autumn of 1912 Rudolf Steiner gave the foundational course—the Dionysian element—for eurythmy. The first attempts were shown in 1913 in Munich on August 20–21. In January of 1914 in Berlin, there was a larger audience. Beginning in the autumn of 1914, during the building of the Goetheanum, there were regular shorter or longer eurythmy presentations before the Saturday and Sunday lectures. A verse from the *Calendar of the Soul* was included in most of the presentations, which can be gathered from the programs that were preserved from January 1915 onward. The verses would be done as solos with the already existing forms for thinking, feeling, and willing. This was the way in which they were presented also in other places (see Rudolf Steiner, *Birth and Development of Eurythmy* CW 277a, Dornach, 1965). When in August of 1915 Rudolf Steiner introduced the Apollonian forms as the next stage of development, the verses were also performed as solos with these forms until, in December of 1918, he gave group forms for the weekly verses.

In an introduction to a eurythmy performance given in Dornach on August 29, 1920, Rudolf Steiner said:

> We know how we stand very much at the beginning, but up till now we have tried hard to bring the matter further, namely, as regards the development of forms in space. We are trying more and more to come to the eurythmical element, where the attempt is to form the poetic quality, as, for example, in my weekly verses, where the thought indeed lies at the foundation, but not the thought element, which is usually seen as the essential in poetry, but where the intertwining of the thoughts, the streaming, flowing sequence of thoughts, where the placement of the thought is of importance; where it is not irrelevant whether a thought appears in the third or fourth line. In adhering to the poetic form, the poetic element in eurythmy is where we try to come further and further.

During a eurythmy conference in Dornach in 1972, the original forms of the weekly verses, which had been kept in the archive, were exhibited. Those who saw them could experience, in contrast to the photocopies and printed edition, how extraordinarily expressive, how lively the line drawings of these forms are in their endlessly rich and manifold quality: delicate, as though sounding musically, drawn with a pencil, or also forcefully sculptural through a strong formative quality. These impressions were strengthened by the different materials Rudolf Steiner used for these drawings. Mostly, it was simple writing pads used in those days. Once he also used the cardboard from the pad, both the front and back, for the Vortakt and Nachtakt of week 43. For week 35, we find the first created forms on a little piece of lined paper drawn with ink. These comprehensive facts lead to further discoveries: to those weekly verses where the Vortakt and Nachtakt were added later. One can see this from the different paper and whether they were drawn with ink or pencil. So one sees for week 34 and the following December verses that the Vortakt and Nachtakt were drawn sometime later in one go. Through the later addition, in some instances, the page numbers needed to be changed. Some additions were made by Marie Steiner, which one can see from the handwriting.

One can follow the development of the forms through these details. In this new edition, the aim is to bring the impression of the original pages as faithfully as possible. With the technical means available in reproduction and printing, in contrast to the first edition, the original size of the drawings has been kept throughout, showing clearly the differentiations of the stroke according to the materials used by Rudolf Steiner. The size of the pages on which the forms were drawn—sometimes with a light background color—shows how Rudolf Steiner grasped and formed the space available to him.

Eva Froböse

PREFACE TO THE FIRST EDITION, 1958

Once Rudolf Steiner had given eurythmy forms for the "Twelve Moods" and for Fercher von Steinwand's "Chor der Urtriebe," the first forms for the weekly verses followed soon afterwards, beginning with week 35. Up until week 39, the forms were without the Vortakt and Nachtakt. These were added later. The wealth of forms and metamorphosis in the progression in the course of the year is study material for all those engaged in eurythmy. The forms can also be stimulating for those who are not practicing eurythmists. One can gain much for the understanding of the verse through these forms. Through the number of performers, the form acquires its unique character. In winter towards Christmas, there are seven, in summer mostly four, sometimes three and even two. The white dress, which is indicated for all fifty-two verses, is enlivened through the changing colors of the veils. Depending on whether a specific color is in the middle of the form or at the periphery, whether the color belongs to a form which is big or small, also the way the colors speak to each other, there results through the quality of the color a differentiated play of forces which can deeply enliven our souls. With the weekly verses, we always have an inner and an outer experience, a soul depth and a breadth of spiritual experience. If you arrange the verses for the progression of the year into a circle, the result is that the first verse (A) and the last (Z) with the two middle Z and A (26 and 27) on the opposite sides creating a horizontal axis (spring-autumn); the verses M and N (13 and 14) and N and O (39 and 40) create the vertical axis (summer-winter). The result is a cross. Four verses always belong together as a corresponding set; for instance, the verses: “Within the light that out of spirit depths” (5) and “The light from spirit depths” (31) and “The light from world-wide spaces” (22) and “Within the light that out of world-wide heights” (48). This is one way of gaining an overview of the structure of the verses.

Before Rudolf Steiner gave the forms, the weekly verses were practiced and performed with Apollonian forms. That was the foundation for learning the verses. At that time, Rudolf Steiner indicated that bringing those verses in this manner could be a good way to begin branch work.

Over the course of years, the forms have been frequently traced and copied by eurythmists. This resulted in distortions from the original and inaccuracies. Therefore, it is necessary to have a faithful reproduction of the original forms. In many instances, the verse is written on the same page as the form. The form and text create a whole. It is not possible to use the forms separated from the text or for any other text. That would destroy the inner truth of the form.

In performance, the individual character of the weekly verses should be brought to expression through an individual style which in its strictness communicates to and forms the audience.

Isabella de Jaager

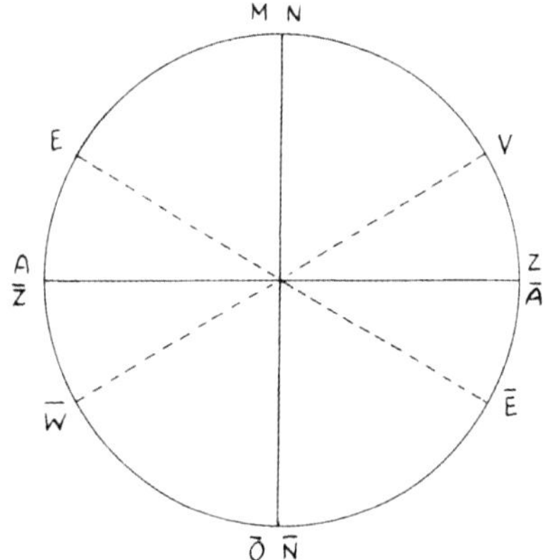

RUDOLF STEINER

VERSES OF THE ANTHROPOSOPHICAL SOUL CALENDAR

with lighting indications for eurythmy stage performance

Glossary of Terms

oben - above
dann - then
blau - blue
hell - light
weg - away
fort - away

stehend - standing
rot - red
ganz - all
kurz - short, quick
weiss - white
grau - gray

violet - purple
dazu - add
statt - instead of
grün - green
dafür - instead of
stumm - silent

unten - below
vorwärts - (forwards) there
gelb - yellow
woche - week
hinein - into
braun - brown

lila - lilac, mauve, lavender
vocalish - vowel quality or mostly vowels

Kehrt zurück - returns (9th week)
consonantisch - consonant quality or mostly consonants

[Vowels as pronounced in German: a (ah), e (eh), i (ee), o (oh), u (oo), ei (I as in 'white'), au (ow as in 'wow'), eu (oi as in 'joy'), ü (as in 'dew, few, and new')]

Spring

1 A *Oster-Stimmung*

Wenn aus den Weltenweiten Die Sonne Spricht zum Menschensinn Und Freude aus den Seelentiefen Dem Licht sich eint im Schauen,	oben rot unten rot 1/3 weiss
Dann ziehen aus der Selbstheit Hülle Gedanken in die Raumesfernen Und binden dumpf Des Menschen Wesen an des Geistes Sein.	dazu oben ganz gelb

2 B *Zweite Woche*

Ins Äußre des Sinnesalls Verliert Gedankenmacht ihr Eigensein;	oben blau unten weiß
Es finden Geisteswelten Den Menschensprossen wieder, Der seinen Keim in ihnen,	oben rot unten grün
Doch seine Seelenfrucht	ganz rot
In sich muß finden.	oben blau unten grün

3 C *Dritte Woche*

Es spricht zum Weltenall, Sich selbst vergessend Und seines Urstands eingedenk, Des Menschen wachsend Ich:	oben blau grün unten gelb grün
In dir, befreiend mich Aus meiner Eigenheiten Fessel, Ergründe ich mein echtes Wesen.	oben rot gelb unten gelb grün

4 D *Vierte Woche*

Ich fühle Wesen meines Wesens: So spricht Empfindung, Die in der sonnerhellten Welt Mit Lichtesfluten sich vereint;	oben gelb unten rot weiß
Sie will dem Denken Zur Klarheit Wärme schenken Und Mensch und Welt	dazu ganz rot
In Einheit fest verbinden.	ganz grün

5 E *Fünfte Woche*

Im Lichte, das aus Geistestiefen Im Raume fruchtbar webend Der Götter Schaffen offenbart:	oben gelb unten grün
In ihm erscheint der Seele Wesen Geweitet zu dem Weltensein Und auferstanden Aus enger Selbstheit Innenmacht.	oben blau rot unten gelb

6 F *Sechste Woche*

Es ist erstanden aus der Eigenheit Mein Selbst und findet sich Als Weltenoffenbarung In Zeit- und Raumeskräften;	oben grün rot unten weiß blau
Die Welt, sie zeigt mir überall Als göttlich Urbild Des eignen Abbilds Wahrheit.	oben weiß rot unten grün blau

7 G *Siebente Woche*

Mein Selbst, es drohet zu entfliehen, Vom Weltenlichte mächtig angezogen.	oben grün unten gelb
Nun trete du mein Ahnen In deine Rechte kräftig ein,	oben rot blau unten rot
Ersetze mir des Denkens Macht, Das in der Sinne Schein Sich selbst verlieren will.	oben rot unten weiß

8 E *Achte Woche*

Es wächst der Sinne Macht Im Bunde mit der Götter Schaffen,	oben gelb unten grün
Sie drückt des Denkens Kraft Zur Traumes Dumpfheit mir herab.	oben blau unten gelb
Wenn göttlich Wesen Sich meiner Seele einen will, Muß menschlich Denken Im Traumessein sich still bescheiden.	oben weiß unten grün gelb

9 I *Neunte Woche*

Vergessend meine Willenseigenheit, Erfüllet Weltenwärme sommerkündend Mir Geist und Seelenwesen;	oben rot unten blau grün
Im Licht mich zu verlieren Gebietet mir das Geistesschauen,	dazu oben gelb unten weiß
Und kraftvoll kündet Ahnung mir: Verliere dich, um dich zu finden.	grün rot dazu

10 K *Zehnte Woche*

Zu sommerlichen Höhen Erhebt der Sonne leuchtend Wesen sich; Es nimmt mein menschlich Fühlen In seine Raumesweiten mit.	oben gelb rot unten weiß
Erahnend regt im Innern sich Empfindung, dumpf mir kündend:	oben rot grün unten blau
Erkennen wirst du einst: Dich fühlte jetzt ein Gotteswesen.	oben gelb unten gelb rot

11 L *Elfte Woche* (O)*

Est ist in dieser Sonnenstunde An dir, die weise Kunde zu erkennen:	ganz gelb
An Weltenschönheit hingegeben, In dir dich fühlend zu durchleben:	dazu oben rot
Verlieren kann das Menschen-Ich Und finden sich im Welten-Ich	dazu unten rot

* [Compare with note on p. 16]

12 *Johannes-Stimmung* (O)

Der Welten Schönheitsglanz, Er zwinget mich aus Seelentiefen	rot oben gelb unten grün unten
Des Eigenlebens Götterkräfte Zum Weltenfluge zu entbinden;	blau oben grün unten
Mich selber zu verlassen, Vertrauend nur mich suchend	gelb oben blau grün unten
In Weltenlicht und Weltenwärme.	ganz rot ganz gelb

13 M *Dreizehnte Woche*

Und bin ich in den Sinneshöhen, So flammt in meinen Seelentiefen	oben gelb unten rot
Aus Geistes Feuerwelten Der Götter Wahrheitswort:	oben rot unten weißt
In Geistesgründen suche ahnend Dich geistverwandt zu finden.	oben rot unten gelb grün

Summer

14 N *Vierzehnte Woche*

An Sinnesoffenbarung hingegeben Verlor ich Eigenwesens Trieb,	ganz grün blau unten
Gedankentraum, er schien Betäubend mir das Selbst zu rauben,	dazu statt blau rot unten
Doch weckend nahet schon Im Sinnenschein mir Weltendenken.	dazu ganz gelb

15 O *Fünfzehnte Woche*

Ich fühle wie verzaubert Im Weltenschein des Geistes Weben: Es hat in Sinnesdumpfheit Gehüllt mein Eigenwesen,	grün oben blau gelb unten
Zu schenken mir die Kraft: Die, ohnmächtig sich selbst zu geben, Mein Ich in seinen Schranken ist.	dazu rot oben grün unten

16 P *Sechzehnte Woche*

Zu bergen Geistgeschenk im Innern, Gebietet strenge mir mein Ahnen,	oben gelb unten weiß
Daß reifend Gottesgaben In Seelengründen fruchtend Der Selbstheit Früchte bringen.	dazu ganz grün

17 Q *Siebzehnte Woche*

Es spricht das Weltenwort, Das ich durch Sinnestore In Seelengründe durfte führen:	ganz weiß unten rot grün
Erfülle deine Geistestiefen Mit meinen Weltenweiten, Zu finden einstens mich in dir.	ganz gelb grün unten weiß

18 R *Achtzehnte Woche*

Kann ich die Seele weiten, Daß sie sich selbst verbindet Empfangnem Welten-Keimesworte?	ganz grün gelb unten
Ich ahne, daß ich Kraft muß finden, Die Seele würdig zu gestalten, Zum Geistes-Kleide sich zu bilden.	rot oben grün unten

19 S *Neunzehnte Woche* (O)

Geheimnisvoll das Neu-Empfang'ne Mit der Erinnerung zu umschließen,	oben blau unten grün
Sei meines Strebens weitrer Sinn:	grün weg
Er soll erstarkend Eigenkräfte In meinem Innern wecken Und werdend mich mir selber geben.	ganz rot

20 T *Zwanzigste Woche*

So fühl ich erst mein Sein, Das fern vom Welten-Dasein	oben rot unten gelb
In sich, sich selbst erlöschen	oben blau unten gelb grün
Und bauend nur auf eignem Grunde In sich, sich selbst ertöten müßte.	oben blau rot unten grün

21 U *Einundzwanzigste Woche*

Ich fühle fruchtend fremde Macht Sich stärkend mir mich selbst verleihn,	oben rot unten grün
Den Keim empfind ich reifend	grün oben rot gelb unten
Und Ahnung lichtvoll weben Im Innern an der Selbstheit Macht.	gelb oben weiß grün unten

22 V *Zweiundzwanzigste Woche* (O)

Das Licht aus Weltenweiten, Im Innern lebt es kräftig fort:	gelb oben rot oben weiß unten
Es wird zum Seelenlichte Und leuchtet in die Geistestiefen,	blau unten grün oben
Um Früchte zu entbinden, Die Menschenselbst aus Weltenselbst Im Zeitenlaufe reifen lassen.	ganz grün blau oben

23 W *Dreiundzwanzigste Woche* (O)

Es dämpfet herbstlich sich Der Sinne Reizesstreben;	gelb oben rot unten
In Lichtesoffenbarung mischen Der Nebel dumpfe Schleier sich. Ich selber schau in Raumesweiten	blau oben dazu
Des Herbstes Winterschlaf. Der Sommer hat an mich Sich selber hingegeben.	blau unten dazu

24 X *Vierundzwanzigste Woche* (O)

Sich selbst erschlaffend stets, Wird Seelensein sich selbst gewahr;	rot oben rot unten
Der Weltengeist, er strebet fort In Selbsterkenntnis neu belebt	rot unten fort dafür grün hinein
Und schafft aus Seelenfinsternis Des Selbstsinns Willensfrucht.	dazu blau oben

25 Y *Fünfundzwanzigste Woche* (O)

Ich darf nun mir gehören Und leuchtend breiten Innenlicht	ganz grun
In Raumes- und in Zeitenfinsternis. Zum Schlafe drängt natürlich Wesen,	dazu rot oben
Der Seele Tiefen sollen wachen Und wachend tragen Sonnengluten In kalte Winterfluten.	ganz weiß oben gelb

26 Z *Michaeli-Stimmung* (O)

Natur, dein mütterliches Sein, Ich trage es in meinem Willenswesen;	gelb oben blau rot unten
Und meines Willens Feurmacht, Sie stählet meines Geistes Triebe,	dazu rot oben
Daß sie gebären Selbstgefühl Zu tragen mich in mir.	oben rot unten grün

Autumn

27 Ā *Siebenundzwanzigste Woche*

In meines Wesens Tiefen dringen: Erregt ein ahnungsvolles Sehnen,	oben rot unten grün
Daß ich mich selbstbetrachtend finde, Als Sommersonnengabe, die als Keim	ganz grün
In Herbstesstimmung wärmend lebt Als meiner Seele Kräftetrieb.	blau rot

28 B̄ *Achtundzwanzigste Woche*

Ich kann im Innern neu belebt Erfühlen eignen Wesens Weiten Und krafterfüllt Gedankenstrahlen	oben blau gelb unten grün rot
Aus Seelensonnenmacht Den Lebensrätseln lösend spenden,	oben rot gelb unten grün
Erfüllung manchem Wunsche leihen, Dem Hoffnung schon die Schwingen lähmte.	oben grün weiß unten rot

29 C̄ *Neunundzwanzigste Woche*

Sich selbst des Denkens Leuchten	oben gelb
Im Innern kraftvoll zu entfachen,	unten weiß
Erlebtes sinnvoll deutend	oben gelb
Aus Weltengeistes Kräftequell,	unten grün
Ist mir nun Sommererbe,	grün oben
Ist Herbstesruhe und auch	gelb rot unten
Winterhoffnung.	

30 D̄ *Dreißigste Woche*

Es sprießen mir im Seelensonnenlicht	oben gelb
Des Denkens reife Früchte,	unten blau weiß
In Selbstbewußtseins Sicherheit	
Verwandelt alles Fühlen sich.	
Empfinden kann ich freudevoll	oben grün gelb
Des Herbstes Geisterwachen:	unten rot
Der Winter wird in mir	oben rot blau
Den Seelensommer wecken.	unten weiß gelb

31 Ē *Einunddreißigste Woche*

Das Licht aus Geistestiefen,	oben gelb
Nach außen strebt es sonnenhaft:	unten grün rot
Es wird zur Lebenswillenskraft	
Und leuchtet in der Sinne Dumpfheit,	
Um Kräfte zu entbinden,	oben grün rot
Die Schaffensmächte aus Seelentrieben	unten rot gelb
Im Menschenwerke reifen lassen.	

32 F̄ *Zweiunddreißigste Woche*

Ich fühle fruchtend eigne Kraft	ganz grün
Sich stärkend mich der Welt verleihn;	weiß unten
Mein Eigenwesen fühl ich kraftend	rot oben
Zur Klarheit sich zu wenden	gelb weiß unten
Im Lebensschicksalsweben.	

33 F̄ *Dreiunddreißigste Woche* (O)

So fühl ich erst die Welt,	oben grün unten grün
Die außer meiner Seele Miterleben	oben rot grün
An sich nur frostig leeres Leben	unten grün
Und ohne Macht sich offenbarend,	oben rot
In Seelen sich von neuem schaffend,	utnen grün
In sich den Tod nur finden könnte.	

34 H̄ *Vierunddreißigste Woche* (O)

Geheimnisvoll das Alt-Bewahrte	oben grün
Min neuerstandnem Eigensein	unten blau
Im Innern sich belebend fühlen:	
Es soll erweckend Weltenkräfte	oben grün rot
In mienes Lebens Außenwerk ergießen	unten weiß
Und werdend mich ins Dasein prägen.	oben rot
	unten weiß
	kurz ↓ ↑

35 Ī *Fünfunddreißigste Woche* (O)

Kann ich das Sein erkennen,	ganz grün
Daß es sich wiederfindet	ganz blau
Im Seelenschaffensdrange?	
Ich fühle, daß mir Macht verlieh'n,	oben rot
Das eigne Selbst dem Weltenselbst	unten blau
Als Glied bescheiden einzuleben.	

36 K̄ *Sechsunddreißigste Woche* (O)

In meines Wesens Tiefen spricht	rot oben
Zur Offenbarung drängend	gelb unten
Geheimnisvoll das Weltenwort:	
Erfülle deiner Arbeit Ziele	grün oben
Mit meinem Geisteslichte,	rot unten
Zu opfern dich durch mich.	

Winter

37 L̄ *Siebenunddreißigste Woche* (O)

Zu tragen Geisteslicht in Weltenwinternacht Erstrebet selig meines Herzens Trieb,	blau oben rot unten
Daß leuchtend Seelenkeime In Weltengründen wurzeln,	blau oben rot grün unten
Und Gotteswort im Sinnesdunkel Verklärend alles Sein durchtönt.	blau rot oben rot grün unten

38 M̄ *Weihe-Nacht-Stimmung* (O)

Ich fühle wie entzaubert Das Geisteskind im Seelenschoß:	blau (weiß oben)
Es hat in Herzenshelligkeit Gezeugt das heilige Weltenwort	rot (weiß oben)
Der Hoffnung Himmelsfrucht, Die jubelnd wächst in Weltenfernen Aus meines Wesens Gottesgrund.	dazu hell oben

39 N̄ *Neununddreißigste Woche* (O)

An Geistesoffenbarung hingegeben Gewinne ich des Weltenwesens Licht.	oben weiß unten blau
Gedankenkraft, sie wächst Sich klärend mir mich selbst zu geben, Und weckend löst sich mir	oben weiß unten gelb
Aus Denkermacht das Selbstgefühl.	oben weiß unten gelb grün

40 Ō *Vierzigste Woche* (O)

Und bin ich in den Geistestiefen, Erfüllt in meinen Seelengründen	oben rot unten blau
Aus Herzens Liebewelten Der Eigenheiten leerer Wahn Sich mit des Weltenwortes Feuerkraft.	oben rot unten grün

41 P̄ *Einundvierzigste Woche* (O)

Der Seele Schaffensmacht, Sie strebet aus dem Herzensgrunde, Im Menschenleben Götterkräfte Zu rechtem Wirken zu entflammen,	gelb oben grün unten
Sich selber zu gestalten In Menschenliebe und im Menschenwerke.	dazu oben rot

42 Q̄ *Zweiundvierzigste Woche* (O)

Es ist in diesem Winterdunkel Die Offenbarung eigner Kraft Der Seele starker Trieb,	blau oben weiß unten
In Finsternisse sie zu lenken Und ahnend vorzufühlen, Durch Herzenswärme, Sinnesoffenbarung.	dazu unten rot

43 R̄ *Dreiundvierzigste Woche* (O)

In winterlichen Tiefen Erwarmt des Geistes wahres Sein;	blau oben weiß unten
Es gibt dem Weltenscheine Durch Herzenskräfte Daseinsmächte;	blau rot oben gelb unten
Der Weltenkälte trotzt erstarkend Das Seelenfeuer im Menscheninnern.	blau oben rot unten

44 S̄ *Vierundvierzigste Woche* (O)

Ergreifend neue Sinnesreize Erfüllet Seelenklarheit, Eingedenk vollzogener Geistgeburt,	oben grün rot unten gelb
Verwirrend sprossend Weltenwerden Mit meines Denkens Schöpferwillen.	oben rot unten grün

(O) = Lighting indications according to originals from Rudolf Steiner; the other lighting indications come from Ehrenfried Pfeiffer according to indications by Rudolf Steiner or with his agreement.

45 T̄ *Fünfundvierzigste Woche* (O)

Es festigt sich Gedankenmacht	oben grün
Im Bunde mit der Geistgeburt,	unten gelb
Sie hellt der Sinne dumpfe Reize	oben weiß
Zur vollen Klarheit auf.	unten gelb
Wenn Seelenfülle	oben gelb
Sich mit dem Weltenwerden einen will,	unten rot
Muß Sinnesoffenbarung	
Des Denkens Licht empfangen.	

46 Ū *Sechsundvierzigste Woche* (O)

Die Welt, sie drohet zu betäuben	oben blau
Der Seele eingebor'ne Kraft;	unten weiß
Nun trete du, Erinnerung,	oben grün
Aus Geistestiefen leuchtend auf	unten gelb
Und stärke mir das Schauen,	
Das nur durch Willenskräfte	oben rot
Sich selbst erhalten kann.	unten weiß

47 V̄ *Siebenundvierzigste Woche* (O)

Es will erstehen aus dem Weltenschoße,	blau oben
Den Sinnenschein erquickend, Werdelust.	weiß unten
Sie finde meines Denkens Kraft	rot oben
Gerüstet durch die Gotteskräfte,	grün unten
Die kräftig mir im Innern leben.	

48 W̄ *Achtundvierzigste Woche* (O)

Im Lichte, das aus Weltenhöhen	gelb oben
Der Seele machtvoll fließen will,	grün unten
Erscheine, lösend Seelenrätsel,	gelb oben
Des Weltendenkens Sicherheit,	rot unten
Versammelnd seiner Strahlen Macht,	
Im Menschenherzen Liebe weckend.	

With the Vortakt [prelude]: Lighting follows this sequence ↓

With the Nachtakt [postlude]: Lighting follows this sequence ↑

49 X̄ *Neunundvierzigste Woche* (O)

Ich fühle Kraft des Weltenseins:	grün oben
So spricht Gedankenklarheit,	blau unten
Gedenkend eignen Geistes Wachsen	
In finstern Weltennächten,	
Und neigt dem nahen Weltentage	blau oben
Des Innern Hoffnungsstrahlen.	blau weiß unten

50 Ȳ *Fünfzigste Woche* (O)

Es spricht zum Menschen-Ich,	gelb oben
Sich machtvoll offenbarend	unten grün
Und seines Wesens Kräfte lösend,	(rot oben weiß unten)
Des Weltendaseins Werdelust:	
In dich mein Leben tragend	dazu rot oben
Aus seinem Zauberbanne,	(blau oben weiß unten)
Erreiche ich mein wahres Ziel.	

[two different lighting indications]

51 *Frühling-Erwartung* (O)

Ins Innre des Menschenwesens	oben blau
Ergießt der Sinne Reichtum sich,	unten gelb
Es findet sich der Weltengeist	oben blau
Im Spiegelbild des Menschenauges,	unten rot
Das seine Kraft aus ihm	ganz blau
Sich neu erschaffen muß.	oben rot

52 Z̄ *Zweiundfünfzigste Woche*

Wenn aus den Seelentiefen	oben rot
Der Geist sich wendet zu dem Weltensein	unten grün
Und Schönheit quillt aus Raumesweiten,	
Dann zieht aus Himmelsfernen	oben gelb grün
Des Lebens Kraft in Menschenleiber	unten rot
Und einet, machtvoll wirkend,	
Des Geistes Wesen mit dem Menschensein.	

The forms are drawn from the point of view of the audience.
The forms were drawn on various kinds of papers with pencil, indelible pencil, or ink.
Regarding the dates on the forms, see the note at the end of the table of contents.

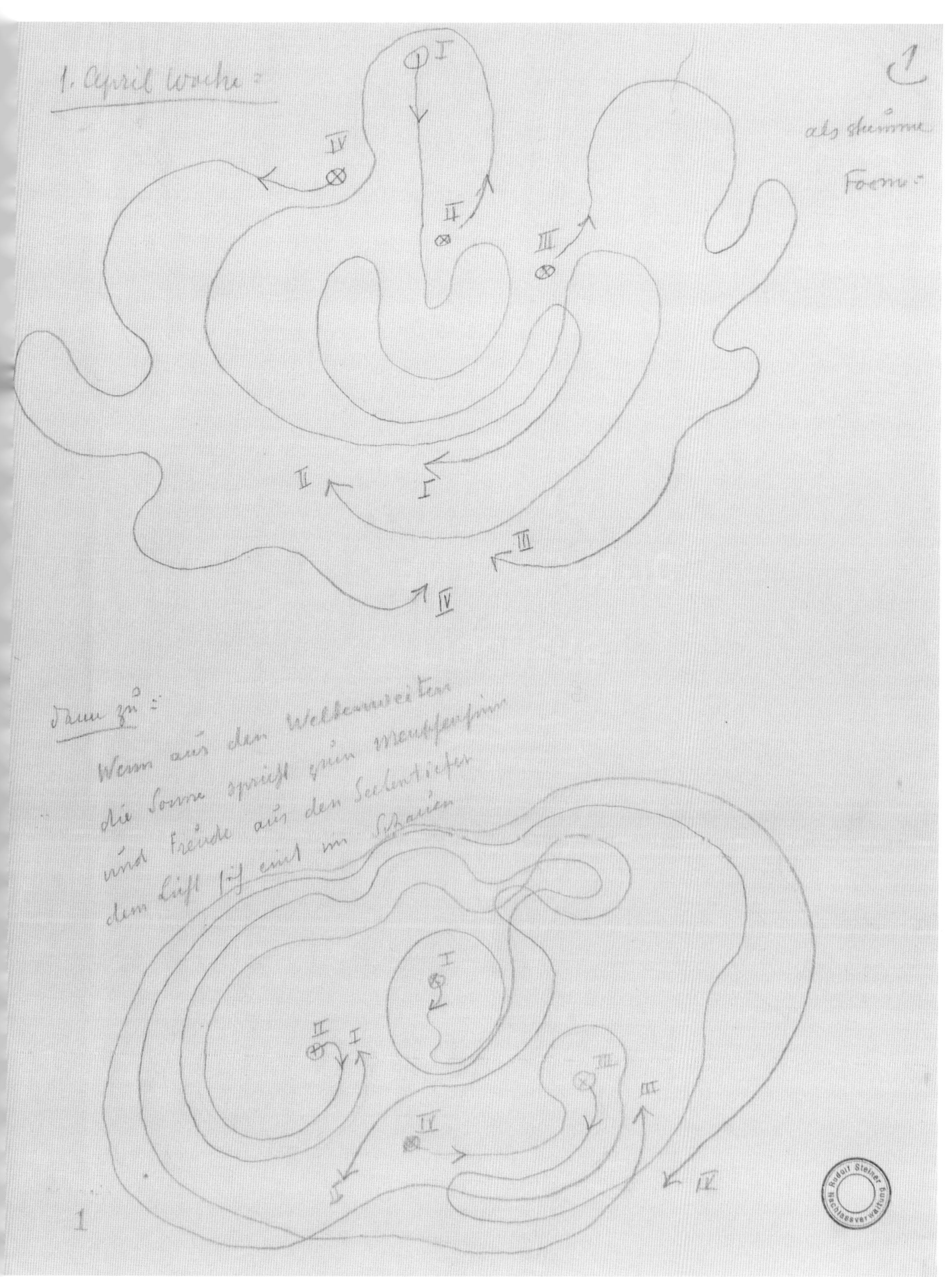
1. April Woche:
1
als stumme
Form:
Dann zu:
Wenn aus den Weltenweiten
die Sonne spricht zum Menschensinn
und Freude aus den Seelentiefen
dem Licht sich eint im Schauen
Rudolf Steiner Nachlassverwaltung
1

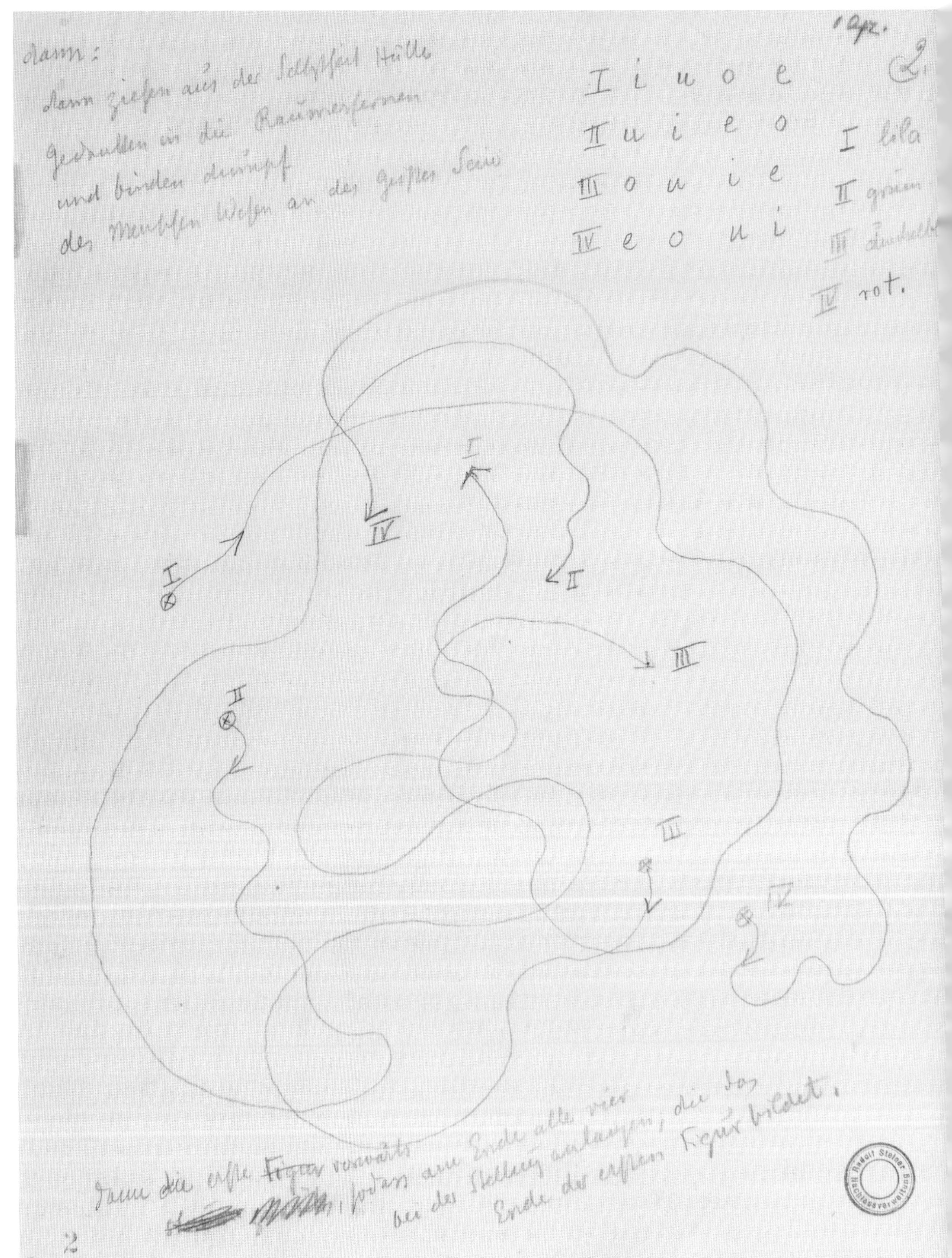

dann:
dann ziehen aus der Selbstheit Hülle
Gedanken in die Raumesformen
und binden dumpf
des Menschen Wesen an des Geistes Sein

1 Apr.

2.

I	i	u	o	e
II	u	i	e	o
III	o	u	i	e
IV	e	o	u	i

I lila
II grün
III dunkelb
IV rot.

Dann die erste vorwärts, sodass am Ende alle vier bei der Stellung anlangen, die das Ende der ersten Figur bildet.

2

Aprilwoche:

Vorher diese stumme Form

V

IV

VI

I

II

III

IV
V } machen zuerst stehend
VI

i u o i

I ei i u
II i ei u } während der stummen Form.
III u ei i

Dann erst die obige Form.

sodass während schon anfänglich I II III die Form machen, IV, V, VI noch stehen, dann aber in der Ruhelage gleichzeitig ankommen. –

Dann wird dieselbe Form gemacht mit späterem Beginn von IV, V, VI und zwar so, dass IV, V, VI vokalisieren, während sie stehen und Form machen

I II III aber deuten consonantisierend an während ihrer Formen

3 Dann nach dem Recitieren wieder die erste stumme Form.

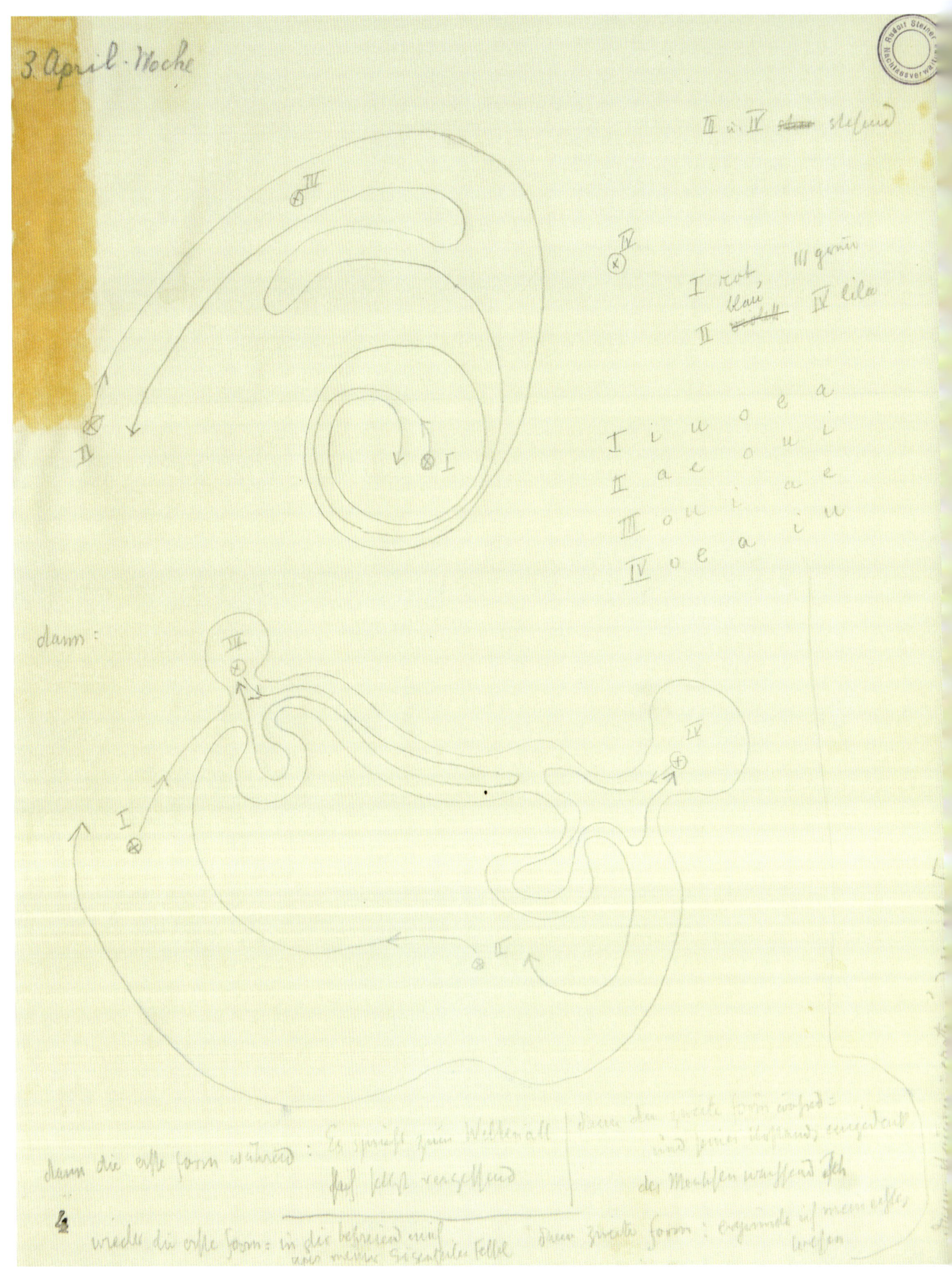
3. April-Woche
I rot, III grün
II blau IV lila
I i u o e a
II a e o u i
III o u i a e
IV o e a i u
dann:

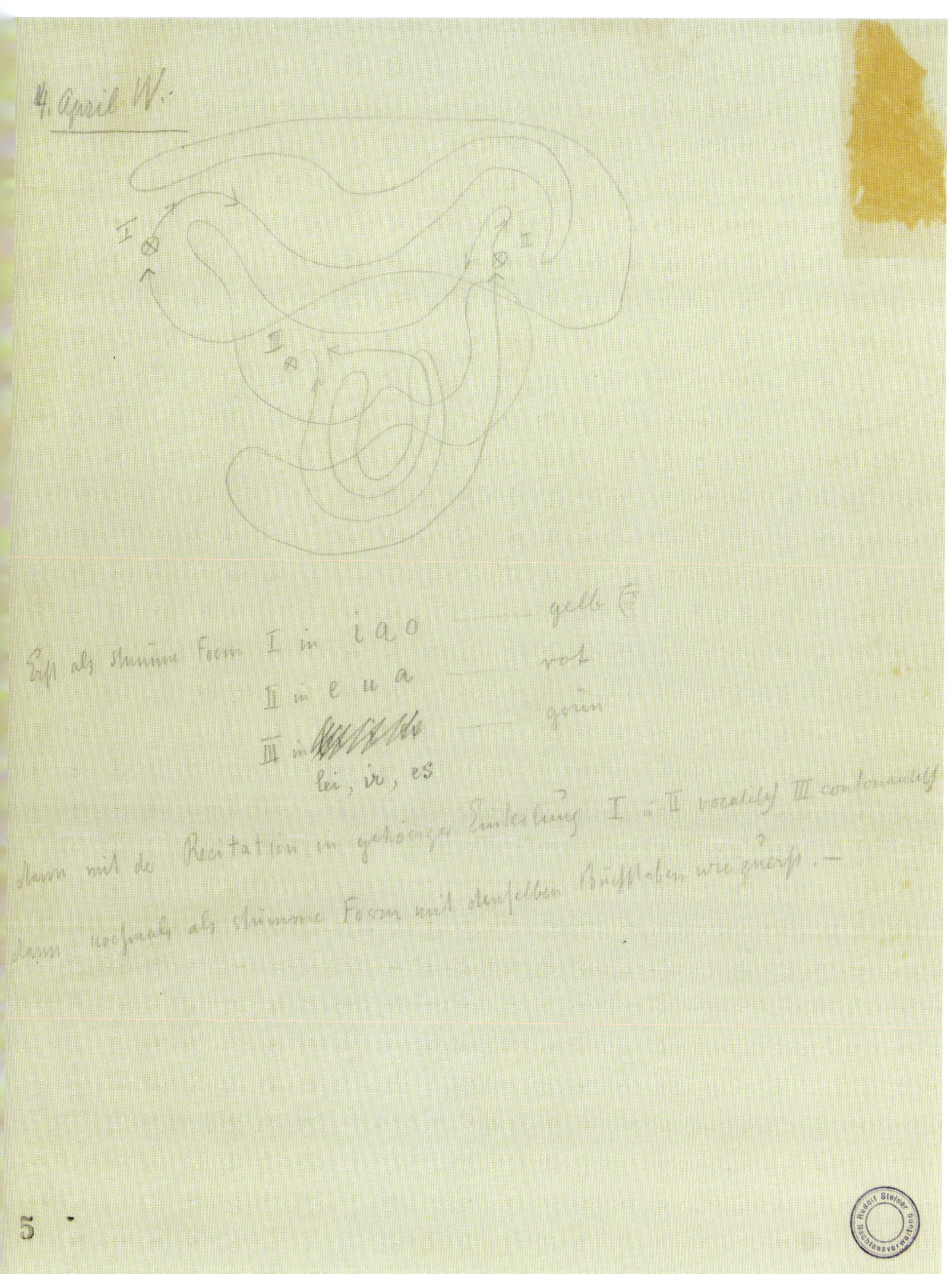

4. April W.

Erst als stumme Form I in i a o —— gelb

II in e u a —— rot

III in ~~[illegible]~~ —— grün

lei, ir, es

dann mit der Recitation in gehöriger Einteilung I u. II vocalisch III consonantisch

dann nochmals als stumme Form mit denselben Buchstaben wie zuerst. —

5

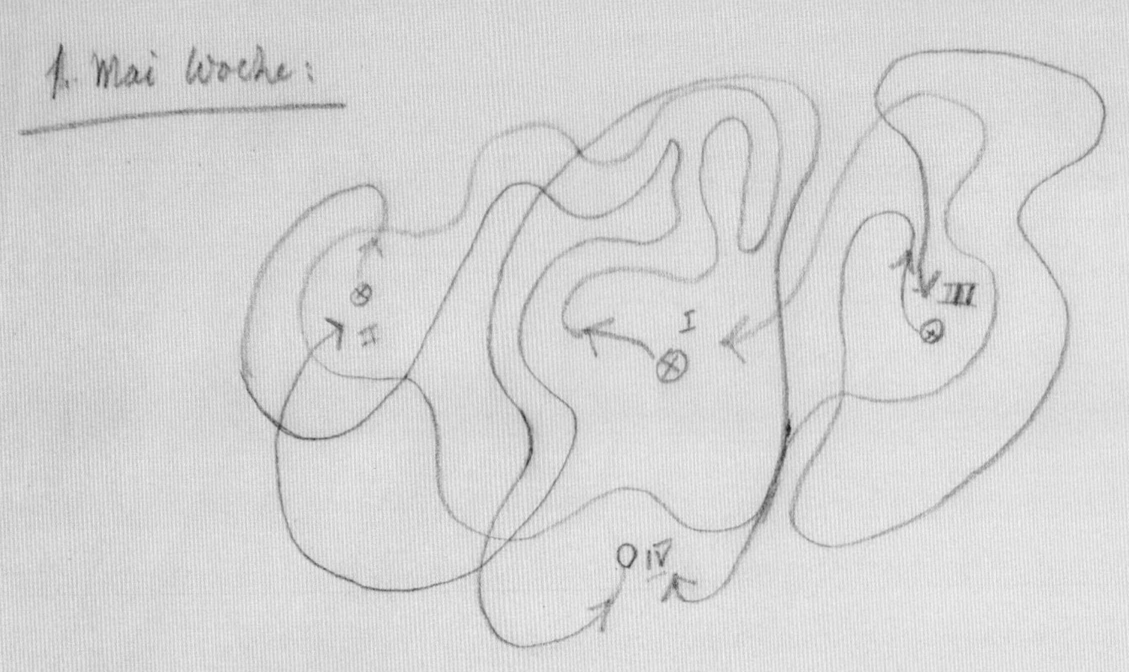

Zuerst als stumme Form

I i e i wiederholt — I weiss

II u. III lis bes lis wiederholt → II gelb III rot

IV t b t wiederholt — IV blau.

Dann mit der Recitation in gleicher Einteilung

I vocalisch
II vocalisch
III consonantisch
IV consonantisch

dann nochmals als stumme Form mit denselben Buchstaben wie zuerst

Im Lichte, das aus G. T.

6

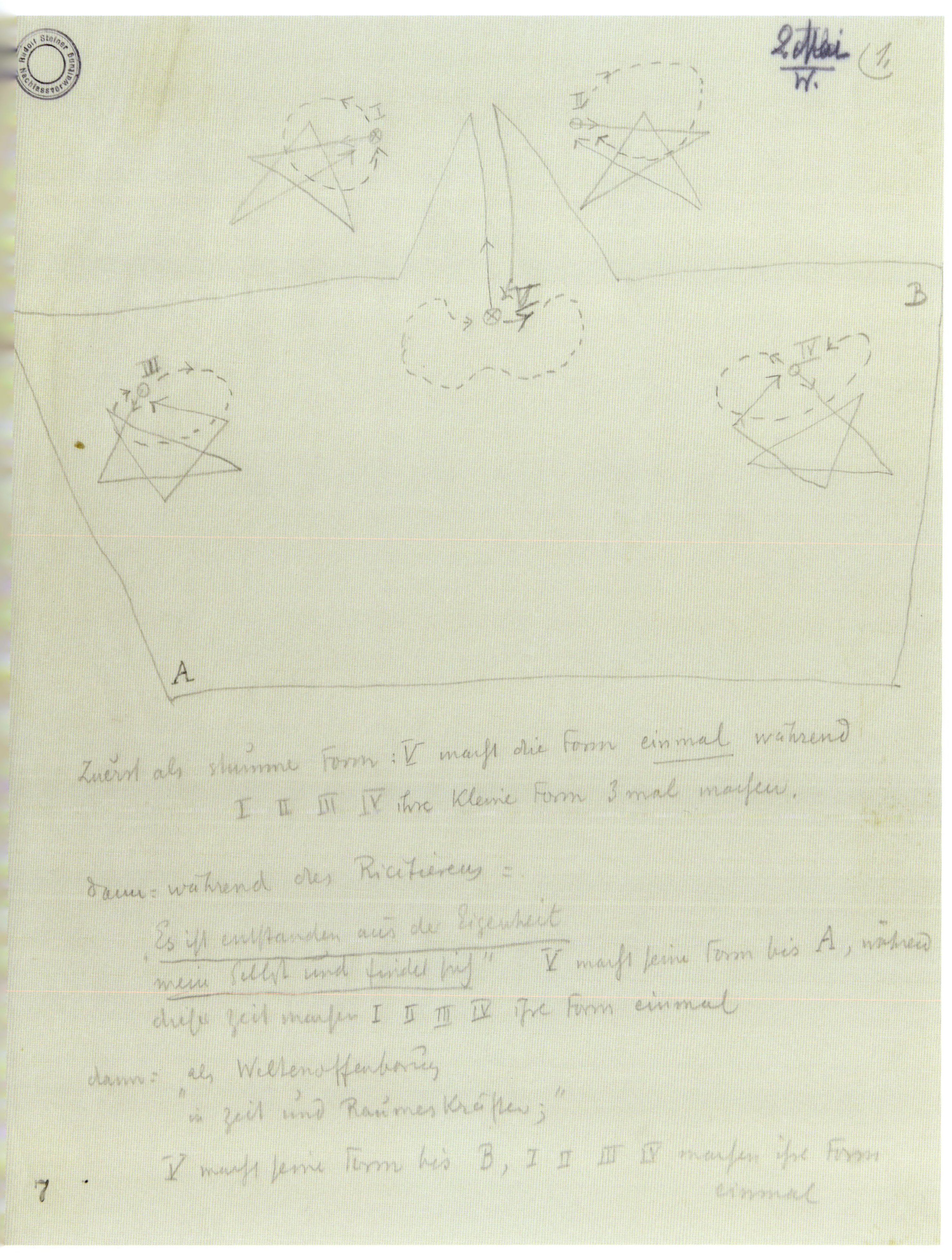
2 Mai
W.
1
I
II
III
IV
V
A
B
Zuerst als stumme Form: V macht die Form einmal während
I II III IV ihre kleine Form 3 mal machen.
dann: während des Recitierens:
„Es ist entstanden aus der Eigenheit
mein Selbst und findet sich" V macht seine Form bis A, während
diese Zeit machen I II III IV ihre Form einmal
dann: „als Weltenoffenbarung
in Zeit und Raumes Kräften;"
V macht seine Form bis B, I II III IV machen ihre Form
einmal

9 Mai (2.

dann: die Welt, sie zeigt mir überall

„als göttlich Urbild"

V macht seine Form fertig

I II III IV machen ihre Form einmal.

dann: „des eignen Abbilds Wahrheit"

V macht die Form mit der Linie -----

I II III IV machen die Form mit den Linien ----

dann wird wieder die stumme Form wie im Anfange gemacht.

V ist rot

I und II sind gelb

III und IV sind violett

V macht in stumme Form l s l s

I und II machen in stumme Form i i in verschiedenen Lagen

III macht a o a o —

IV macht u e u e —

8

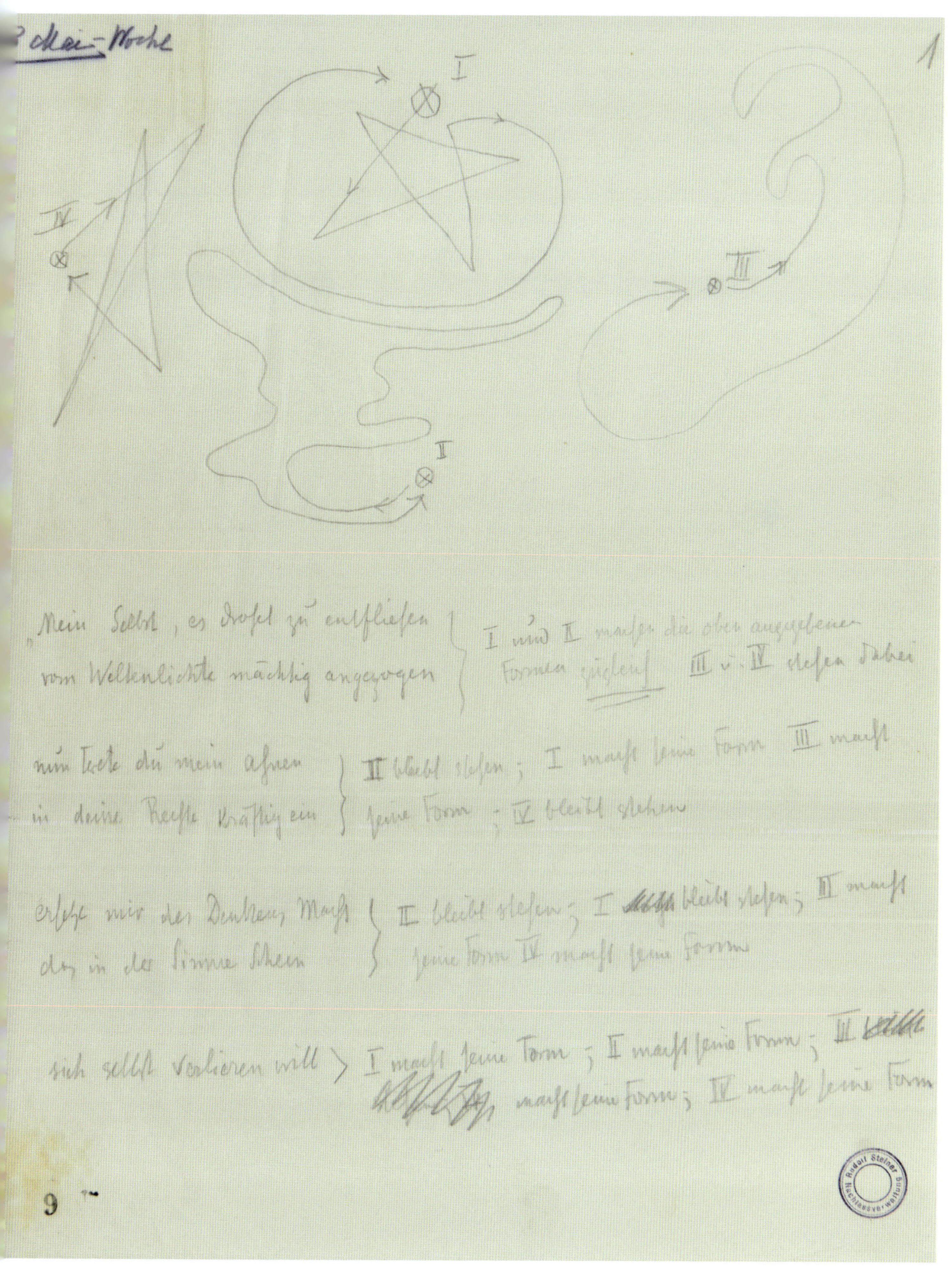

Mai-Woche 1

„Mein Selbst, es drohet zu entfliehen
vom Weltenlichte mächtig angezogen } I und II machen die oben angegebenen Formen zugleich III u. IV stehen dabei

nun trete du mein Ahnen
in deine Rechte kräftig ein } II bleibt stehen; I macht seine Form III macht seine Form; IV bleibt stehen

ersetze mir des Denkens Macht
das in der Sinne Schein } II bleibt stehen; I bleibt stehen; III macht seine Form IV macht seine Form

sich selbst verlieren will > I macht seine Form; II macht seine Form; III macht seine Form; IV macht seine Form

9

3 Mai 19.

2.

Alles was in der Aufeinanderfolge kein Reatieren gemacht wird wird vorher und nachher als stamm form gemacht, indem

I macht = i u o i u o —

II macht = i l s i l s i - -

III macht: ei ei. ei

IV macht: s t l s t l —

I ist gelb

II " violett

III " blau

IV " grün

10

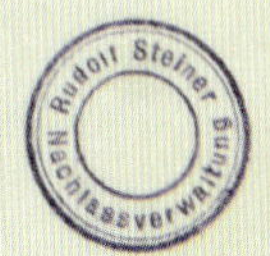

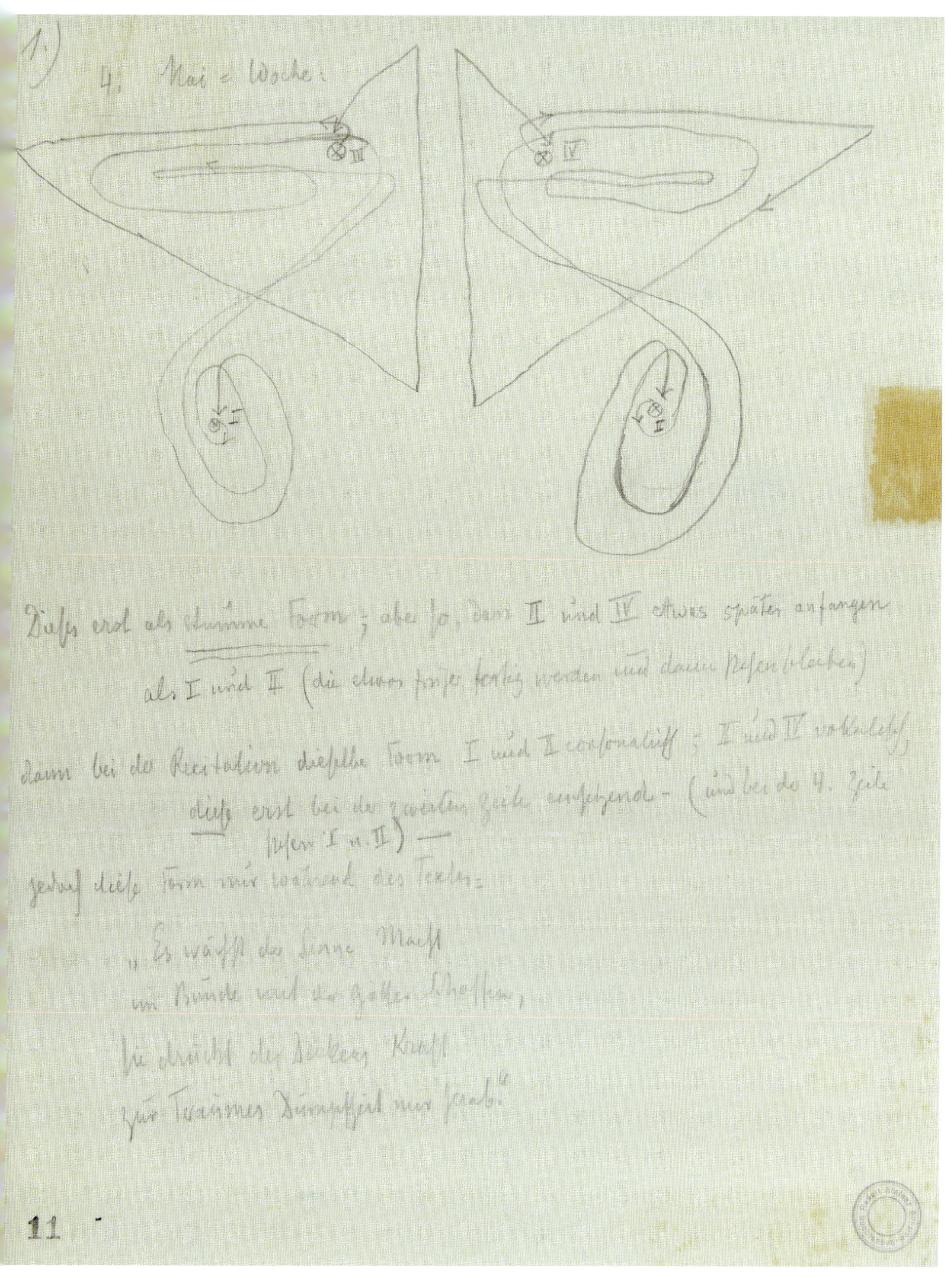
1.)
4. Mai = Woche:
III
IV
I
II
Dieses erst als stumme Form; aber so, dass III und IV etwas später anfangen
als I und II (die etwas früher fertig werden und dann stehen bleiben)
dann bei der Recitation dieselbe Form I und II consonantisch; III und IV vokalisch,
diese erst bei der zweiten Zeile einsetzend – (und bei der 4. Zeile
stehen I u. II) —
jedoch diese Form nur während des Textes:
„Es wächst der Sinne Macht
im Bunde mit der Götter Schaffen,
sie drückt des Denkens Kraft
zur Träumes Dumpfheit mir herab."
11
Rudolf Steiner Nachlassverwaltung

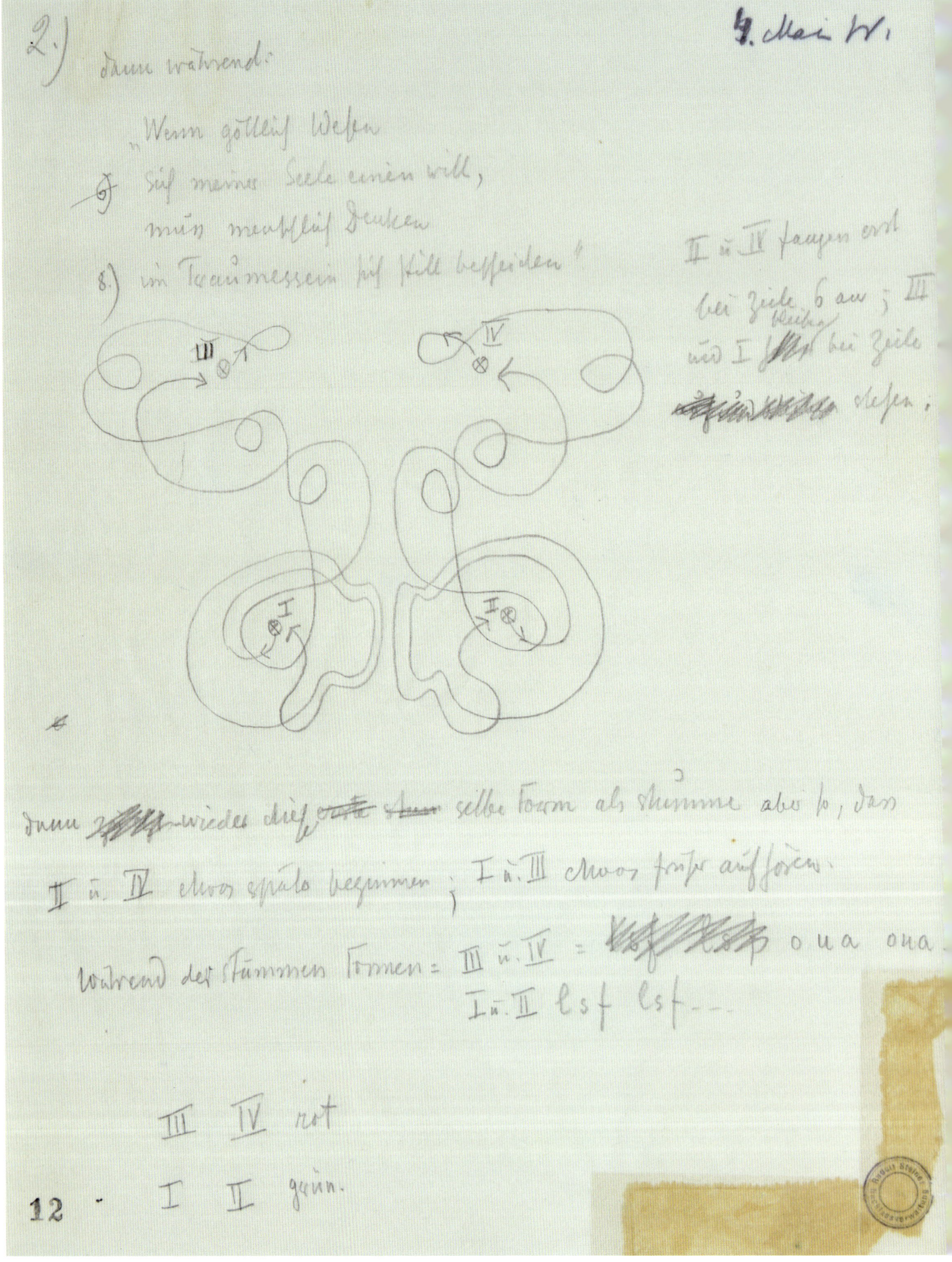
2.)
III IV rot
I II grün.
12

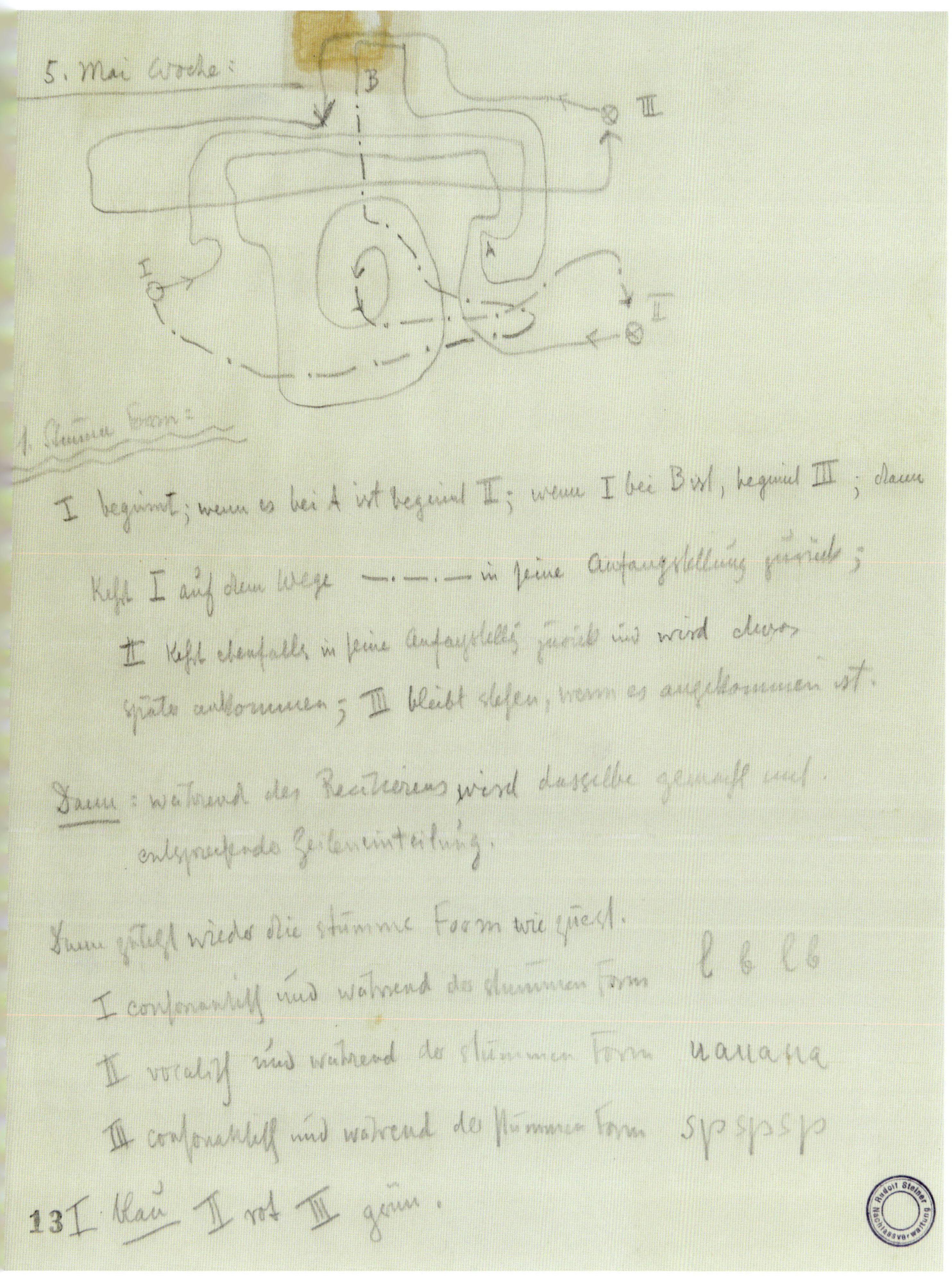

5. Mai Woche:

1. Stumme Form:

I beginnt; wenn es bei A ist beginnt II; wenn I bei B ist, beginnt III; dann kehrt I auf dem Wege —·—·— in seine Anfangsstellung zurück;
II kehrt ebenfalls in seine Anfangsstellung zurück und wird etwas später ankommen; III bleibt stehen, wenn es angekommen ist.

Dann: während des Recitierens wird dasselbe gemacht und entsprechende Zeileneinteilung.

Dann folgt wieder die stumme Form wie zuerst.

I consonantisch und während der stummen Form l b l b

II vocalisch und während der stummen Form u a u a u a

III consonantisch und während der stummen Form sp sp sp

13 I blau II rot III grün.

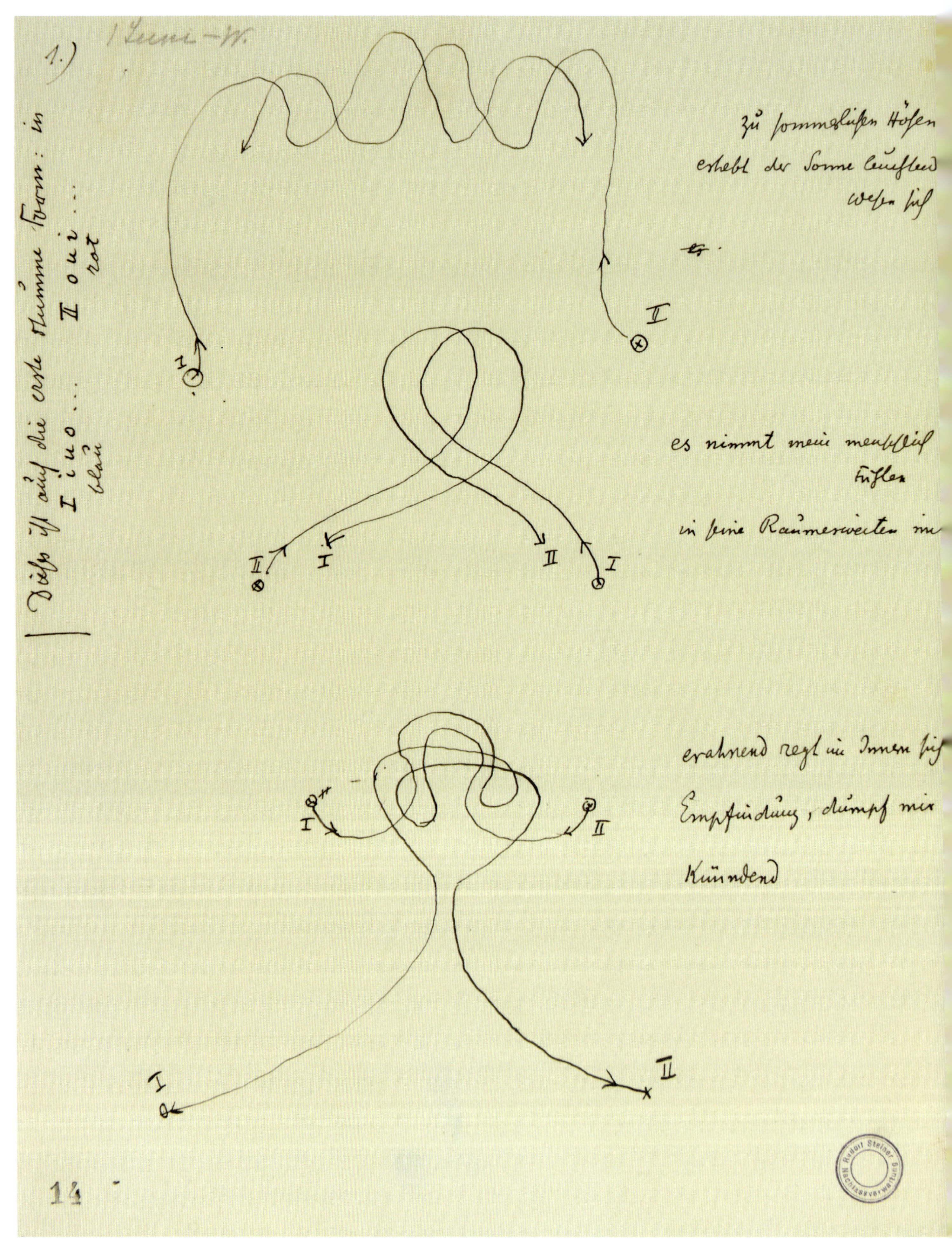
1.)
Dieses ist auf die erste stumme Form: in
I i u o ... blau
II o u i ... rot
zu sommerlichen Höhen
erhebt der Sonne leuchtend
Wesen sich
es nimmt mein menschlich
Fühlen
in seine Raumesweiten mit
erahnend regt im Innen sich
Empfindung, dumpf mir
Kündend
14

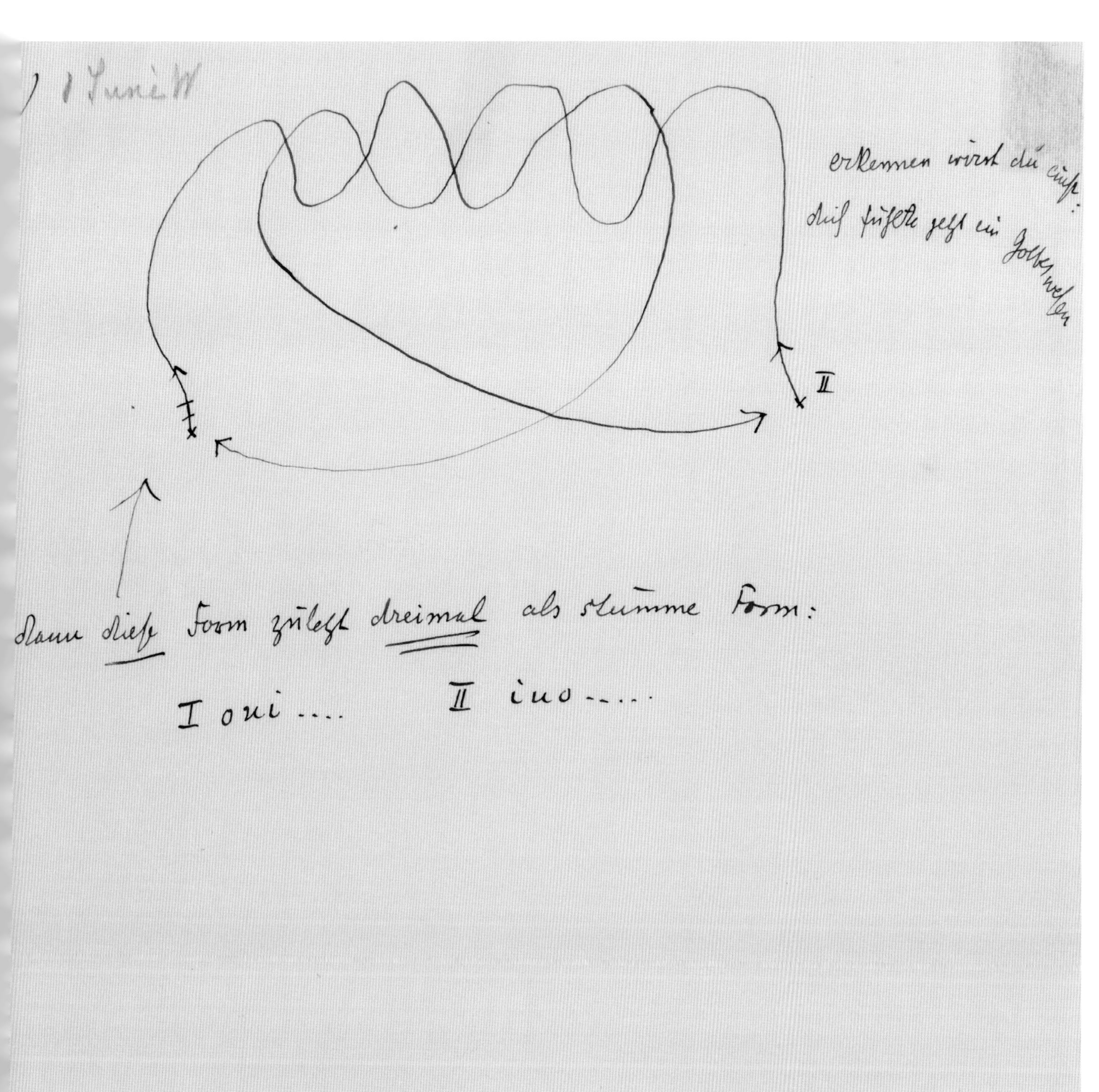
II
dann diese Form zuletzt dreimal als stumme Form:
I oui ....
II iuo ....

15

2 Teeni – IV.

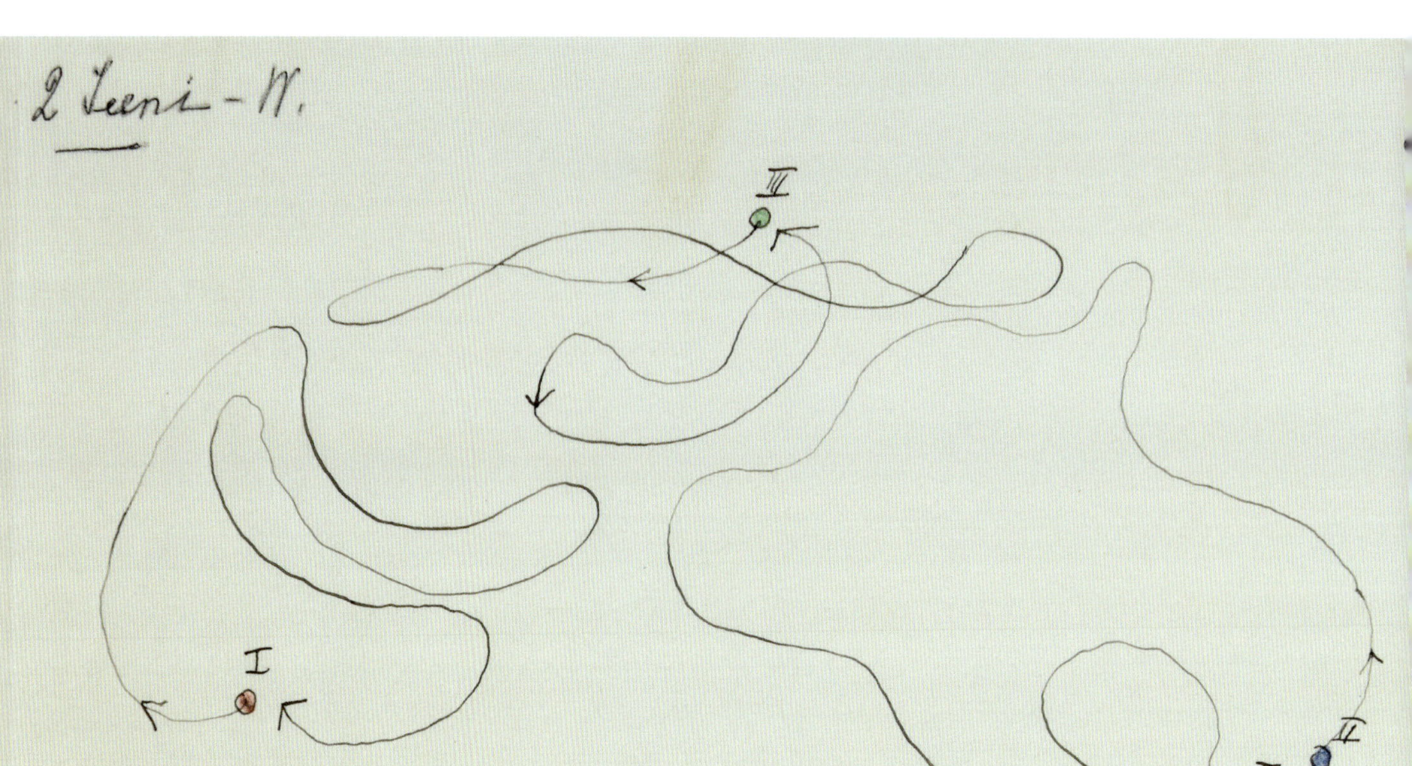

Dieß zunächst als stumme Form: I rot II blau III grün

I isaisa… II sasas…. II sisis….

Dann dieselbe Form bei:

„Es ist in dieser Sonnenstunde
an dir, die weise Kunde zu erkennen:
an Weltenschönheit hingegeben"

Ist's nötig, kann
die Form
speciell gemacht
werden.

16

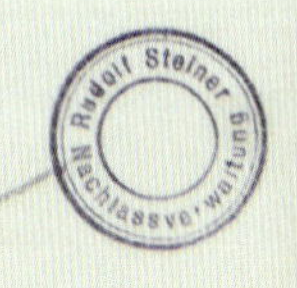

Juni-11. 2

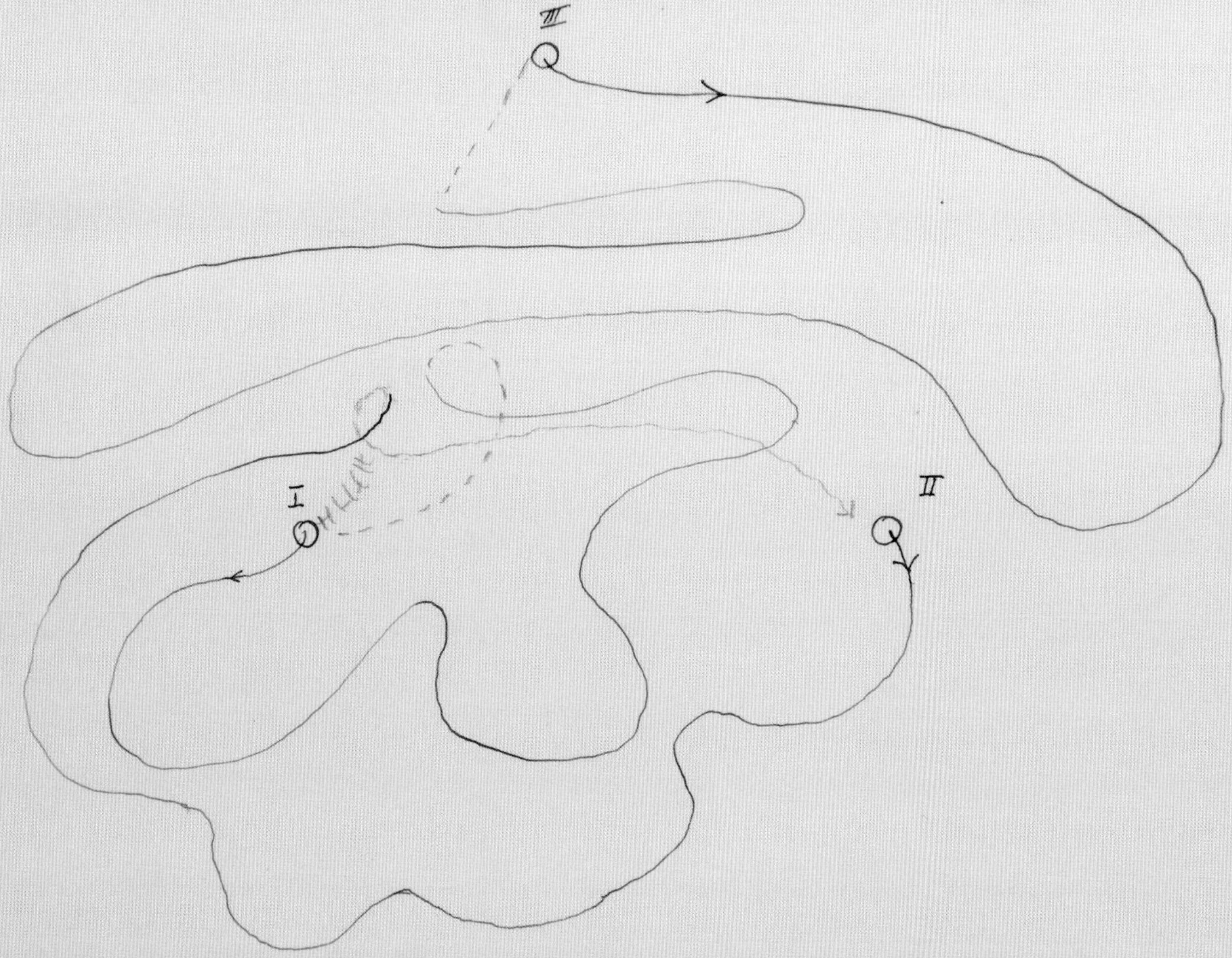

III

I

II

dann die obige Form bei:

„in dir dich fühlend zu durchleben:
verlieren kann das Menschen-Ich
und finden sich im Welten-Ich"

} Ists nötig, kann die Form zweimal gemacht werden

17

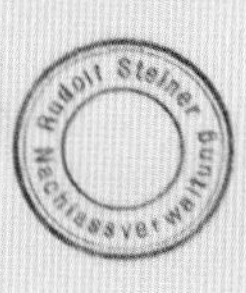

2 Lessi – 11

(3.

dann zuletzt <u>dieses</u> als stumme Form:

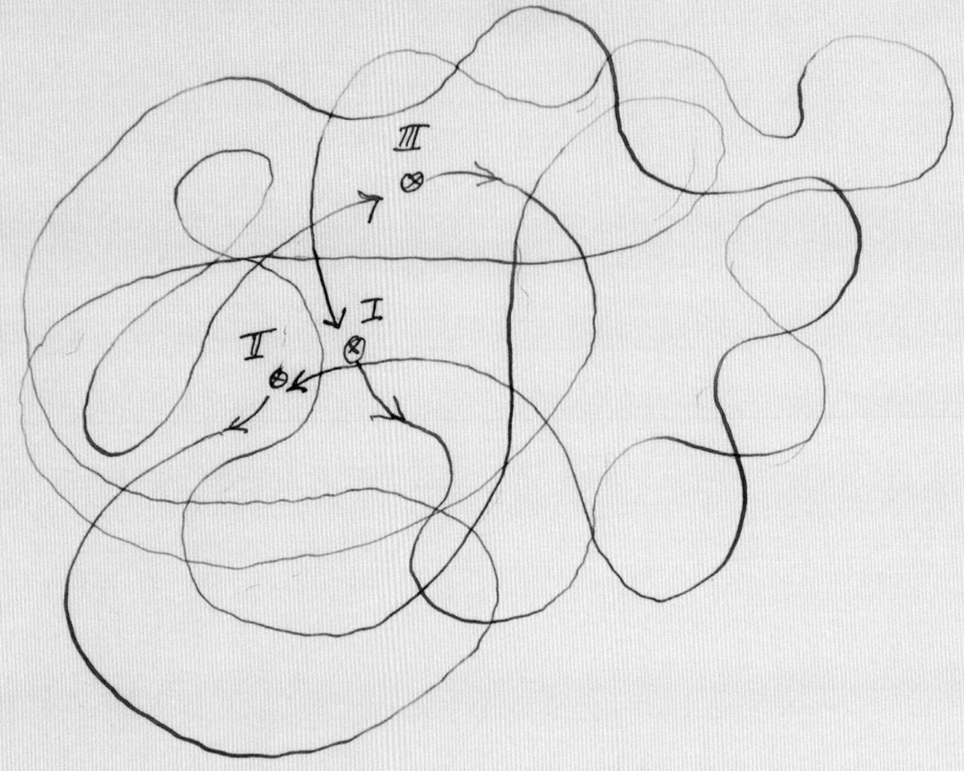

I in: aruaru...

II in: raurau....

III in: oruoru ......

18

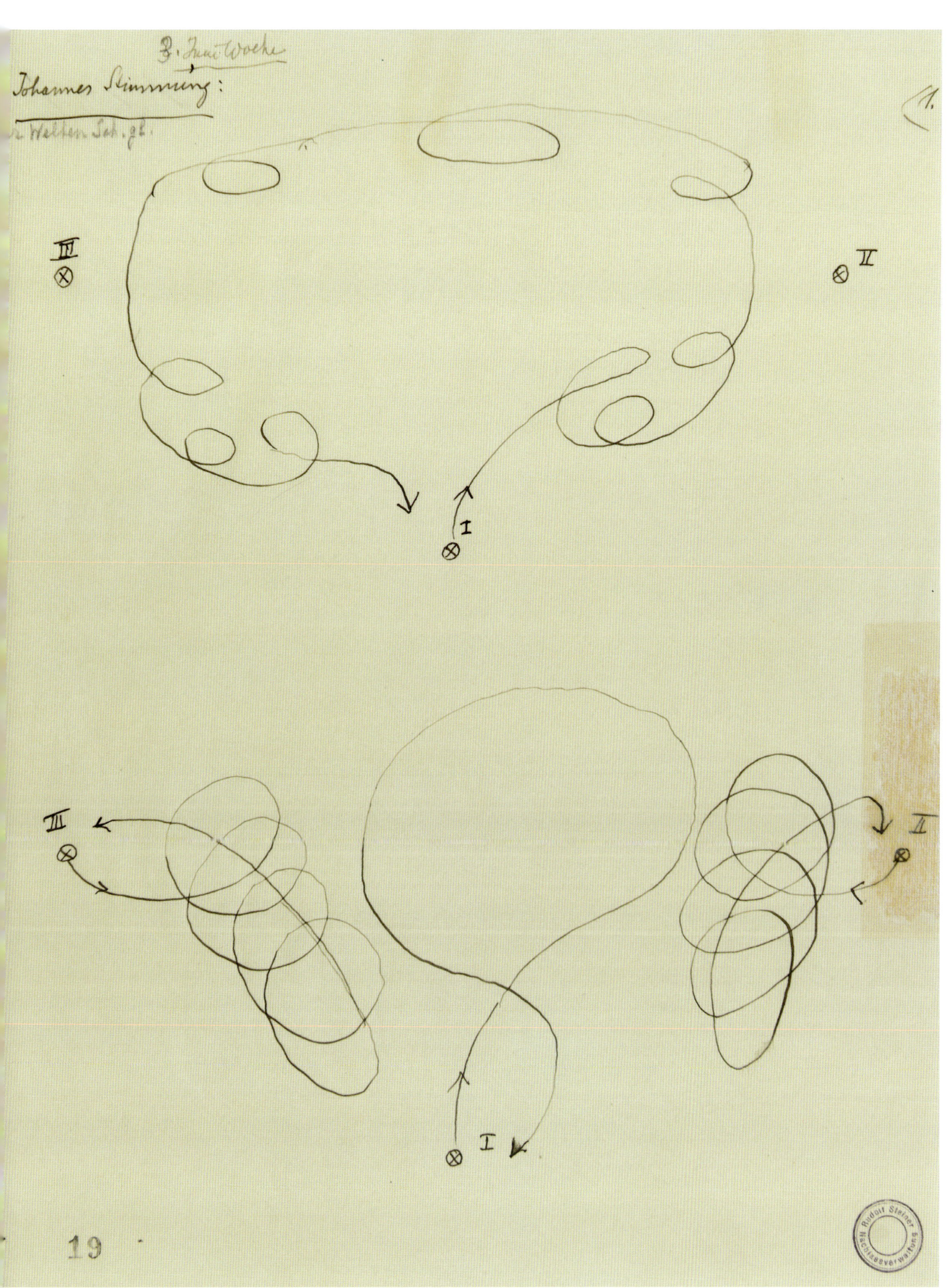

St. John's Tide Verse (Twelfth Week) (I)

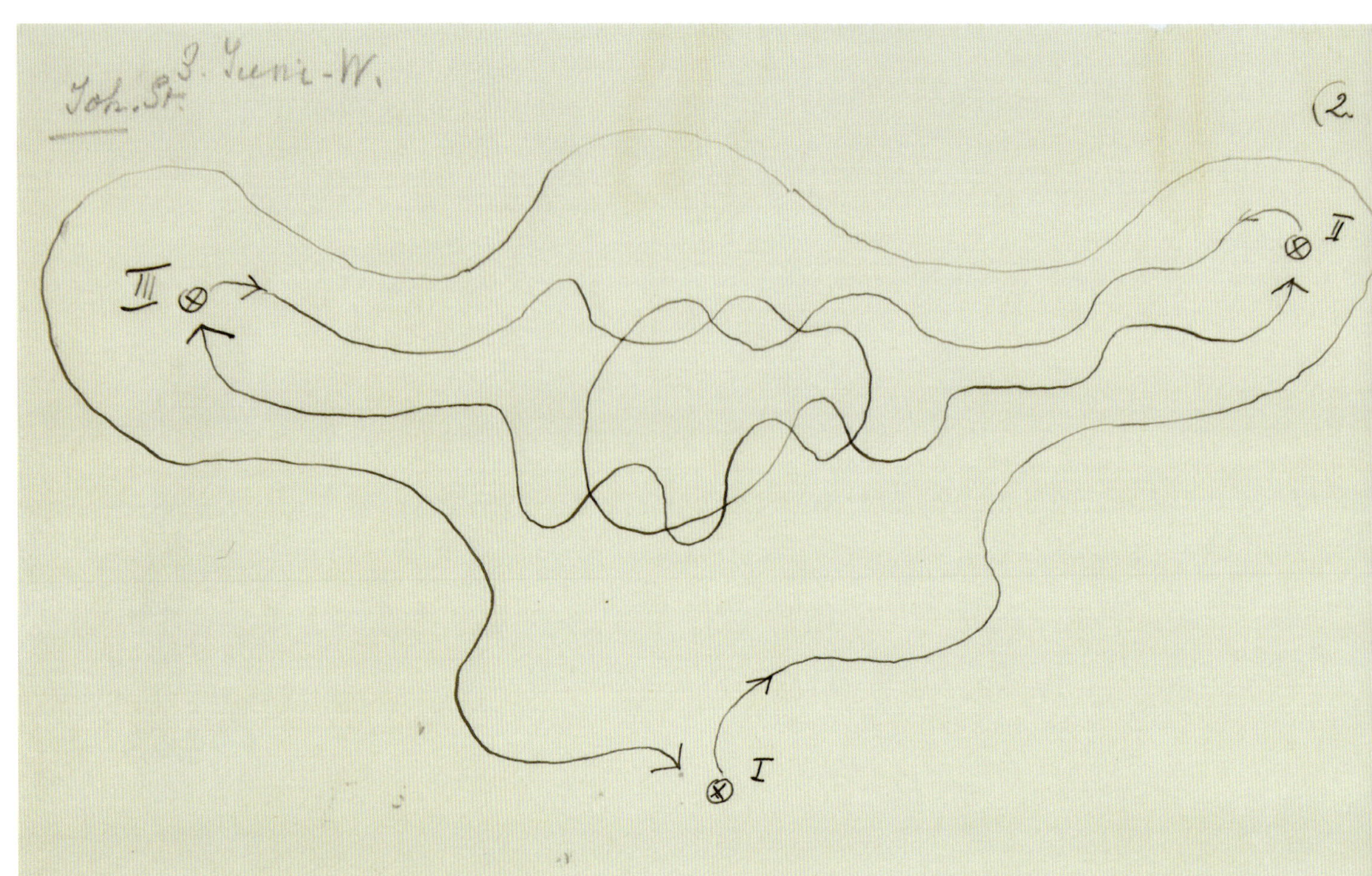

1.) die erste Form als stummer Auftakt: III rot II violett I grün

III ieseies....

II seieseies....

I brbr. --

2.) die erste Form bei den Zeilen:

„Der Welten Schönheitsglanz

„Er zwinget mich aus Seelentiefen" — I conf. die andern vocali

3.) Die zweite Form bei den Zeilen:

„Des Eigenlebens Götterkräfte — I conf. die andern vocali

20 „Zum Weltenfluge zu entbinden"

L.St. 3 Juni – W.

(3.

4.) Die <u>dritte Form</u> beiden Zeilen:

mich selbst zu verlassen

Vertrauend nur mich prüfend

In Weltenlicht und Weltenwärme"

I vocalisch die andern consonantisch

5.) als <u>Schlusstact</u> die <u>dritte</u> <u>Form</u>:

I ieseies ...

II br br. ...

III seieseies ...

21

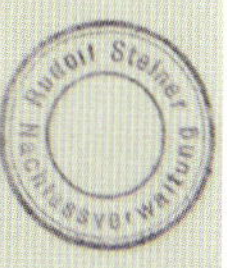

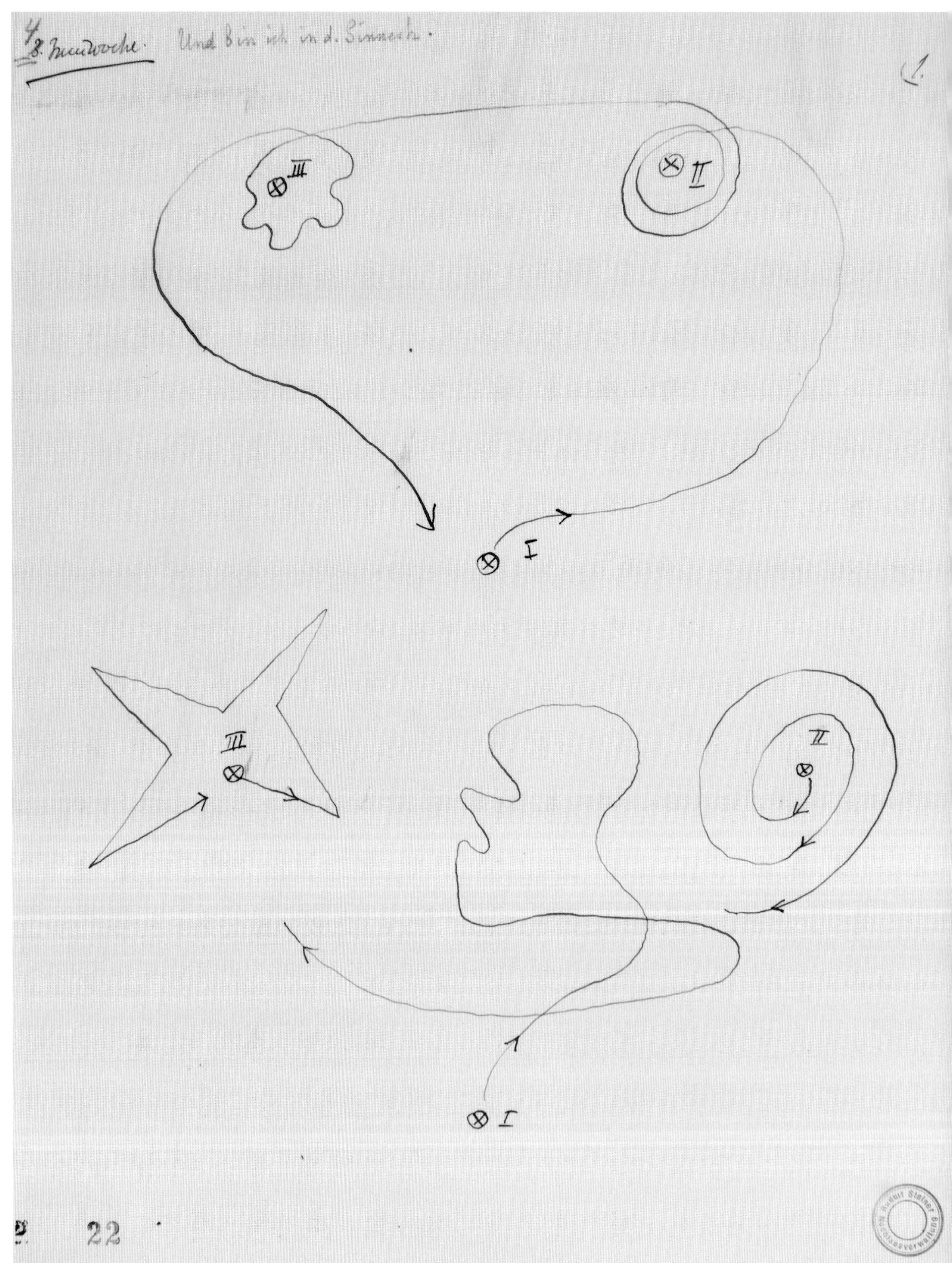
4/8. Zweiwoche. Und bin ich in d. Sinnesh.
1.
III
II
I
III
II
I
22

Juni - W.

(2.

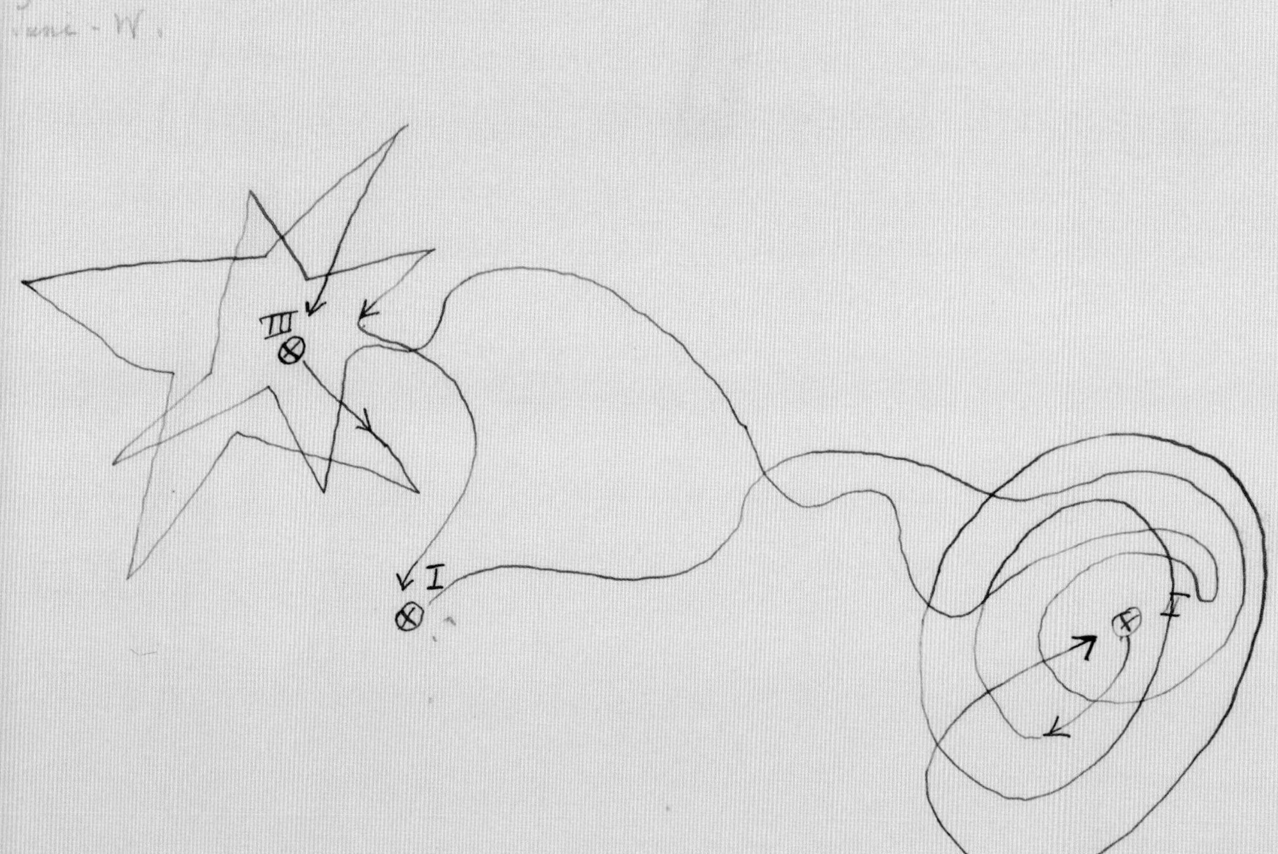

1.) Als stummes Auftakt die erste Form : I rot II lila III grün

I iuoiuo...

II u.oiuoi....

III slsl....

2.) Die erste Form während:

„Und bin ich in den Sinneshöhen
So flammt in meinen Seelentiefen

} I vocalisch
II vocalisch
III consonantisch

3.) Die zweite Form während:

Aus Geistesfeuerwelten
Der Götter Wahrheitswort

} I vocalisch
II consonantisch
III vocalisch

23

4 Juni – W.

4.) Die dritte Form während:

„In Geistesgründen suche ahnend
Dich geistverwandt zu finden" } I consonantisch
II vocalisch
III vocalisch

5.) die dritte Form als stummer Schlusslaut:

I slsl...

II iuoiuo...

III uoiuoi.....

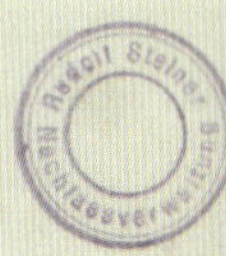

24

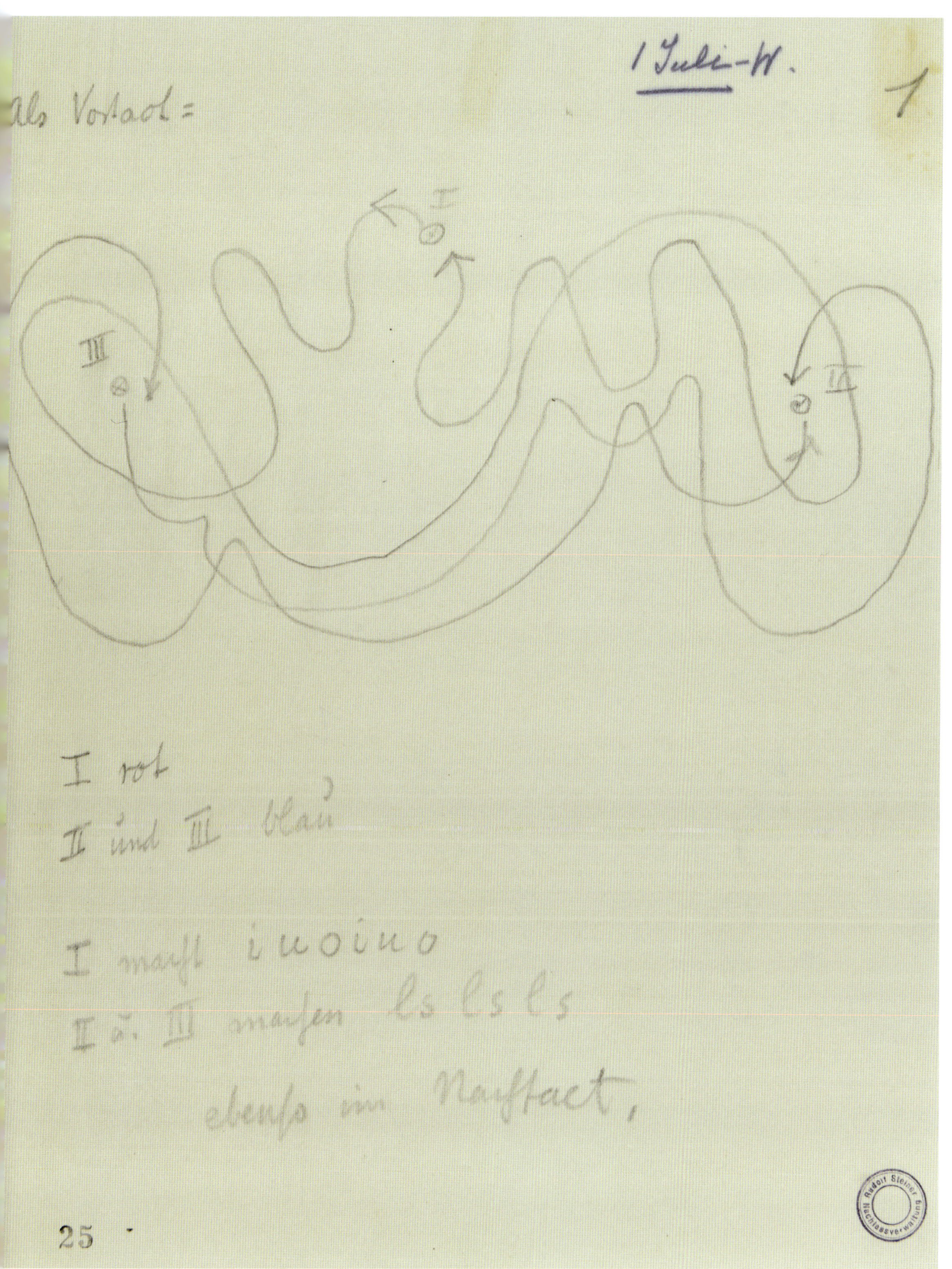
1 Juli-W.
1
als Vortact =
I
II
III
I rot
II und III blau
I macht i u o i u o
II u. III machen l s l s l s
ebenso im Nachtact,
25
Rudolf Steiner Nachlassverwaltung

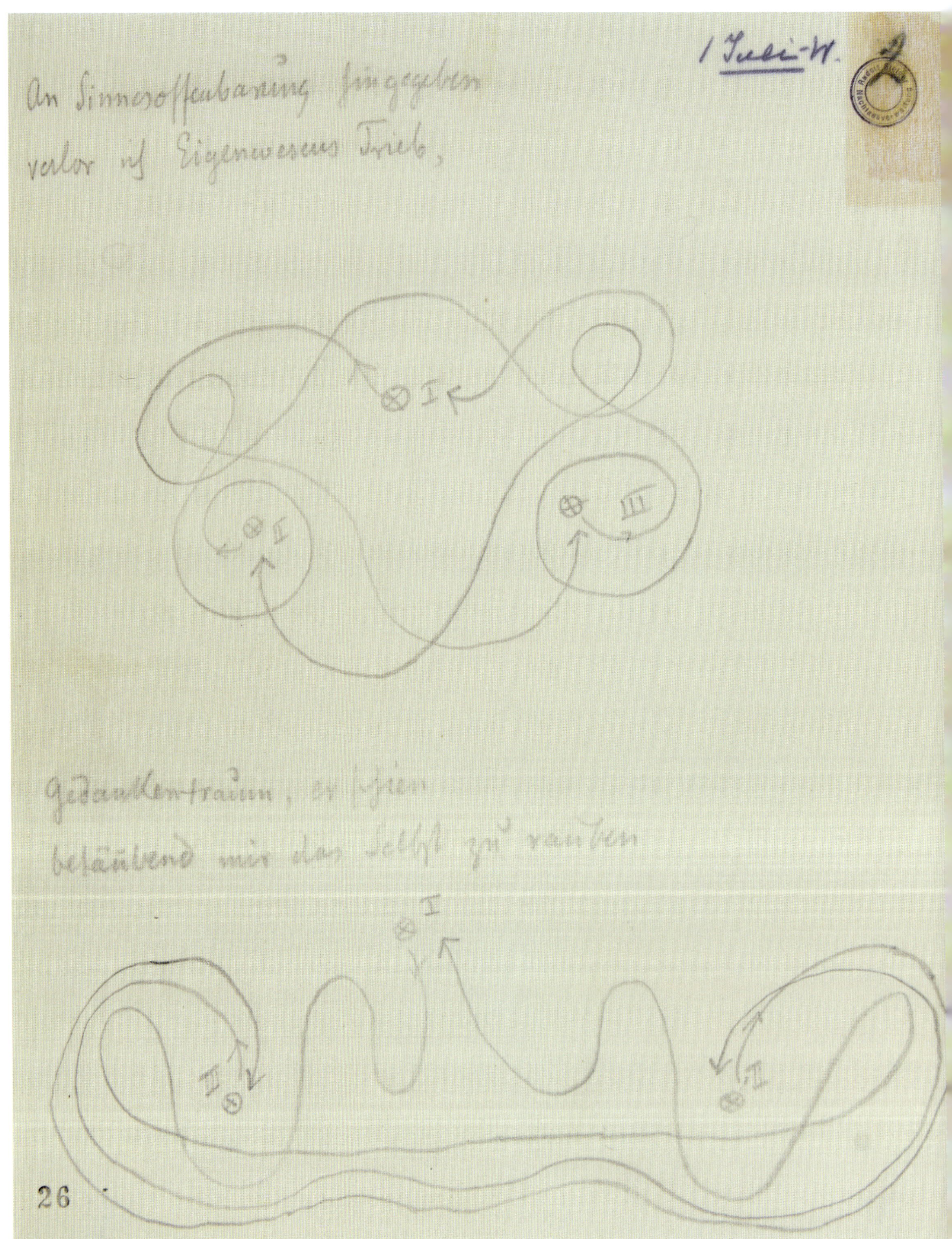
1 Juli-11.
An Sinnesoffenbarung hingegeben
verlor ich Eigenwesens Trieb,
I
II
III
Gedankentraum, er schien
betäubend mir das Selbst zu rauben
I
II
II
26

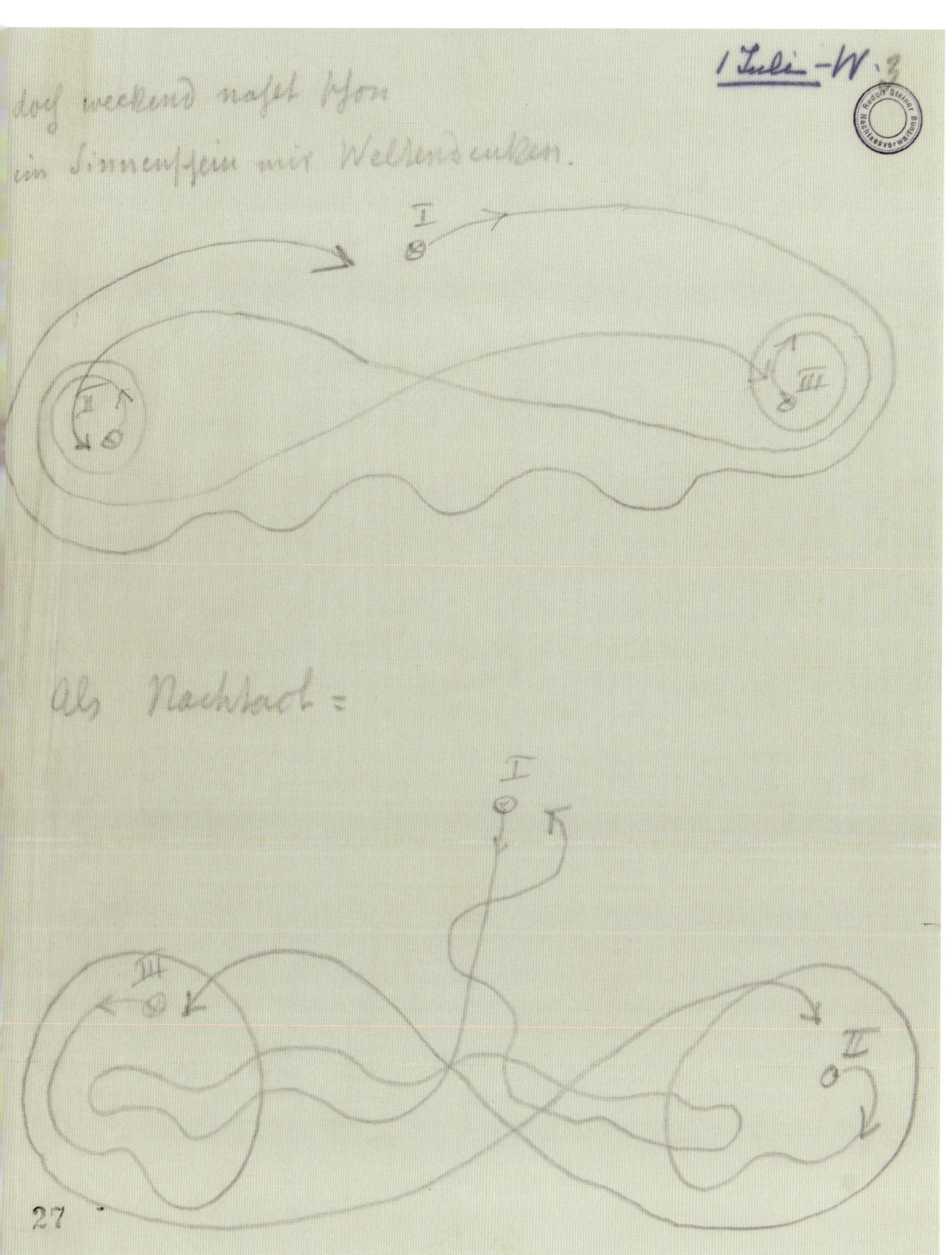
1 Juli – W. 3
Rudolf Steiner Nachlassverwaltung
doch weckend nahet schon
im Sinnenschein mir Weltendenken.
I
II
III
Als Nachtact =
I
III
II
27

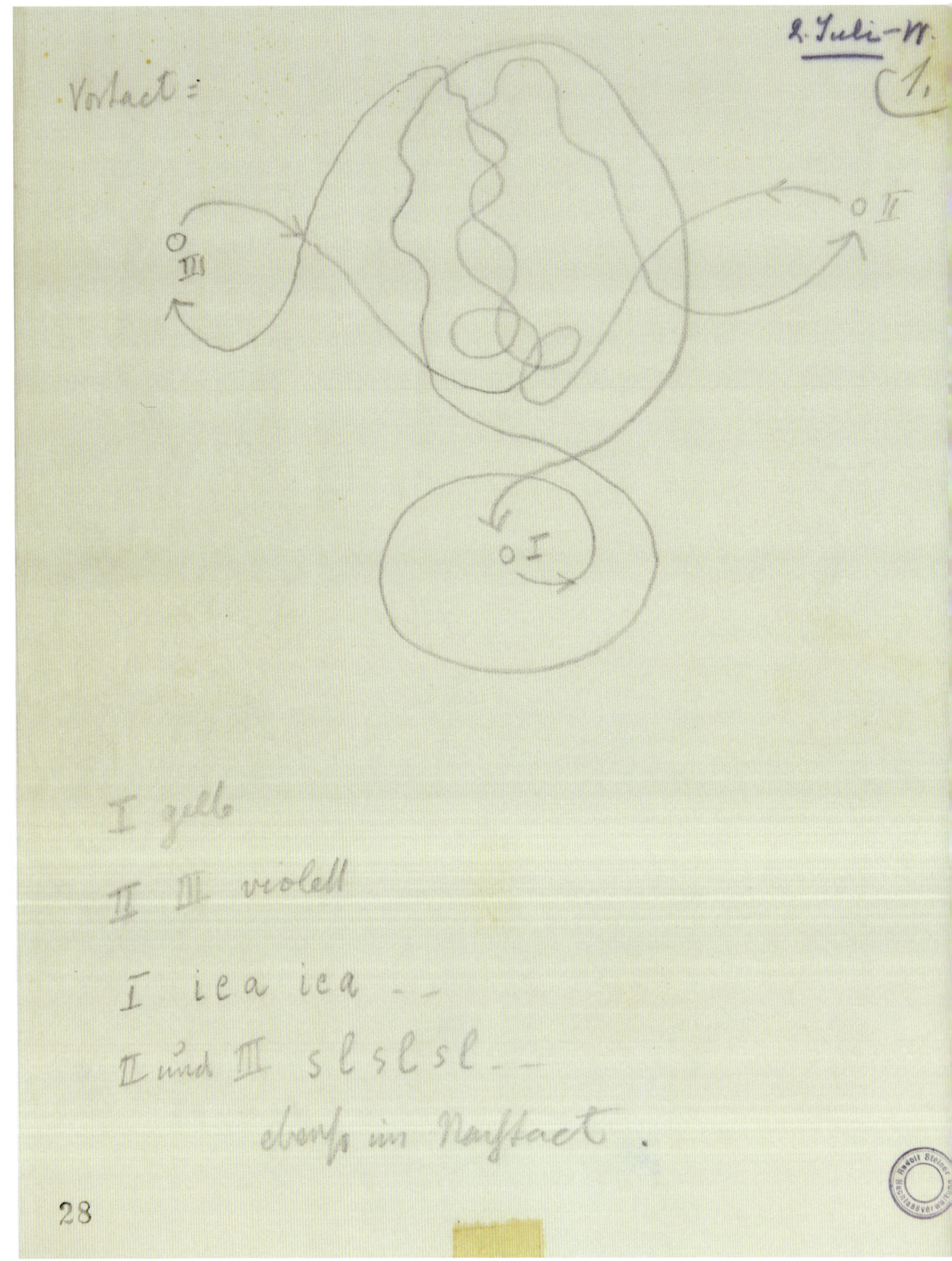
2. Juli – 11.
1.
Vortact =
III
II
I
I gelb
II III violett
I iea iea ..
II und III slslsl ..
ebenso im Nachtact.
28

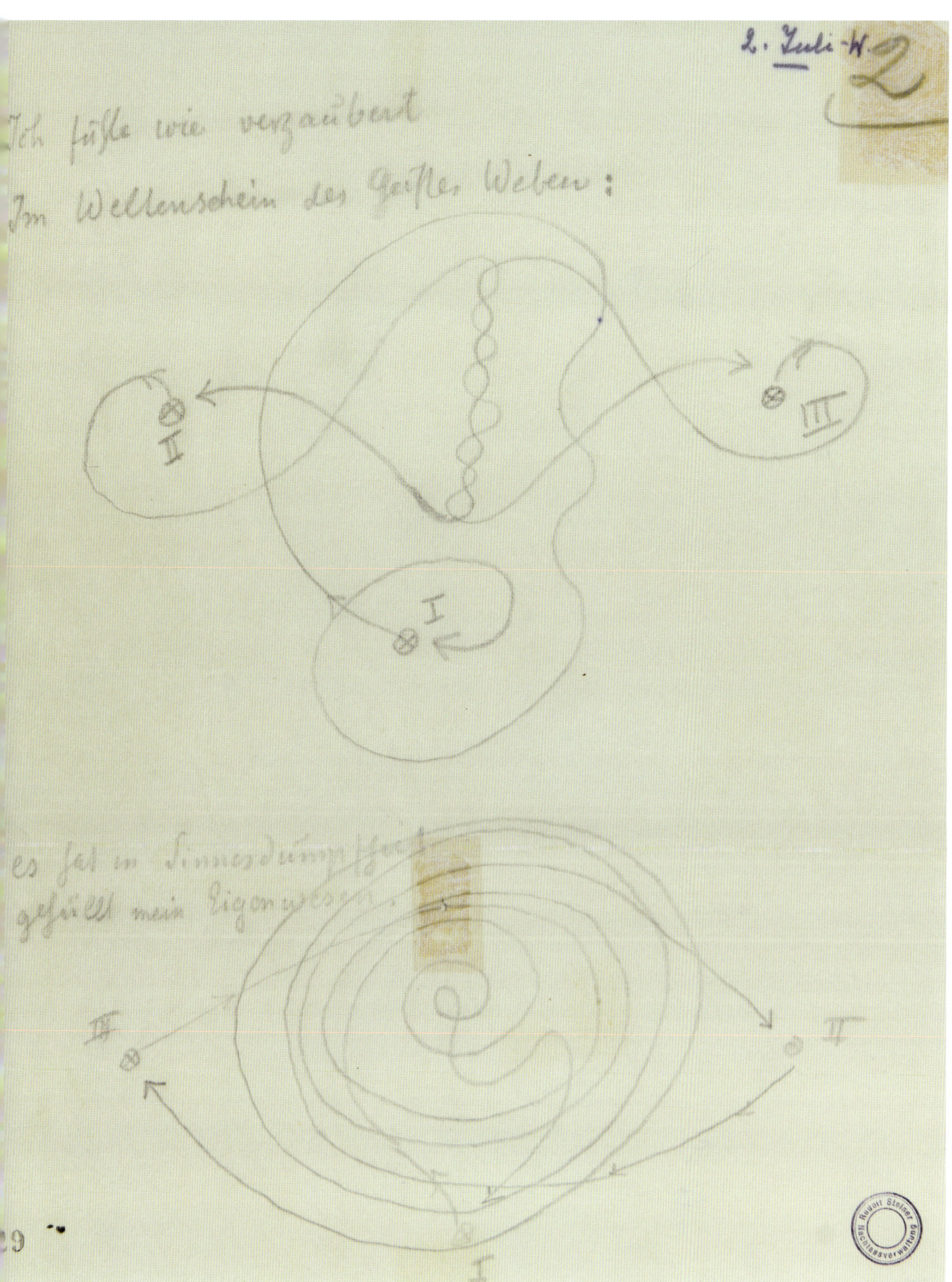
2. Juli -H.
2
Ich fühle wie verzaubert
Im Weltenschein des Geistes Weben:
II
III
I
es hat in Sinnesdumpfheit
gehüllt mein Eigenwesen,
III
II
I
29

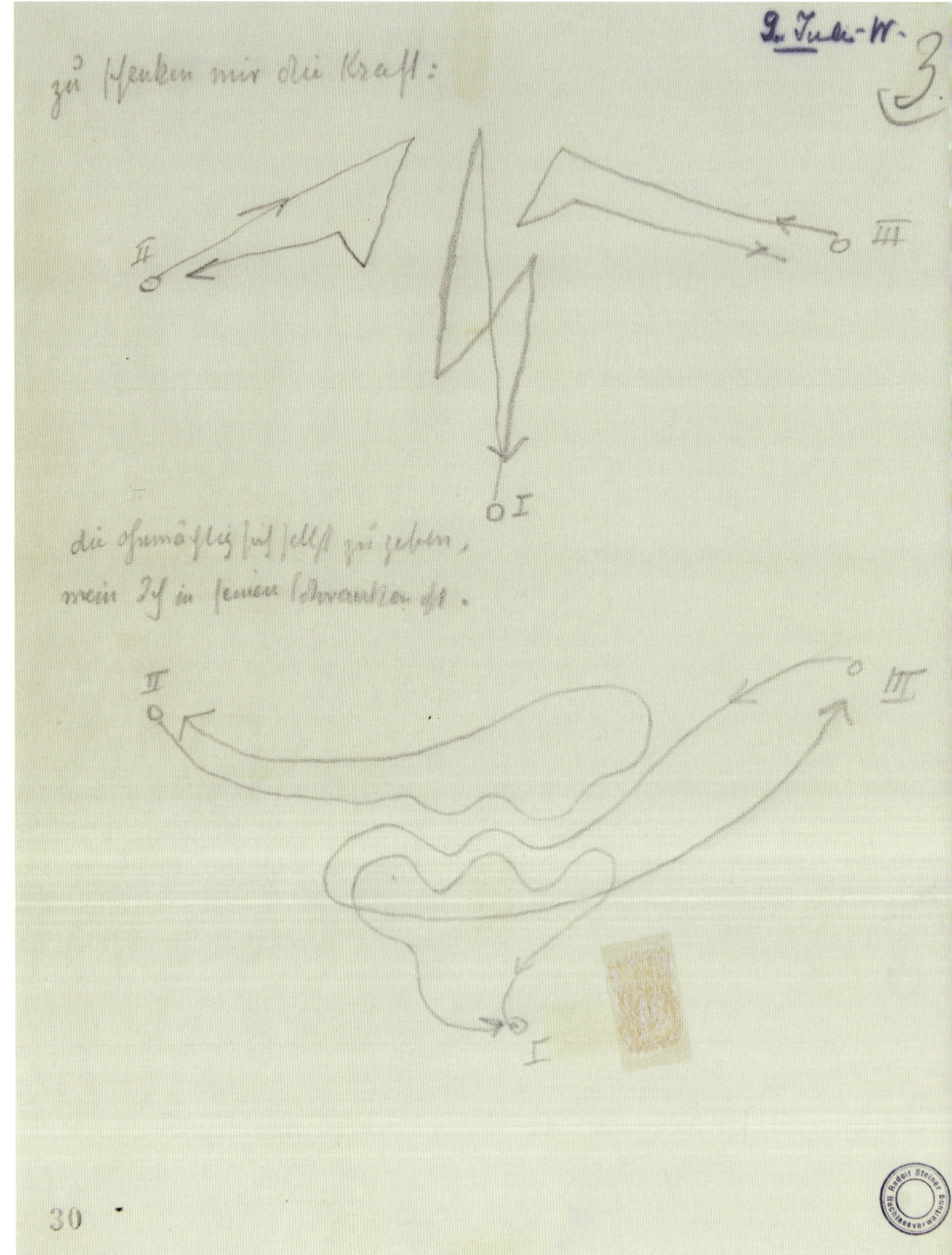
9. Juli-W.

3.

zu schenken mir die Kraft:

II

III

I

die ohnmächtig sich selbst zu geben,
mein Ich in seinen Schranken ist.

II

III

I

30

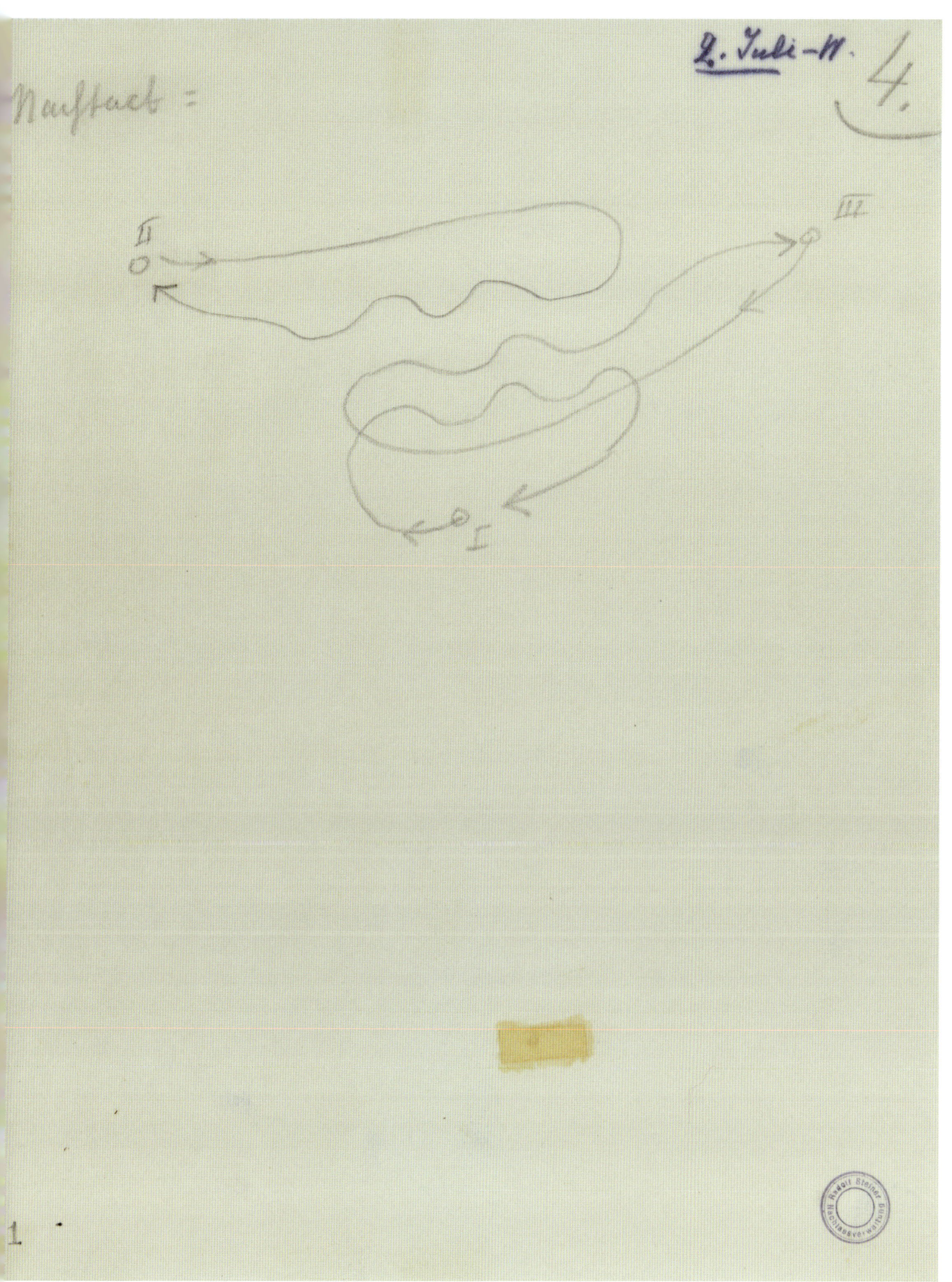
2. Juli-11.
4.
II
III
I
1

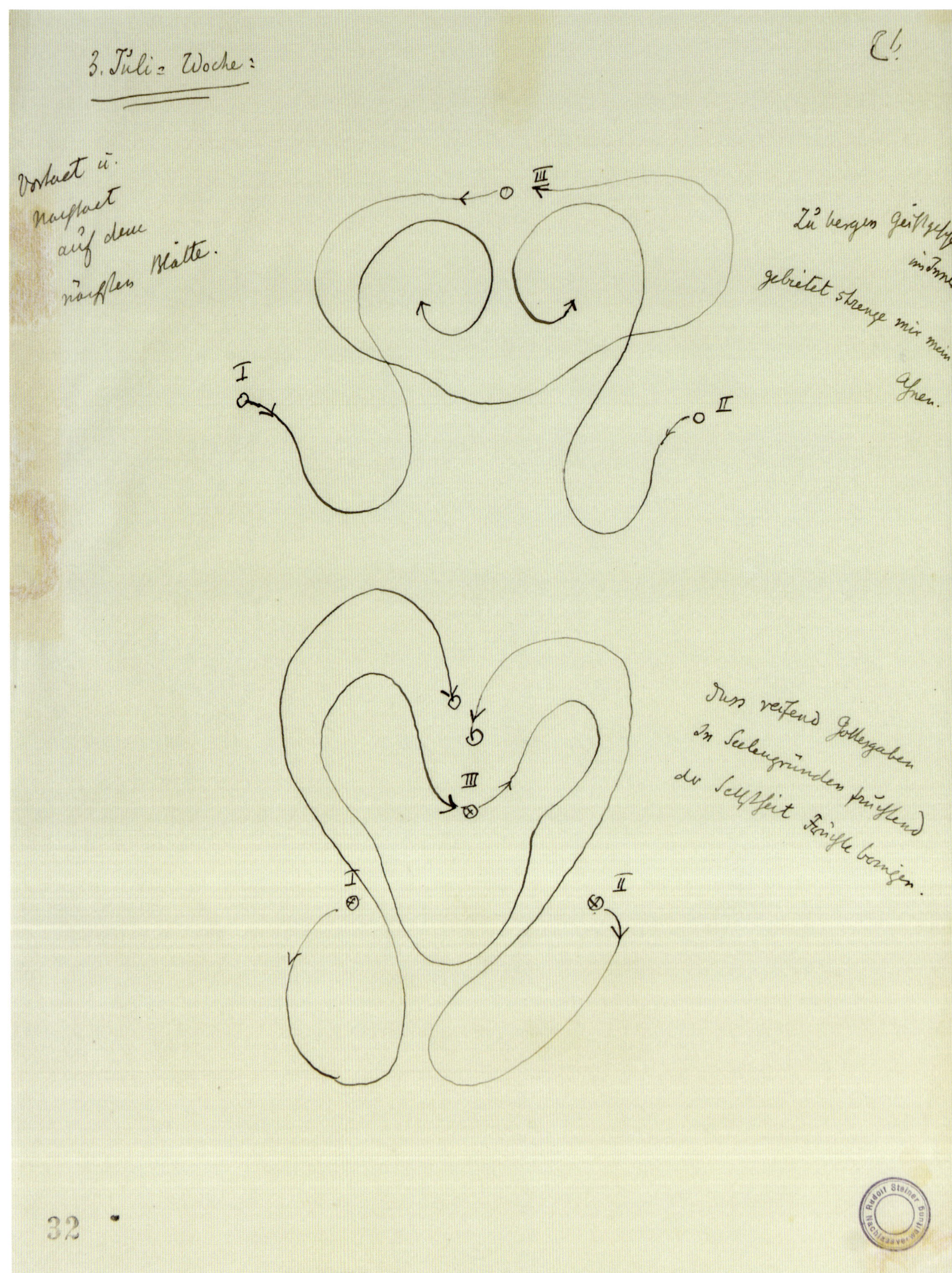
3. Juli = Woche:
Vortact u. nachtact auf dem nächsten Blatte.
Zu bergen Geistgeschenk im Innern gebietet strenge mir mein Ahnen.
Dass reifend Gottesgaben In Seelengründen fruchtend der Selbstheit Früchte bringen.

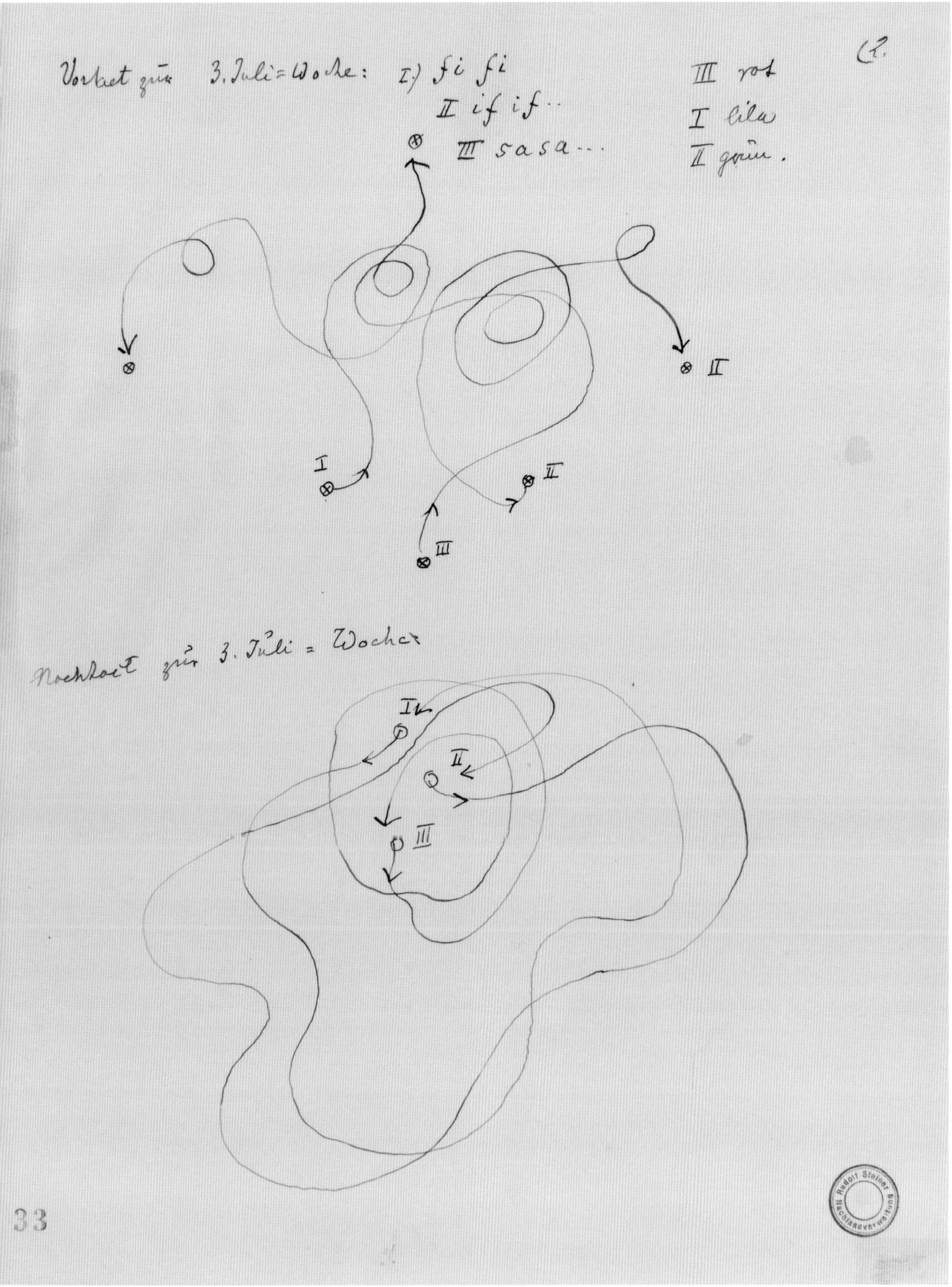

Vortact zur 3. Juli=Woche: I.) fi fi
II if if..
III sasa...

III rot
I lila
II grün.

Nachtact zur 3. Juli = Woche

33

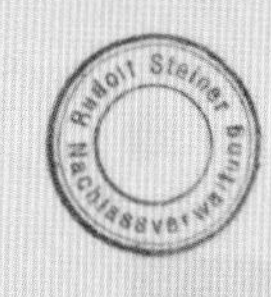

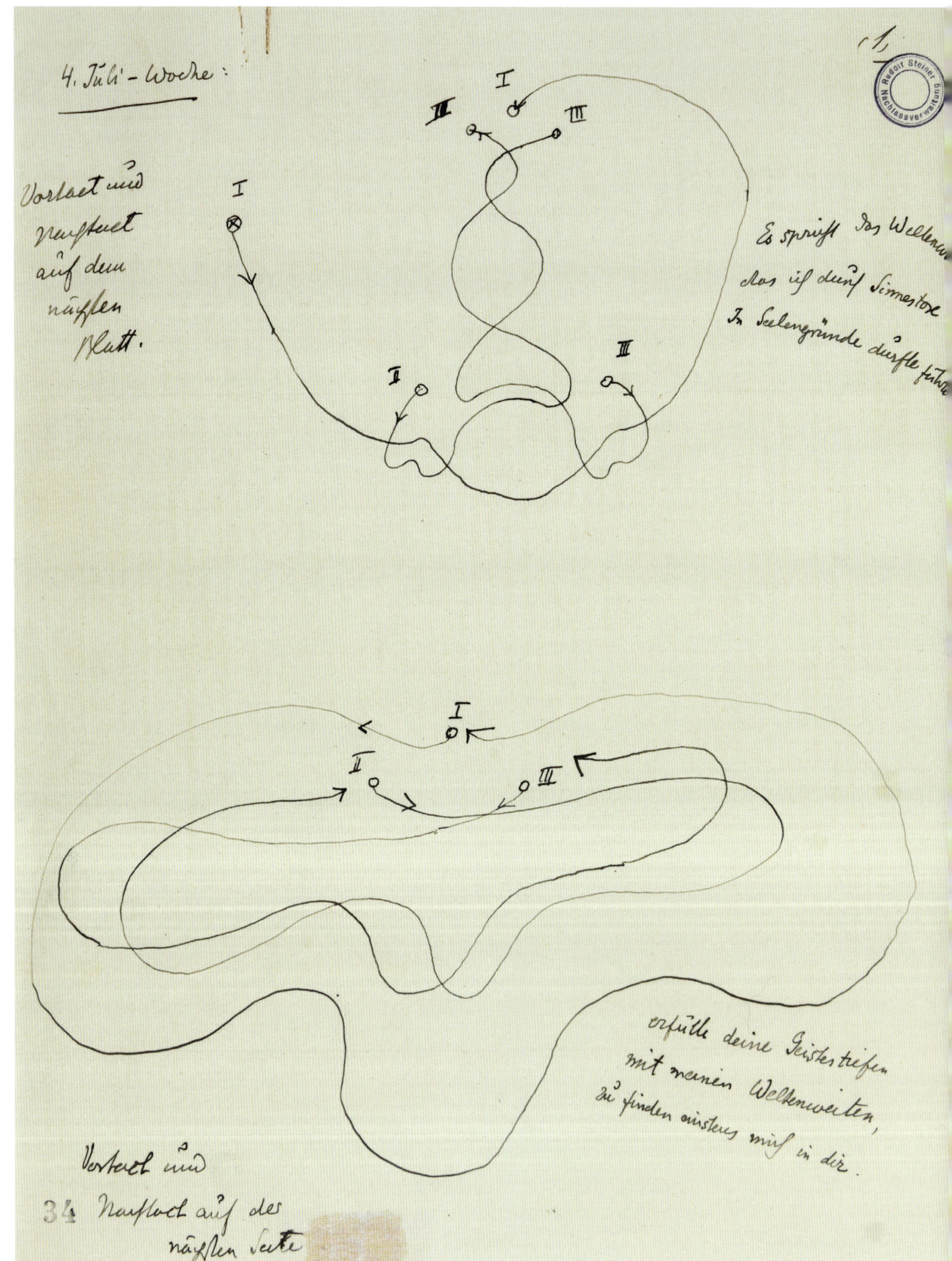
1
Rudolf Steiner Nachlassverwaltung
4. Juli-Woche:
I
II
III
Vortact und Nachtact auf dem nächsten Blatt.
I
Es spricht das Weltenw
das ich durch Sinnestore
In Seelengründe durfte führ
II
III
I
II
III
erfülle deine Geistestiefen
mit meinen Weltenweiten,
zu finden einstens mich in dir.
Vortact und Nachtact auf der nächsten Seite
34

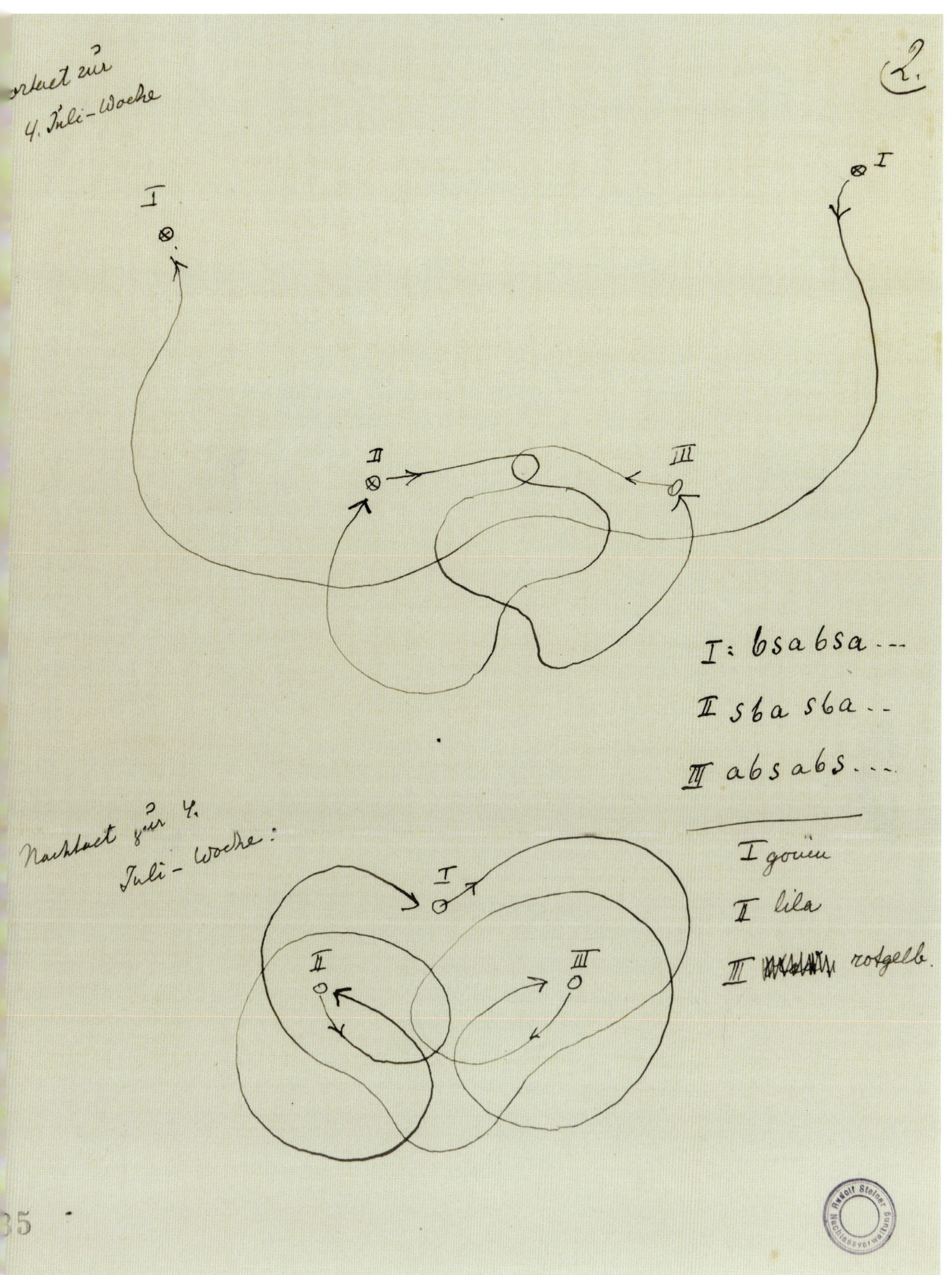

…ortact zur
4. Juli-Woche
2.
I
I
II
III
I: bsabsa...
II sbasba..
III absabs...
Nachtact zur 4.
Juli-Woche:
I
II
III
I grün
II lila
III rotgelb.
35

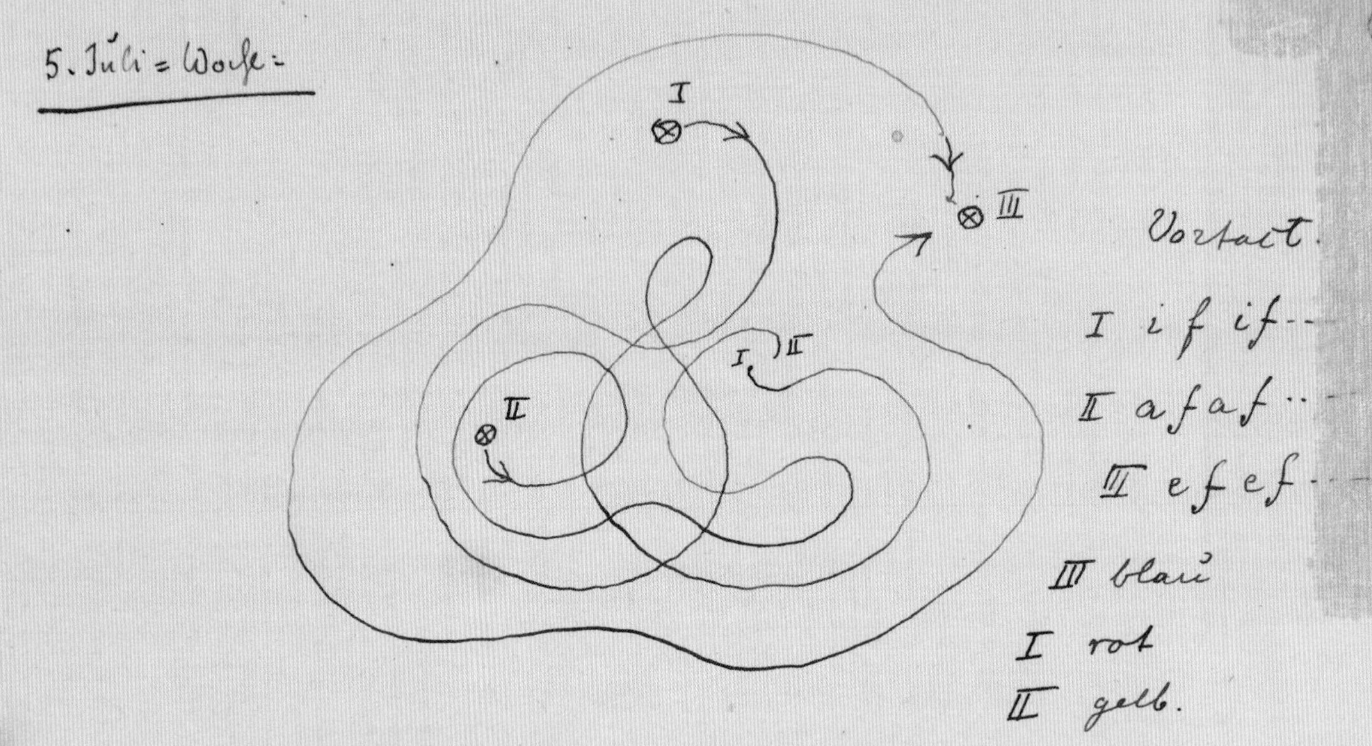
5. Juli = Woche =
I
III
II
I
II
Vortakt.
I ich ich ..
II ach ach ..
III ech ech ..
III blau
I rot
II gelb.

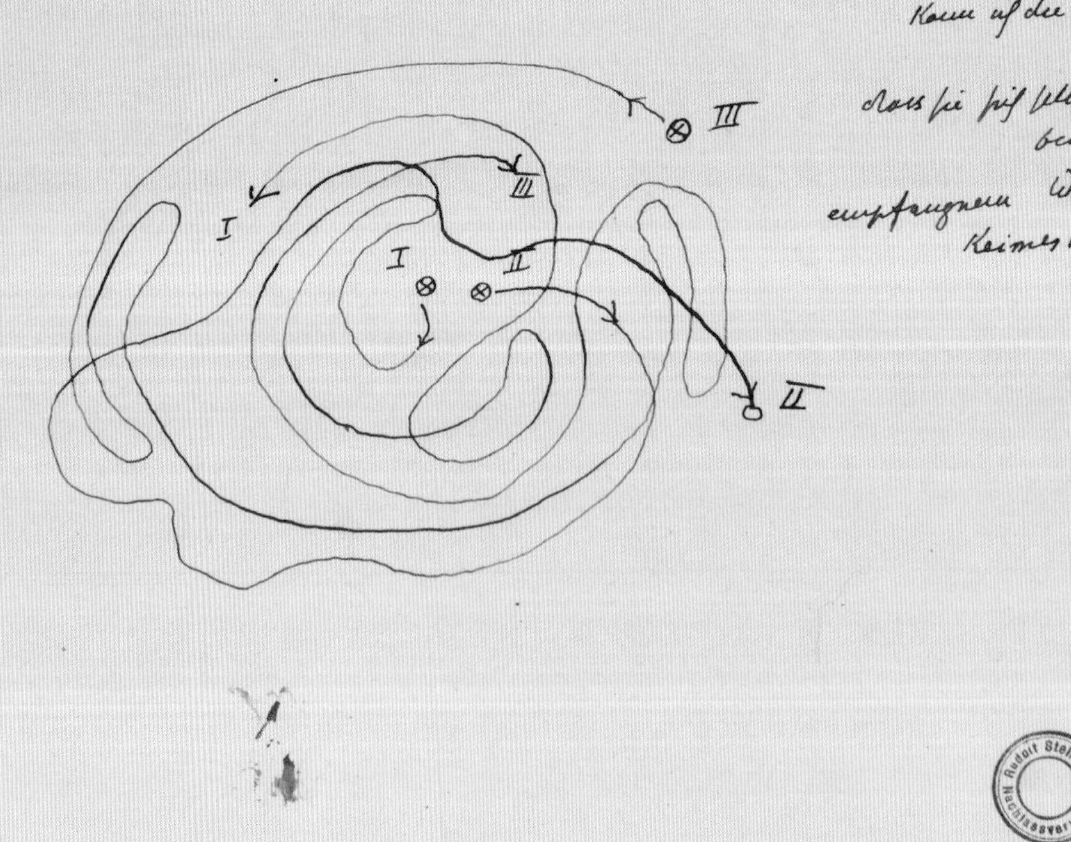
Kann ich die Seel
dass sie sich selbst ve
bindet
empfangnem Welten-
Keimesworte
III
I
III
I
II
II

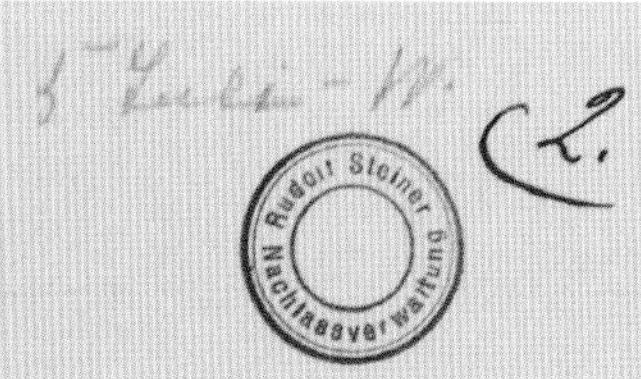

Ich ahne, daß ich die Kraft muß finden
die Seele würdig zu gestalten,
zum Geistes-Kleide sich zu bilden.

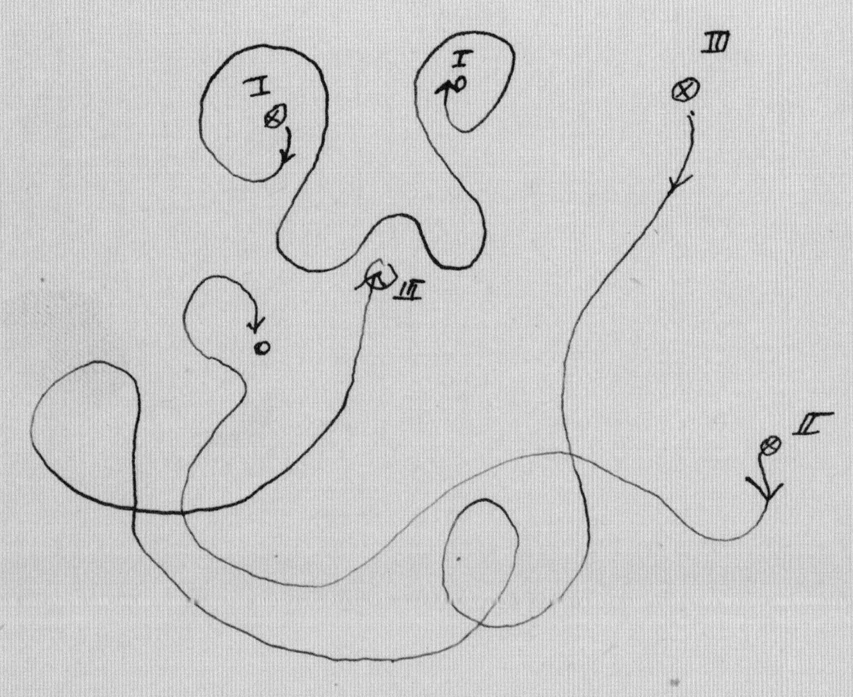

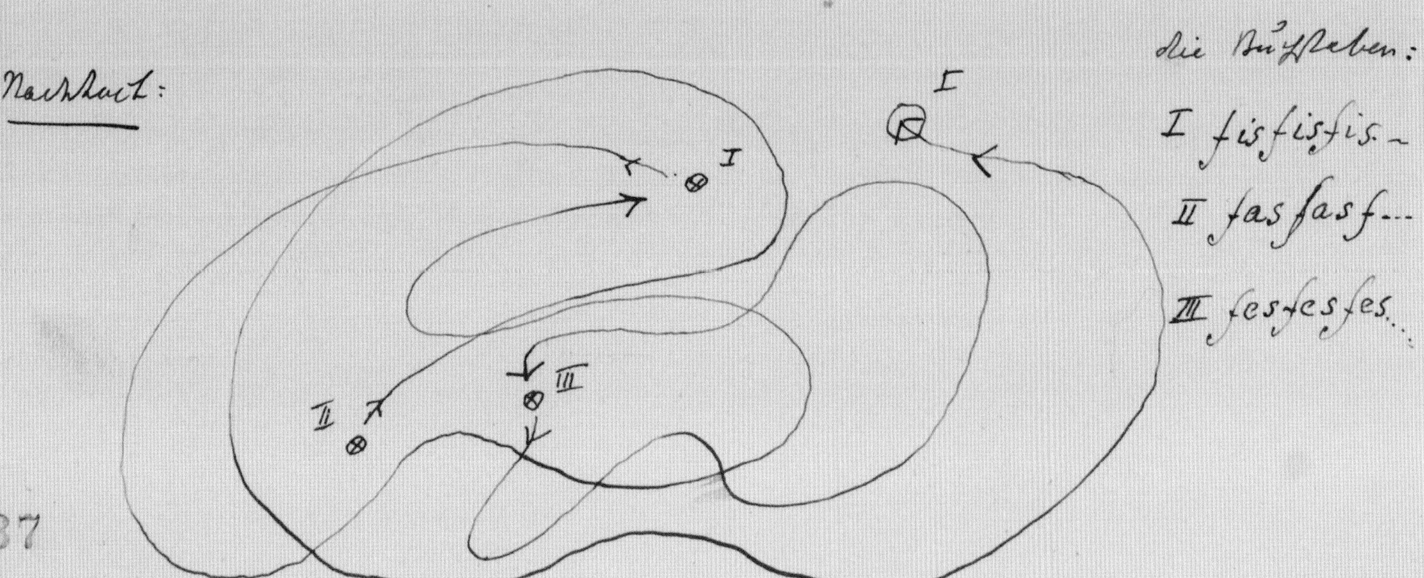

37

1

1. August = Woche:

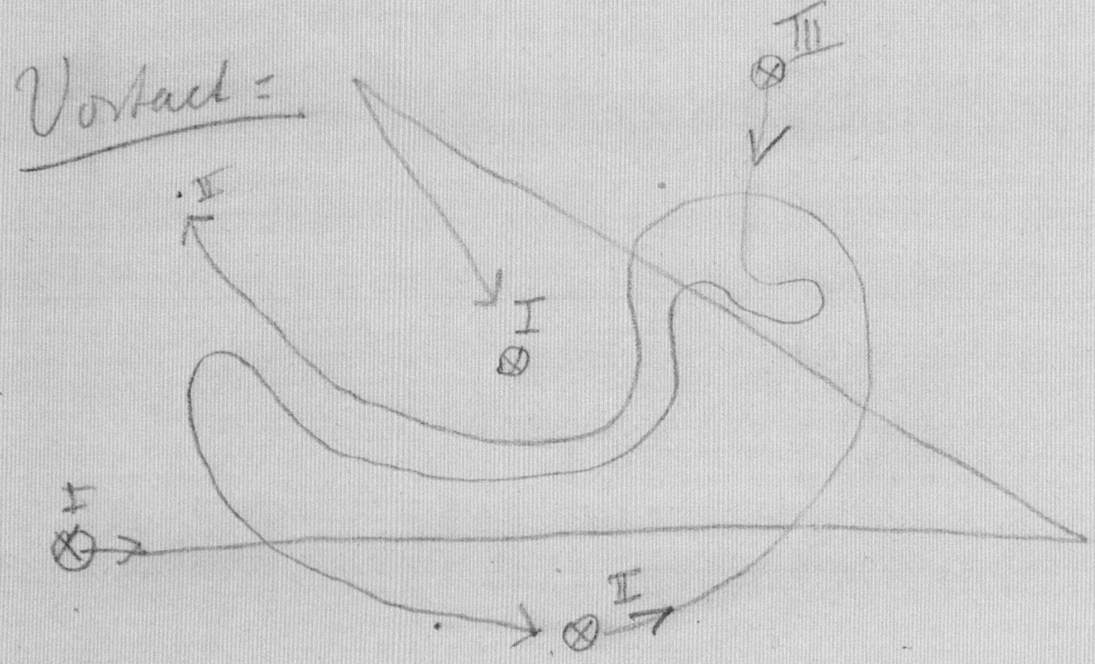

I rot = s l f s l f - - -

II blau = i l f i l f - - -

III grün = u l f u l f - - -

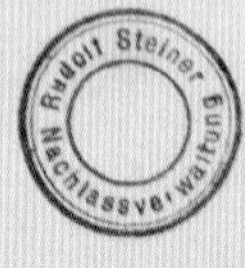

38

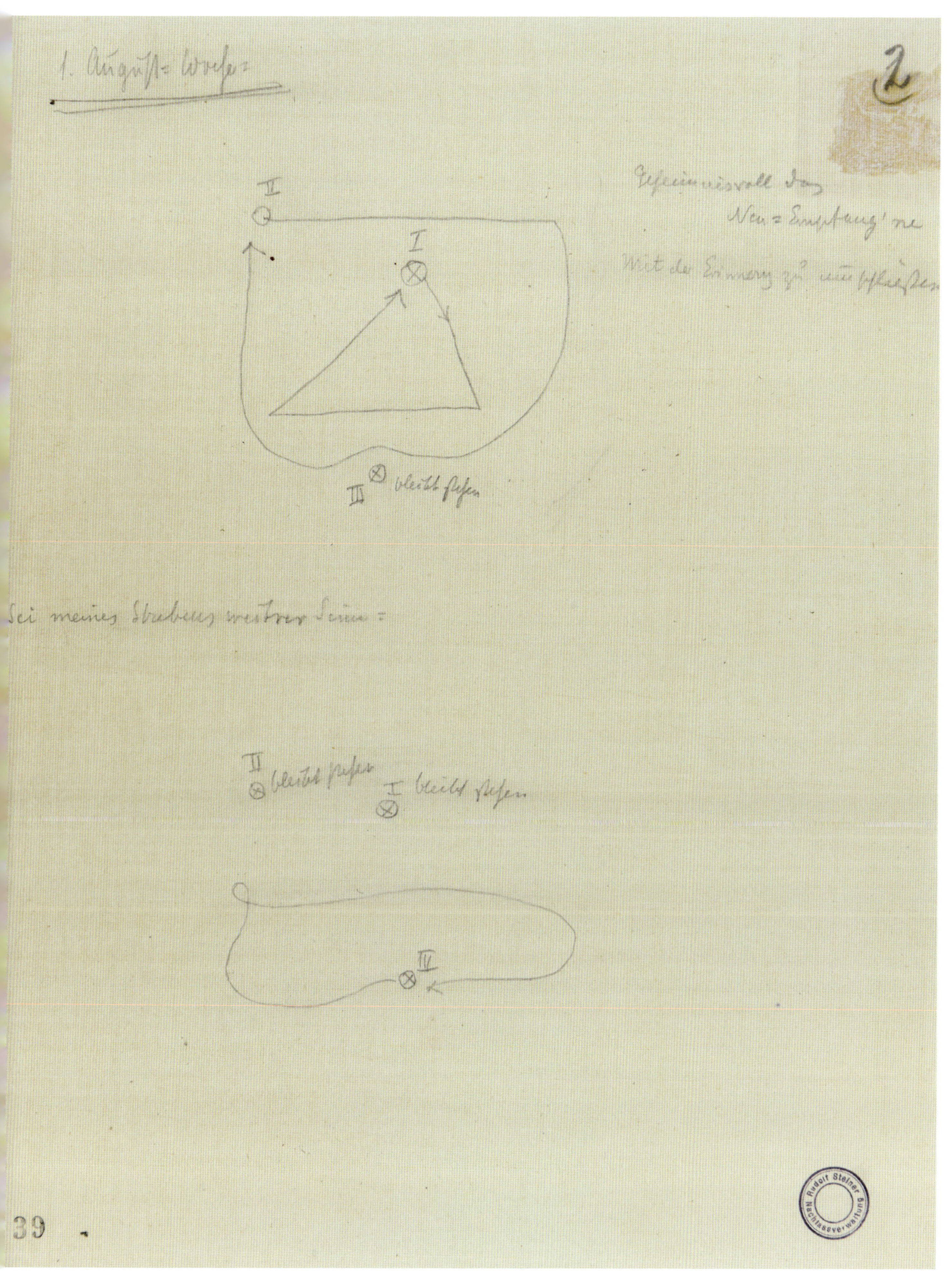

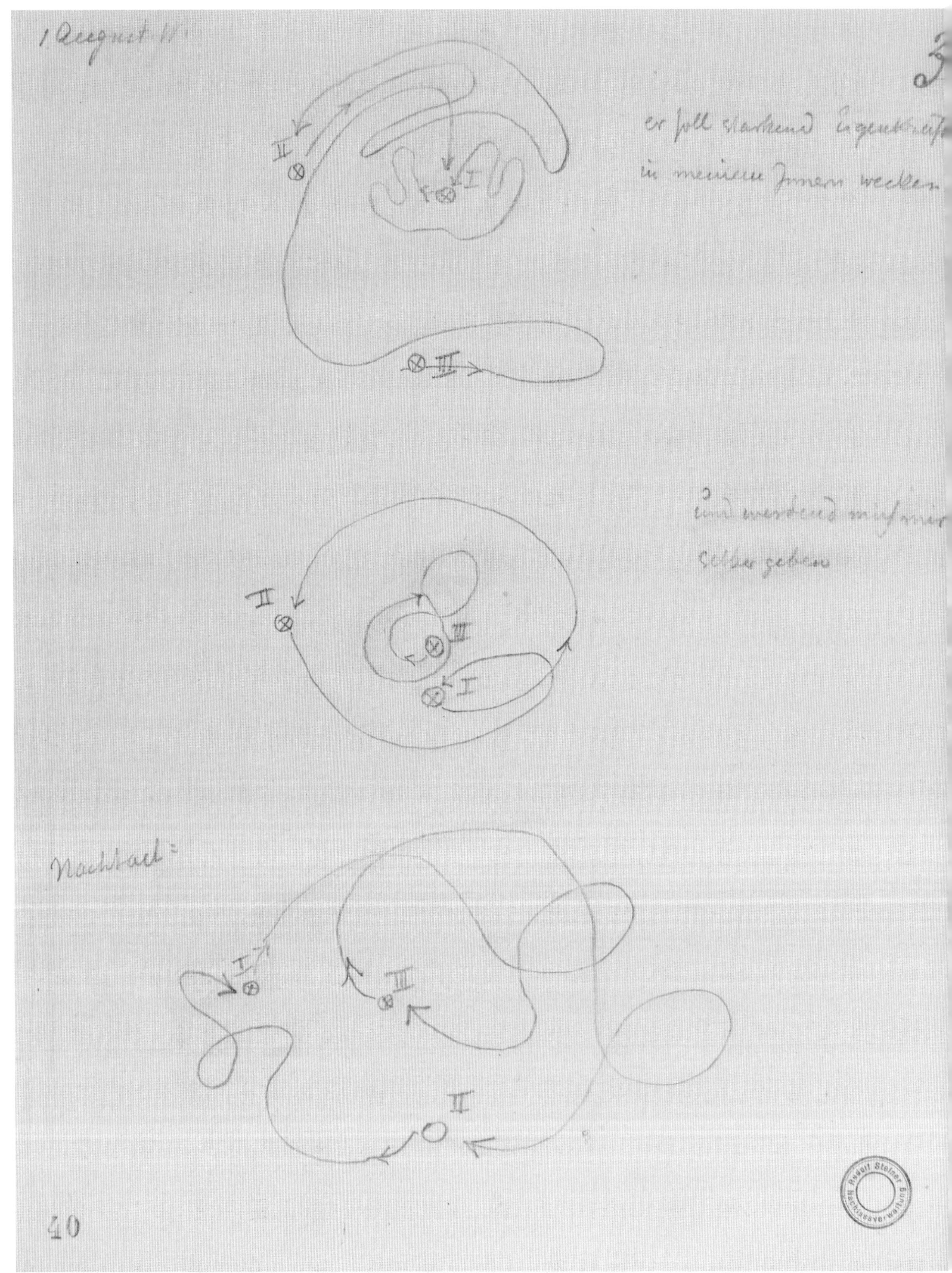
1 August 11
in meinem Innern wecken
und werdend mich mir
selber geben
Nachtrag:
I
II
III
40

1.

2. August=woche Vortact:

III

I

II

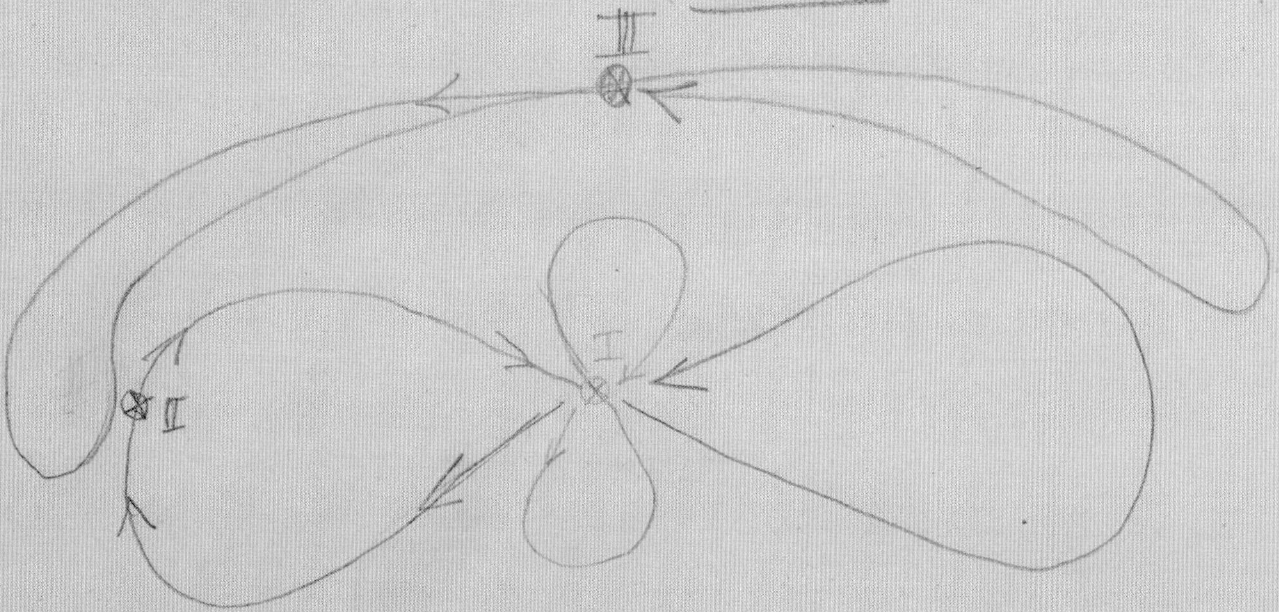

I macht seine Bewegung zweimal, während II und III sie einmal machen.

I grün II rot III blau

I iesies

seisei...

eiseis...

41

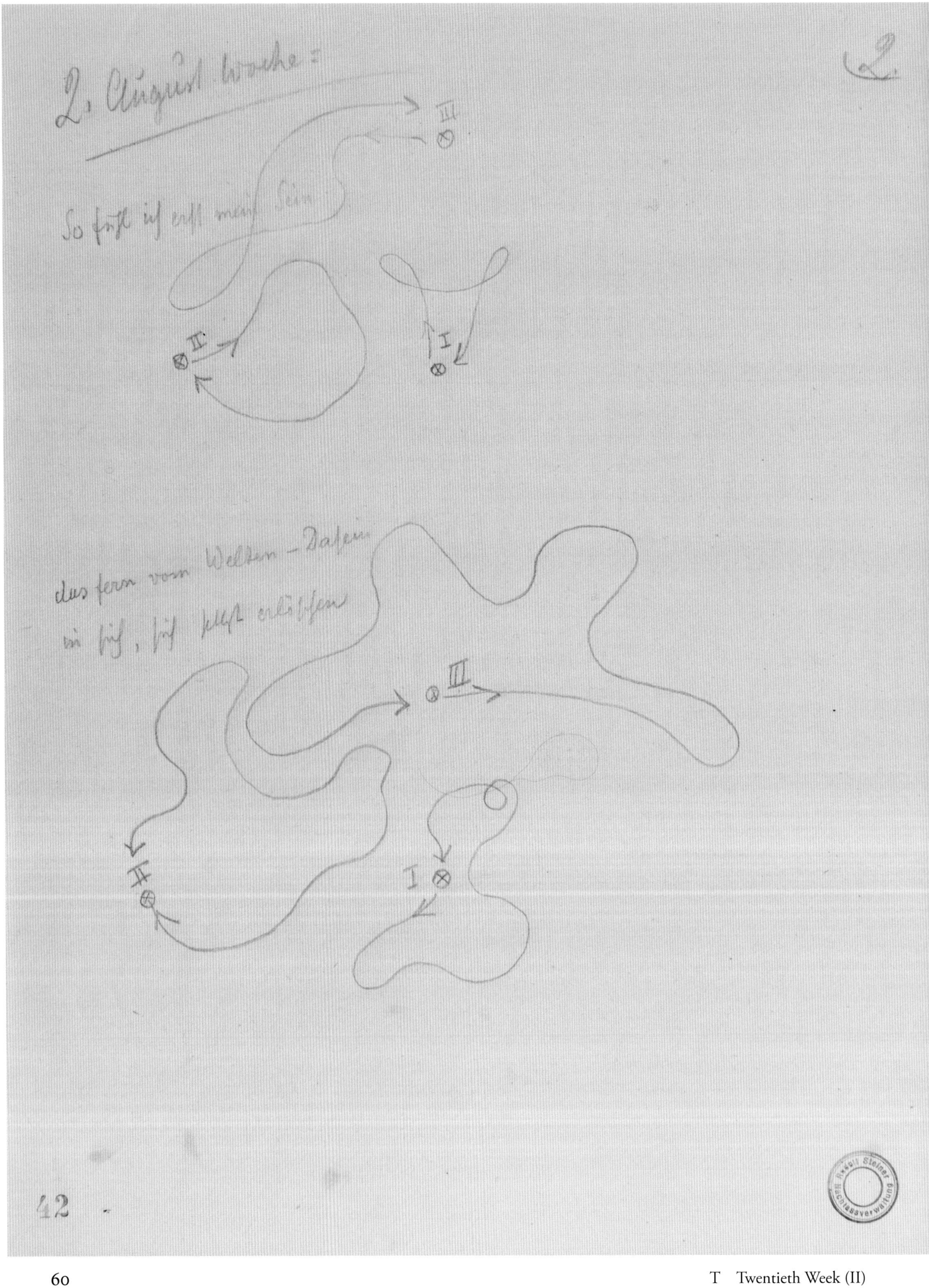

2

2. August woche =

So fühl ich erst mein Sein

das fern vom Welten-Dasein

in sich, sich selbst erlöschen

42

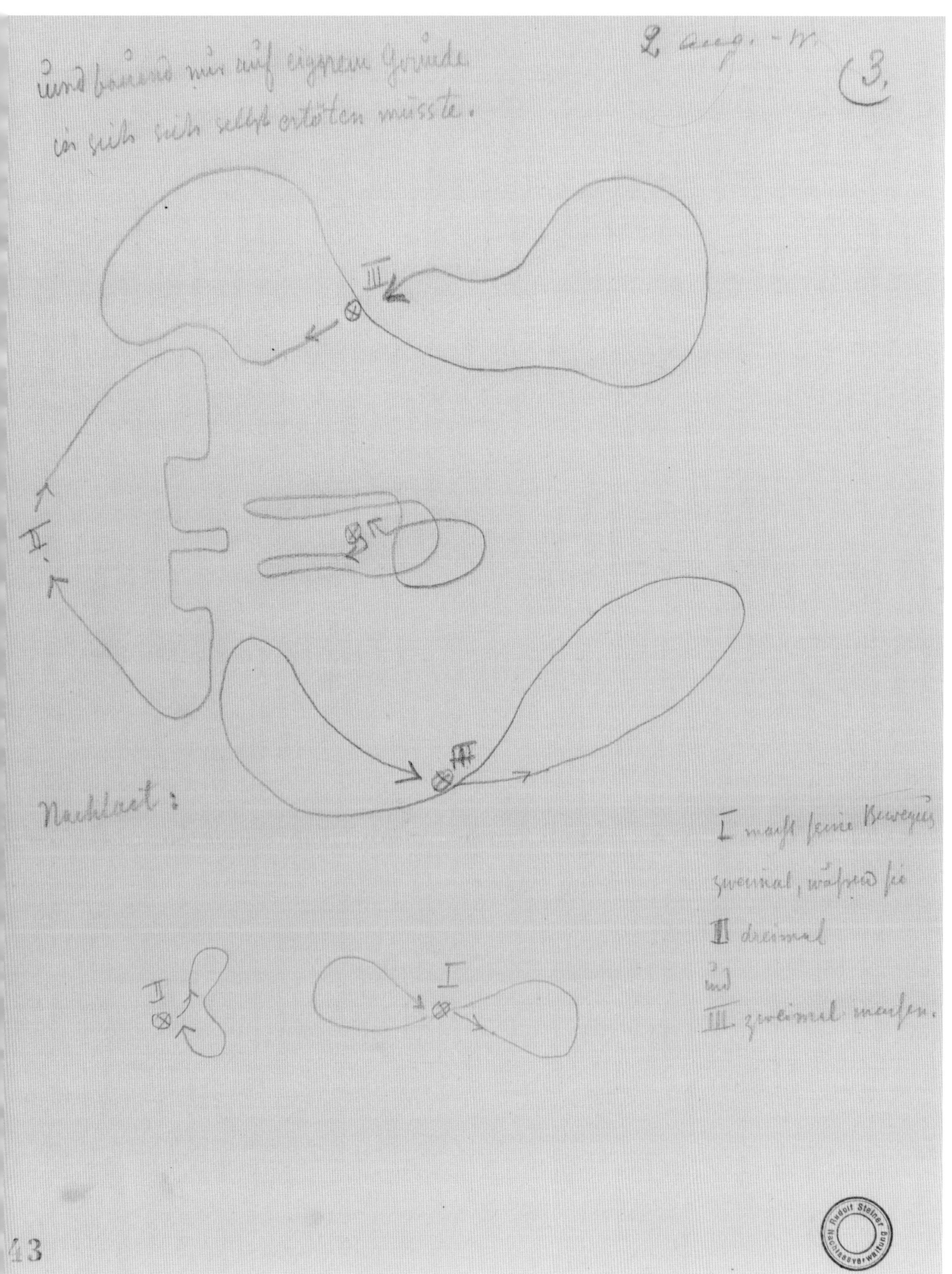
und bauend nur auf eigenem Grunde
in sich sich selbst ertöten müsste.
2 Aug. -17
3
III
II
III
Nachlaut:
I macht seine Bewegung
zweimal, während sie
II dreimal
und
III zweimal machen.
II
I
43

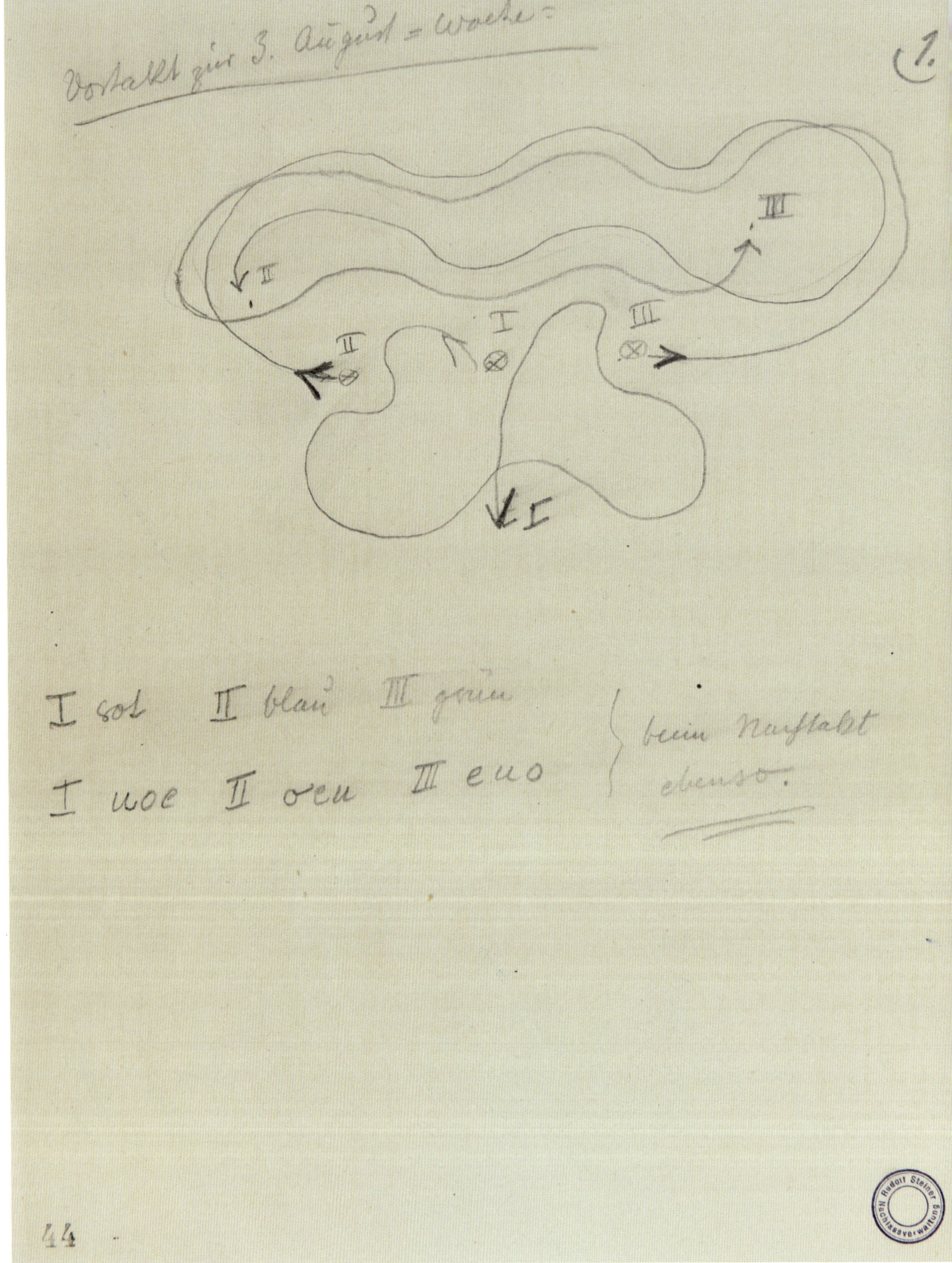
Vortakt zur 3. August-Woche:
1.
III
II
I
II
III
I
I rot II blau III grün
I uoe II oeu III euo
beim Nachtakt ebenso.
44

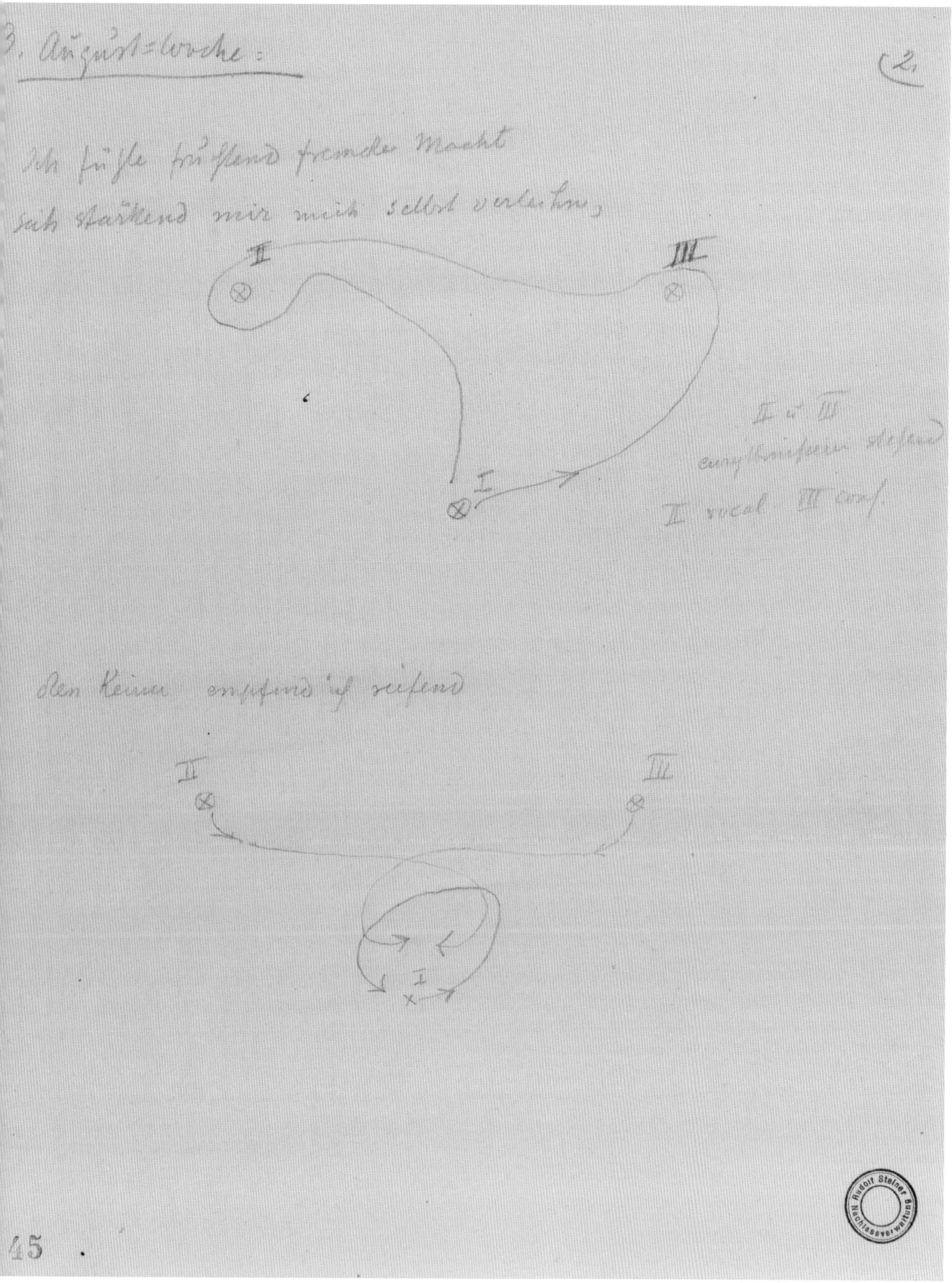

3. August=Woche: (2

Ich fühle fruchtend fremde Macht
sich stärkend mir mich selbst verleihn,

II III I

II u. III
[illegible]
II vocal III cons.

Den Keim empfind ich reifend

II III I

45

und Ahnung lichtvoll weben
im Innern an der Selbstheit Macht

(3

3 August. W.

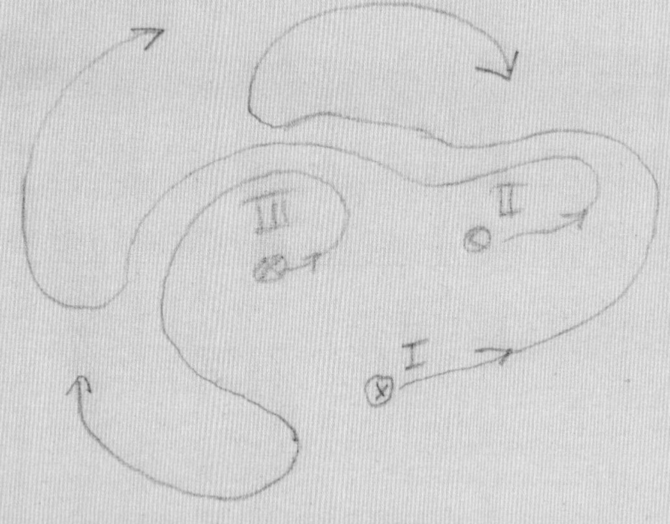

Nachtakt:

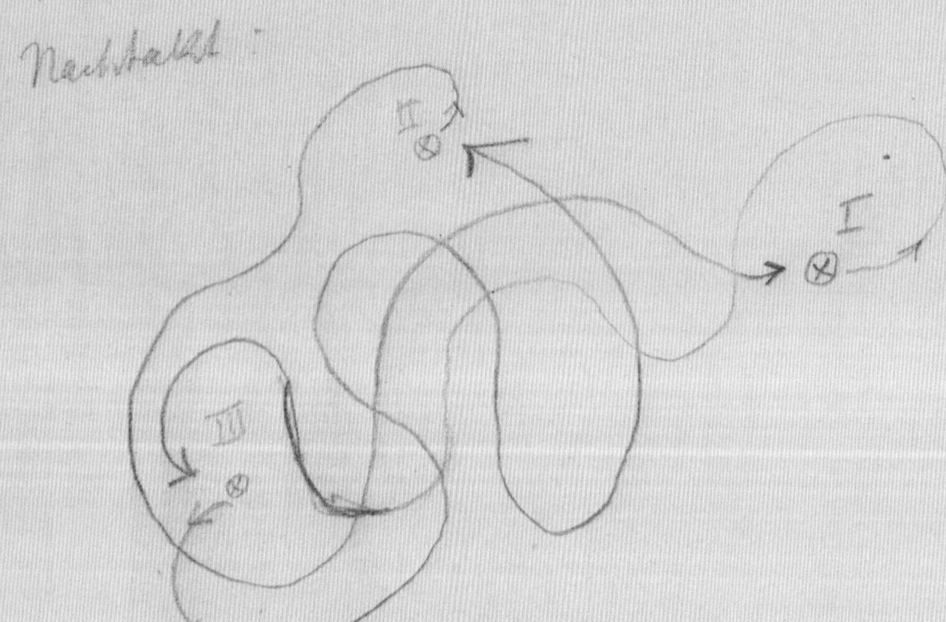

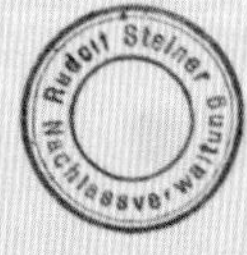

46

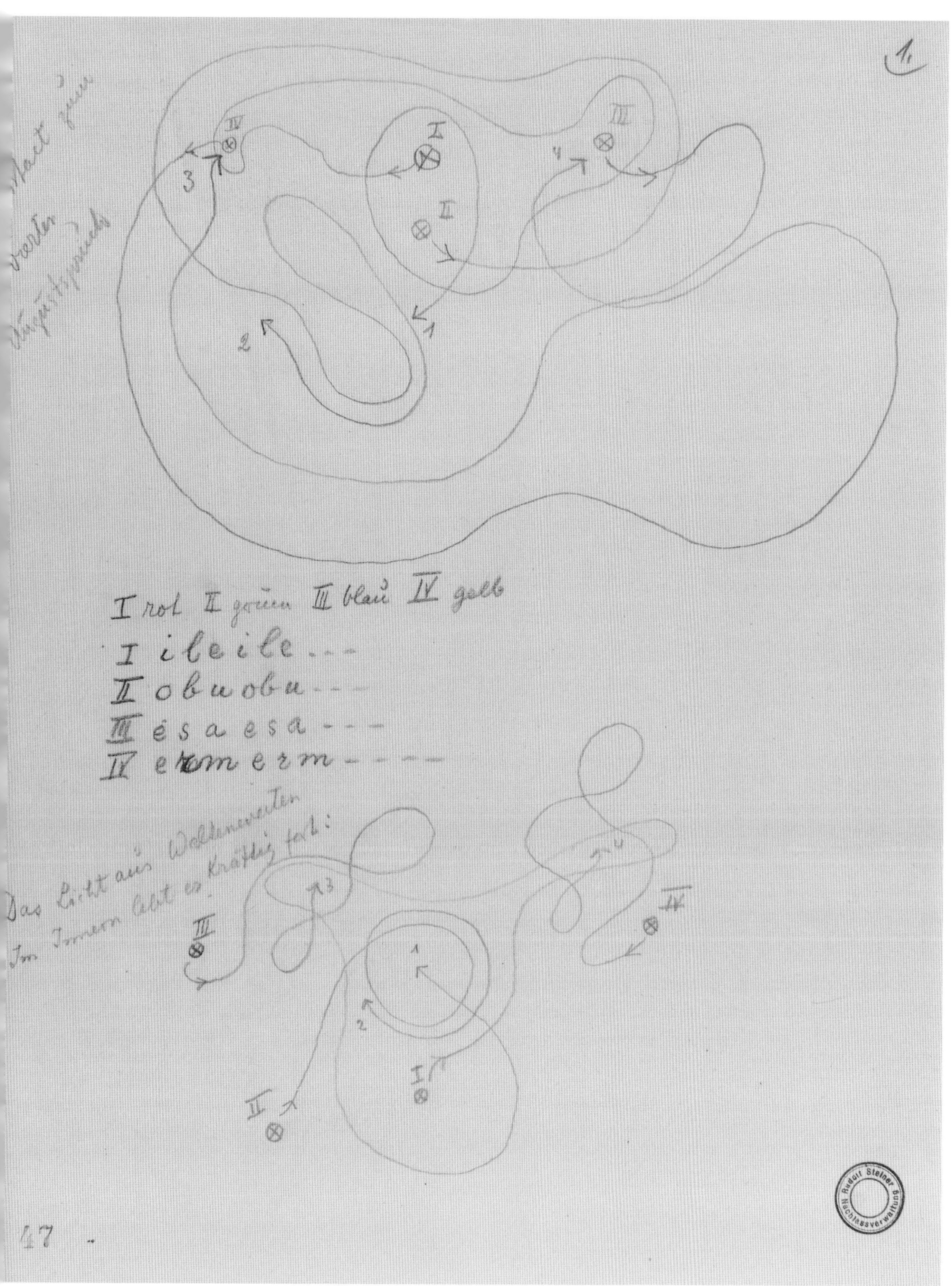

I rot II grün III blau IV gelb
I i l e i l e ...
II o b u o b u ...
III é s a e s a ...
IV e r m e r m ...
Das Licht aus Weltenweiten
Im Innern lebt es kräftig fort:

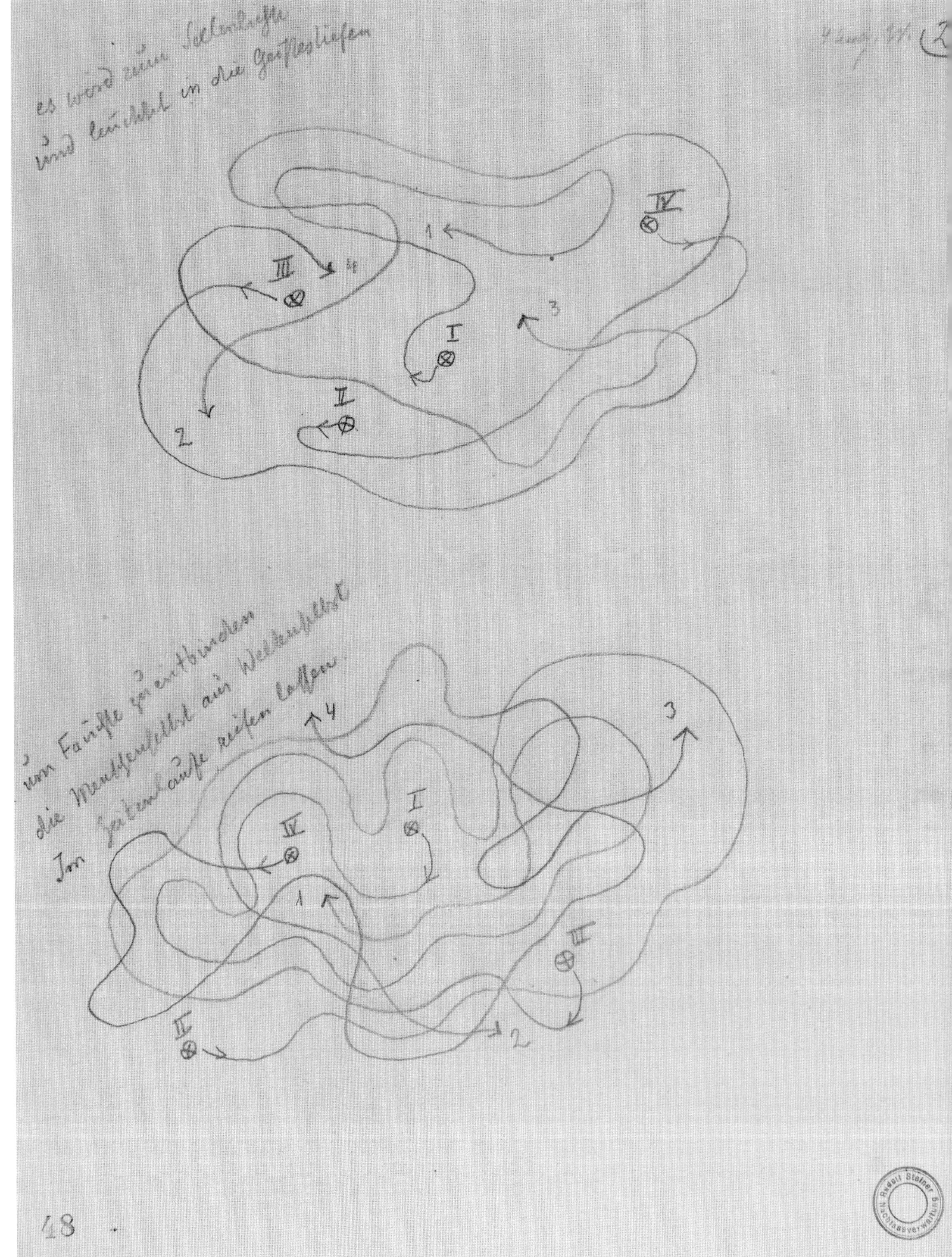

es wird zum Seelenlichte
und leuchtet in die Geistestiefen
4 Aug. 24.
(2
IV
III
I
II
1
2
3
4
um Früchte zu entbinden
die Menschenselbst aus Weltenselbst
Im Zeitenlaufe reifen lassen.
4
3
I
IV
1
III
II
2
48
Rudolf Steiner Nachlassverwaltung

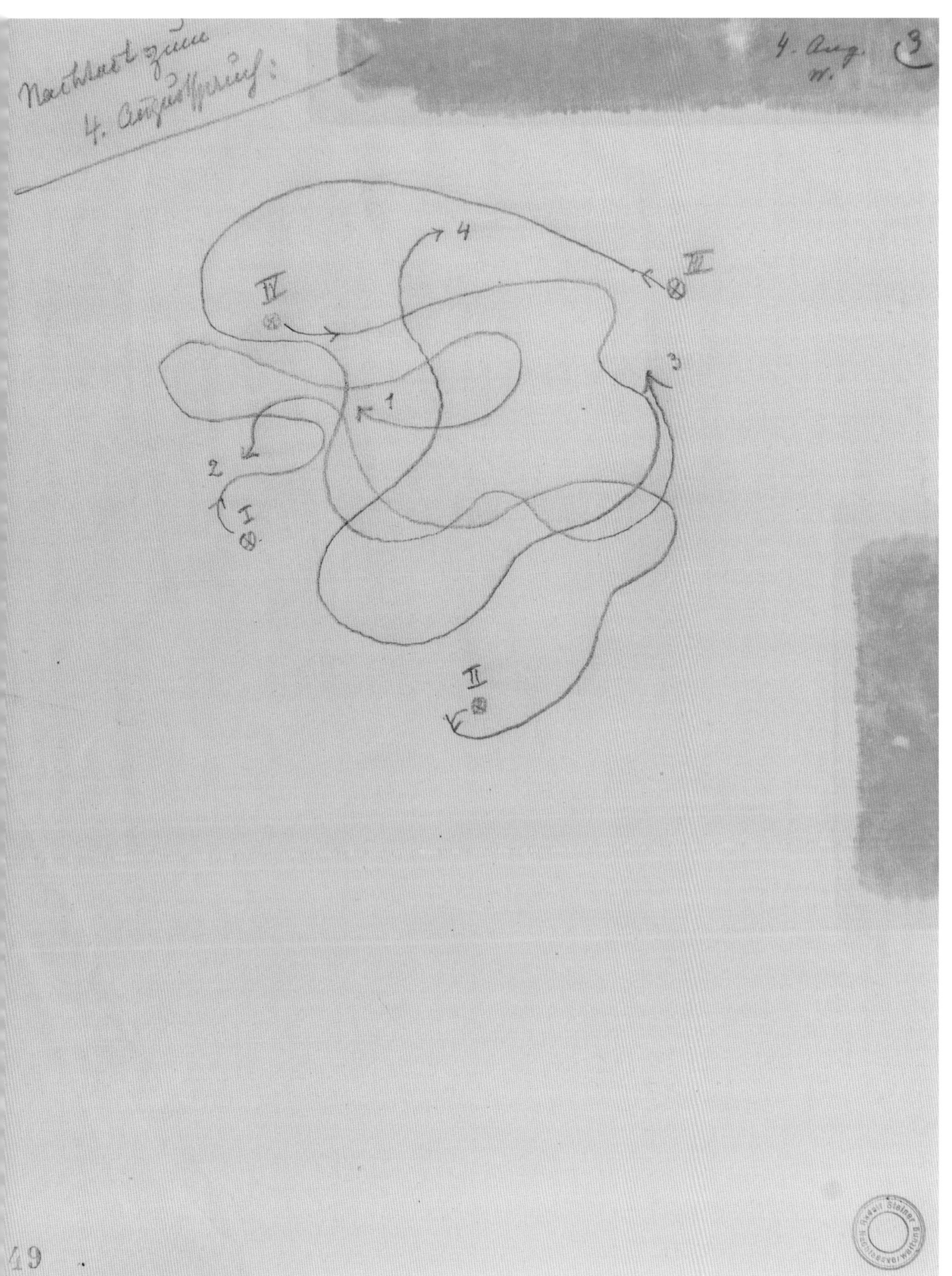

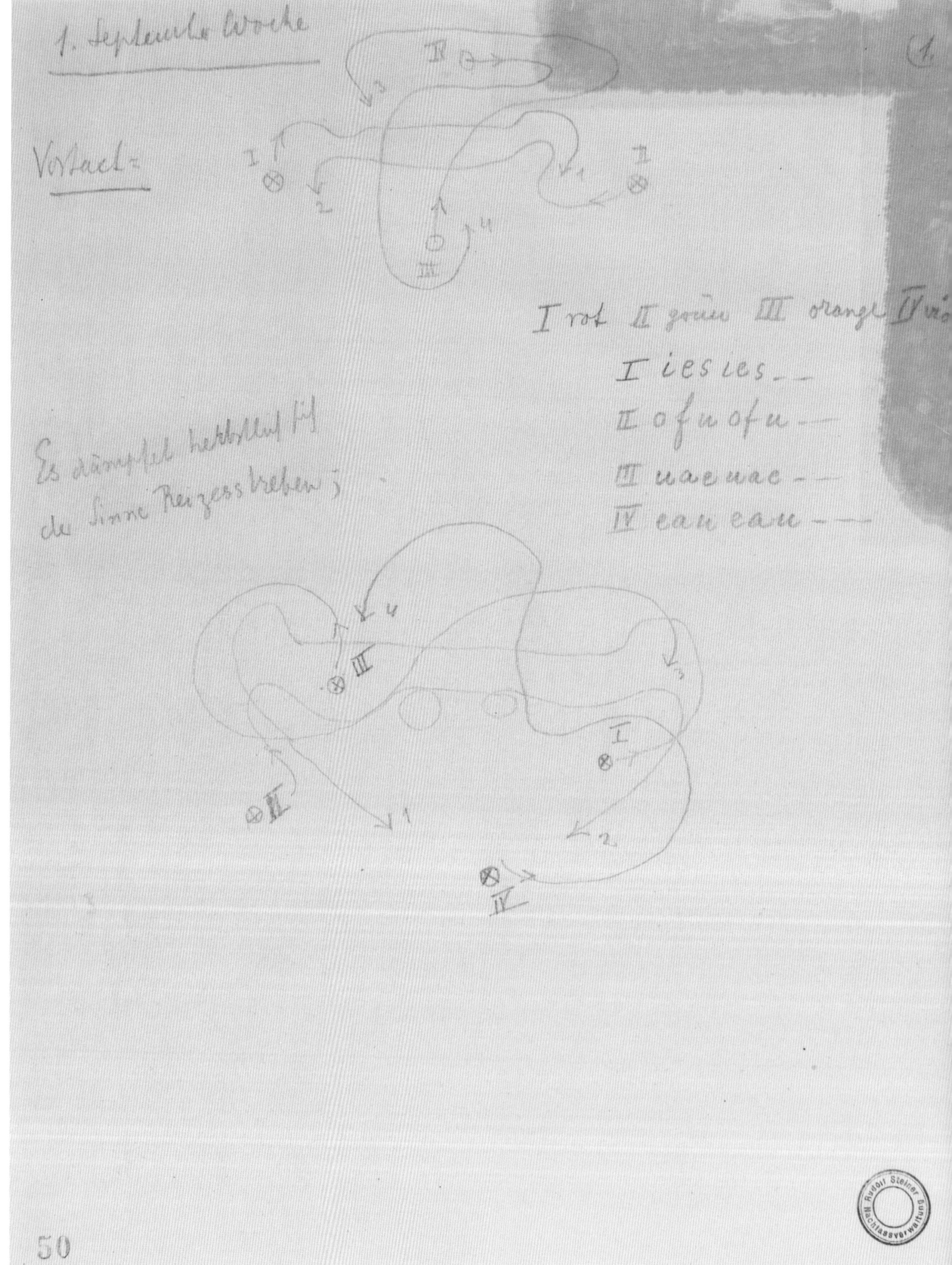

1. September Woche
Vortakt =
I rot II grün III orange
I ies ies
II ofu ofu
III uae uae
IV eau eau
Es dämpfet herbstlich sich
der Sinne Reizesstreben;
Rudolf Steiner Nachlassverwaltung
50

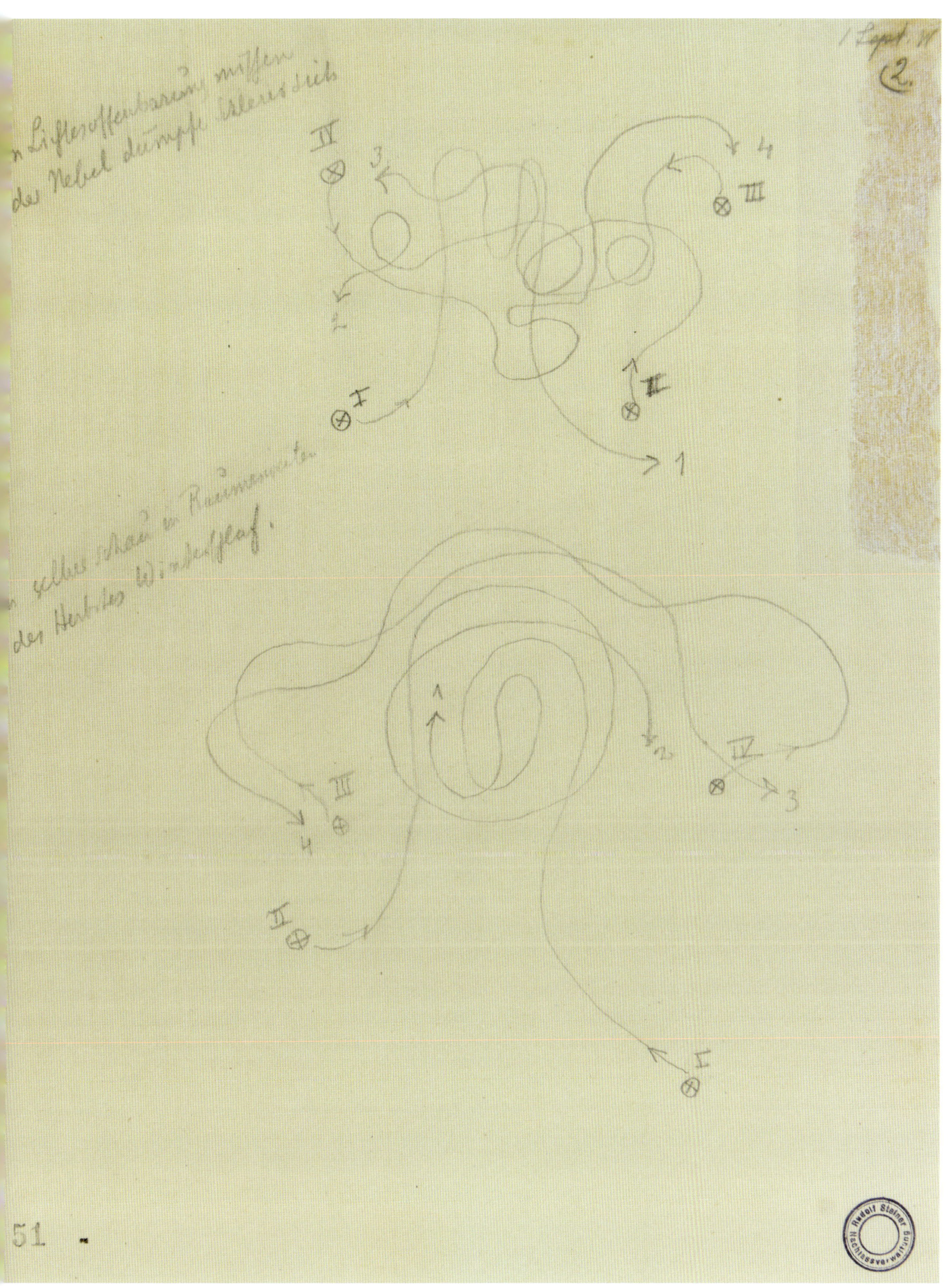

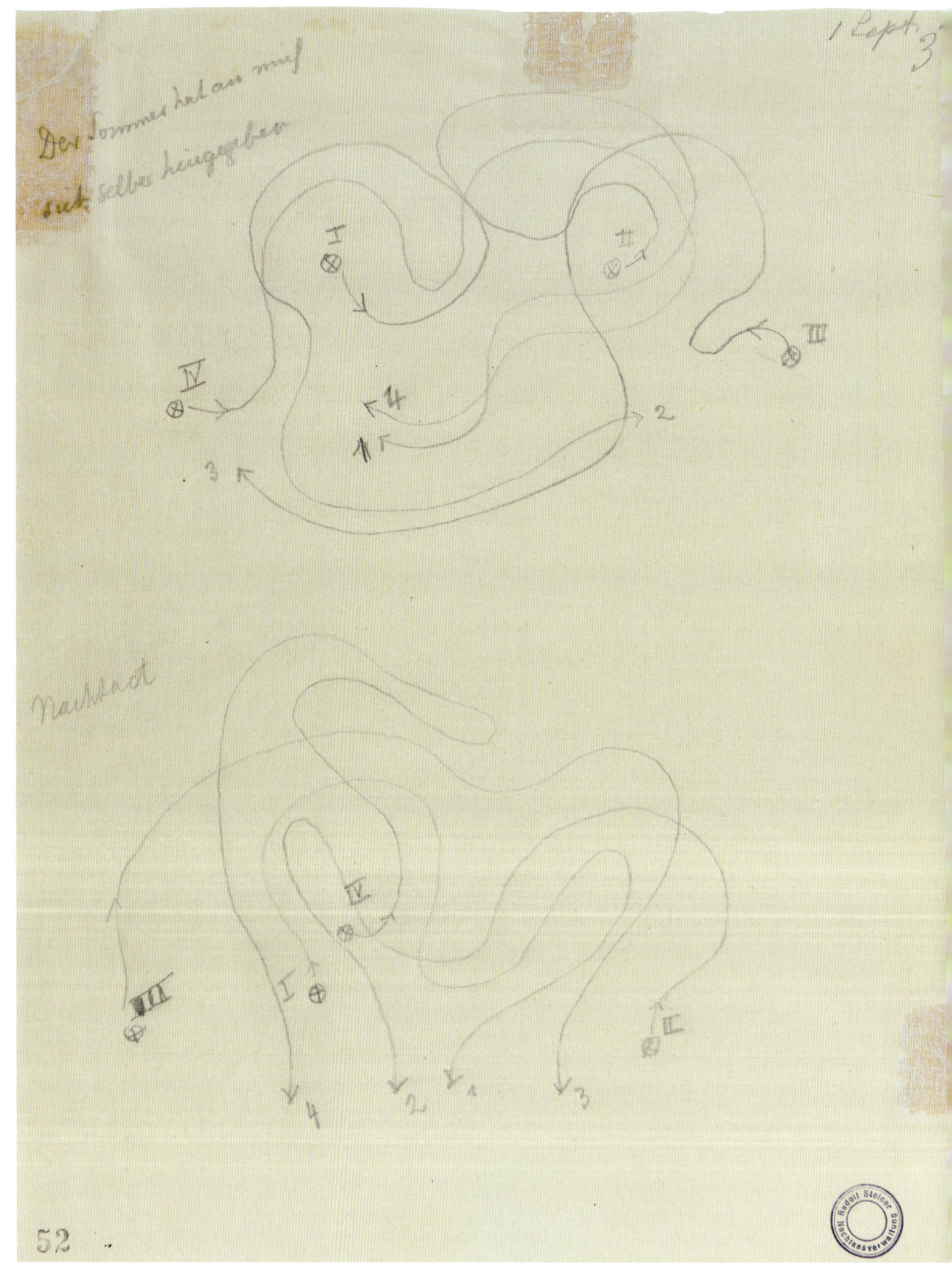

1 Kapt.
3
Der Sommer hat an mich
sich selber hingegeben
I
II
III
IV
4
1
2
3
Nachtacht
IV
I
II
4
2
1
3
52

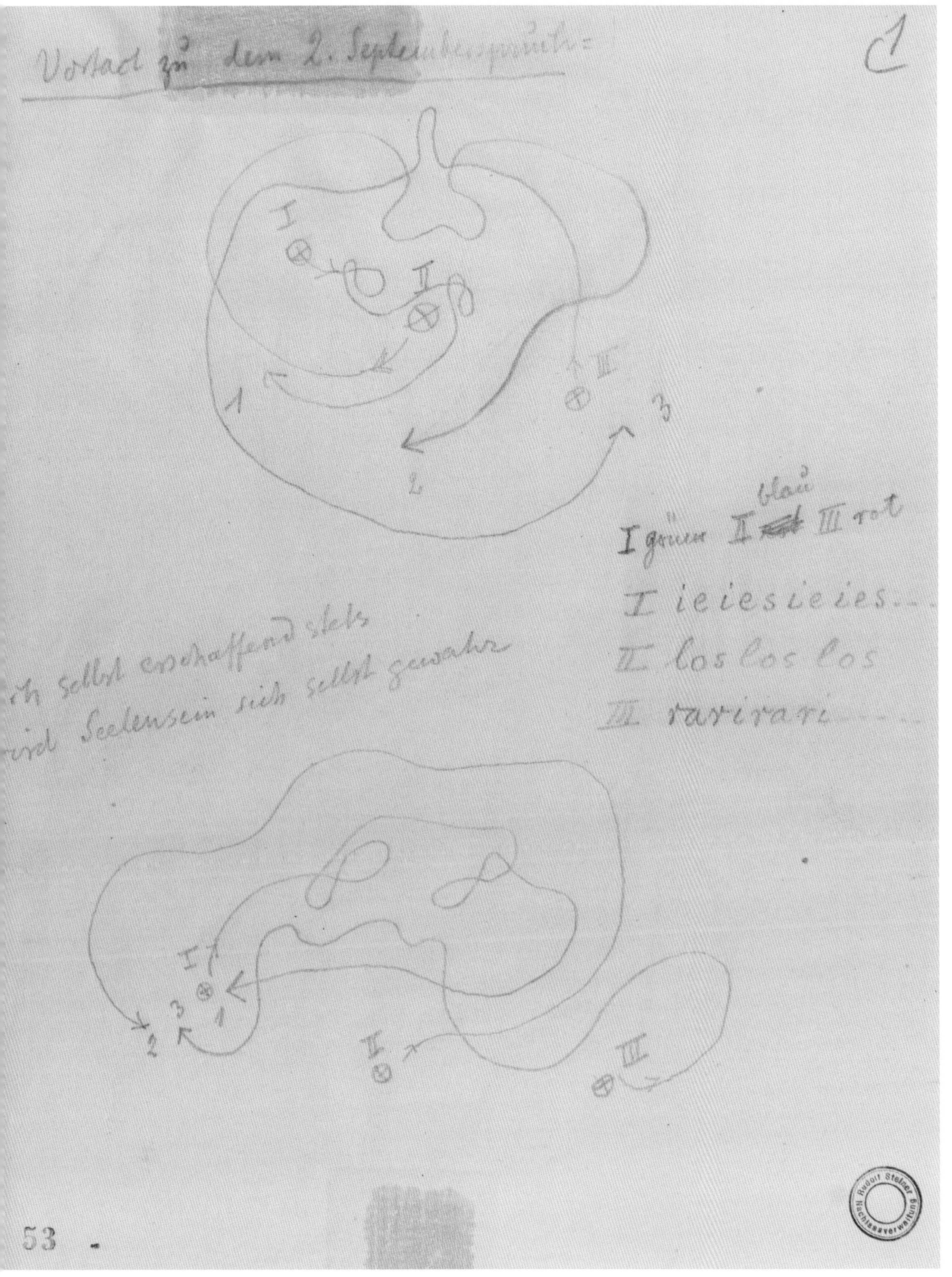
Vortrag zu dem 2. Septe
1
I grün II blau III rot
I ieiesieies…
II loslos los
III rarirari
ch selbst erschaffend stets
ird Seelensein sich selbst gewahr
53
Rudolf Steiner Nachlassverwaltung

der Weltengeist; er strebet fort
in Selbsterkenntnis neu belebt

und schafft aus Seelenfinsternis
des Selbstsinns Willensfrucht

54

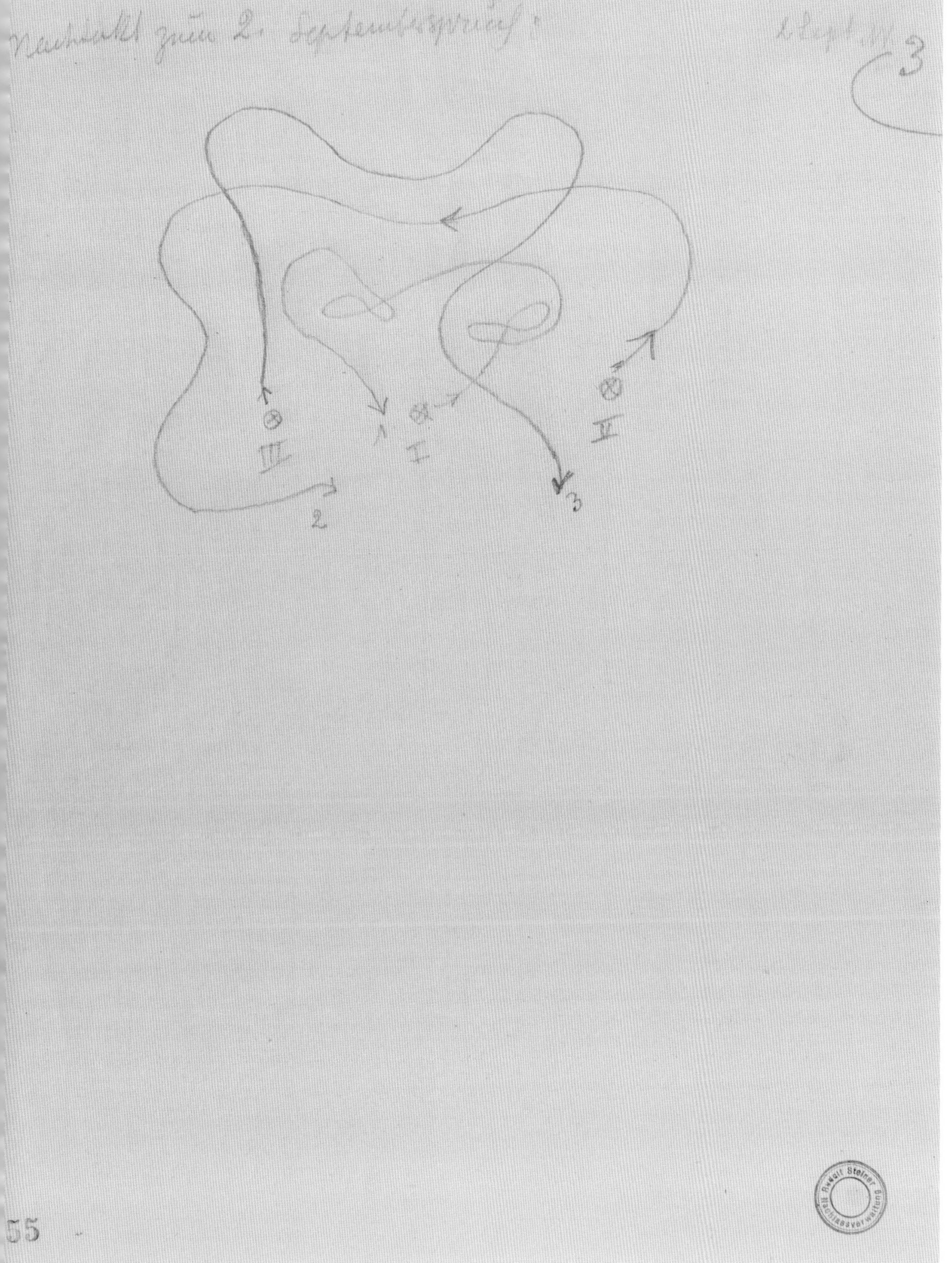

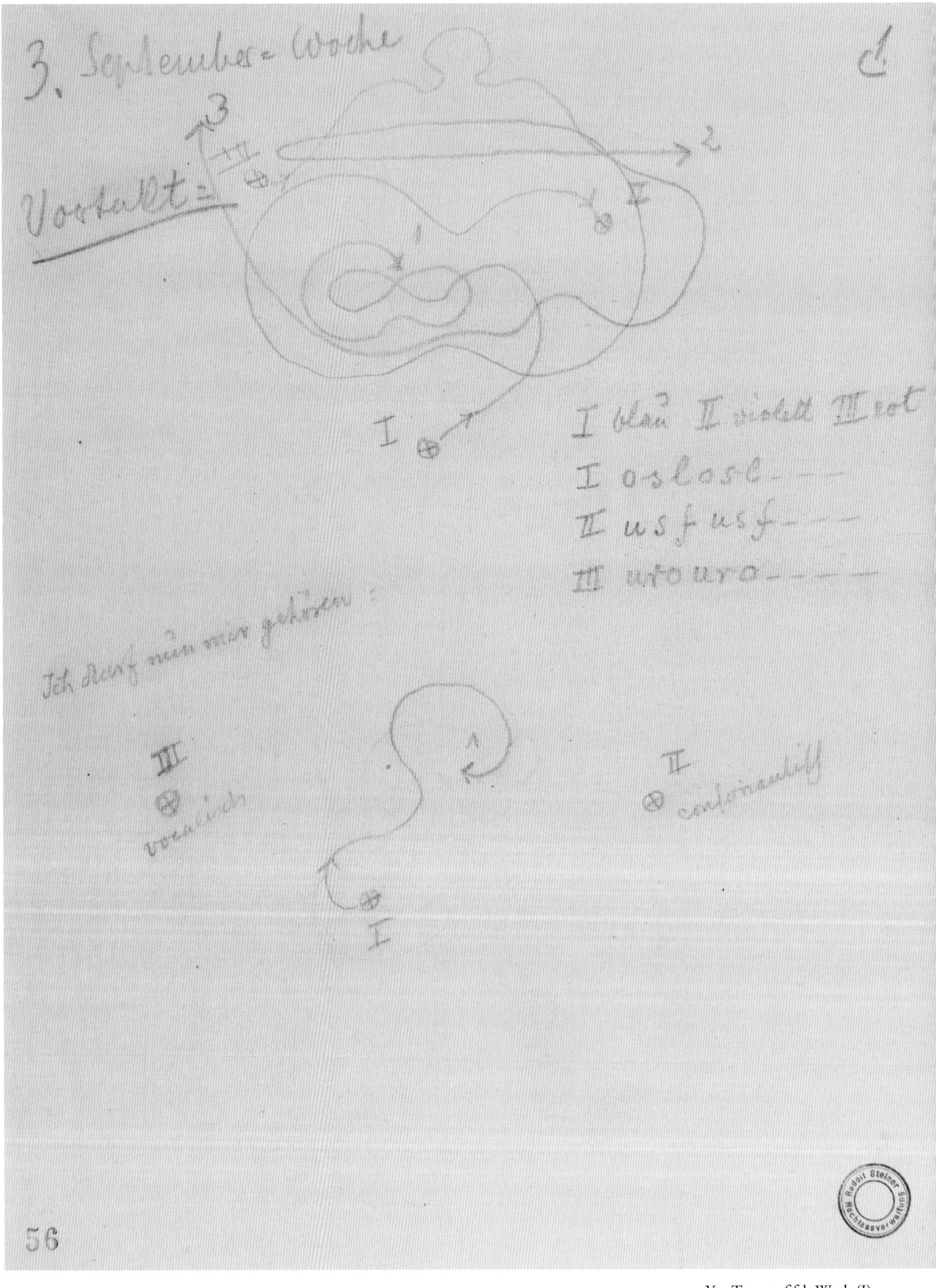

3. September-Woche

d

Vorhalt =

3

2

III

II

1

I

I blau? II violett III rot

I oslosl----

II usfusf----

III urouro-----

Ich darf nun mir gehören:

III vokalisch

II consonantisch

I

56

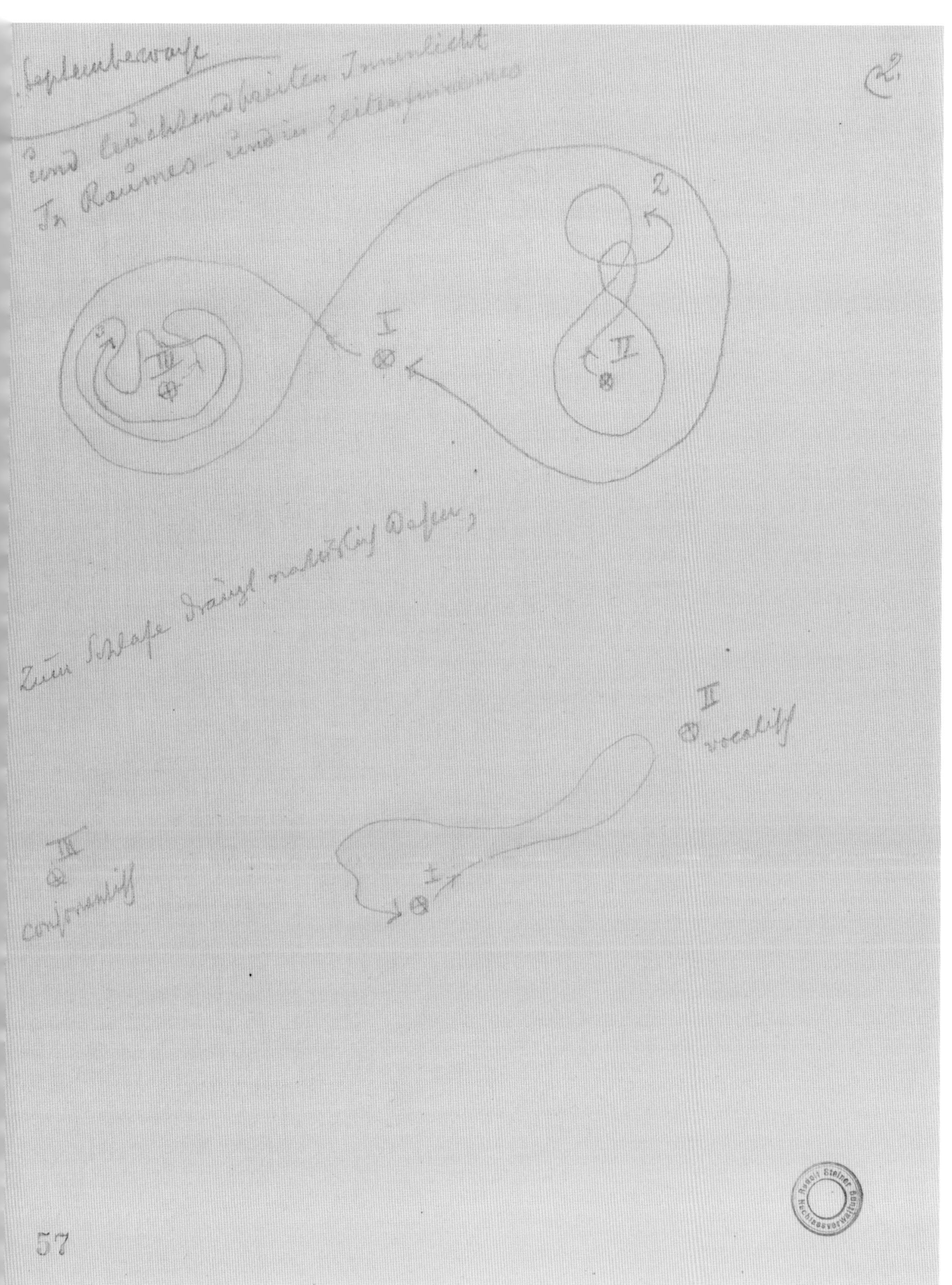
2
I
III
II
II
III
I
57

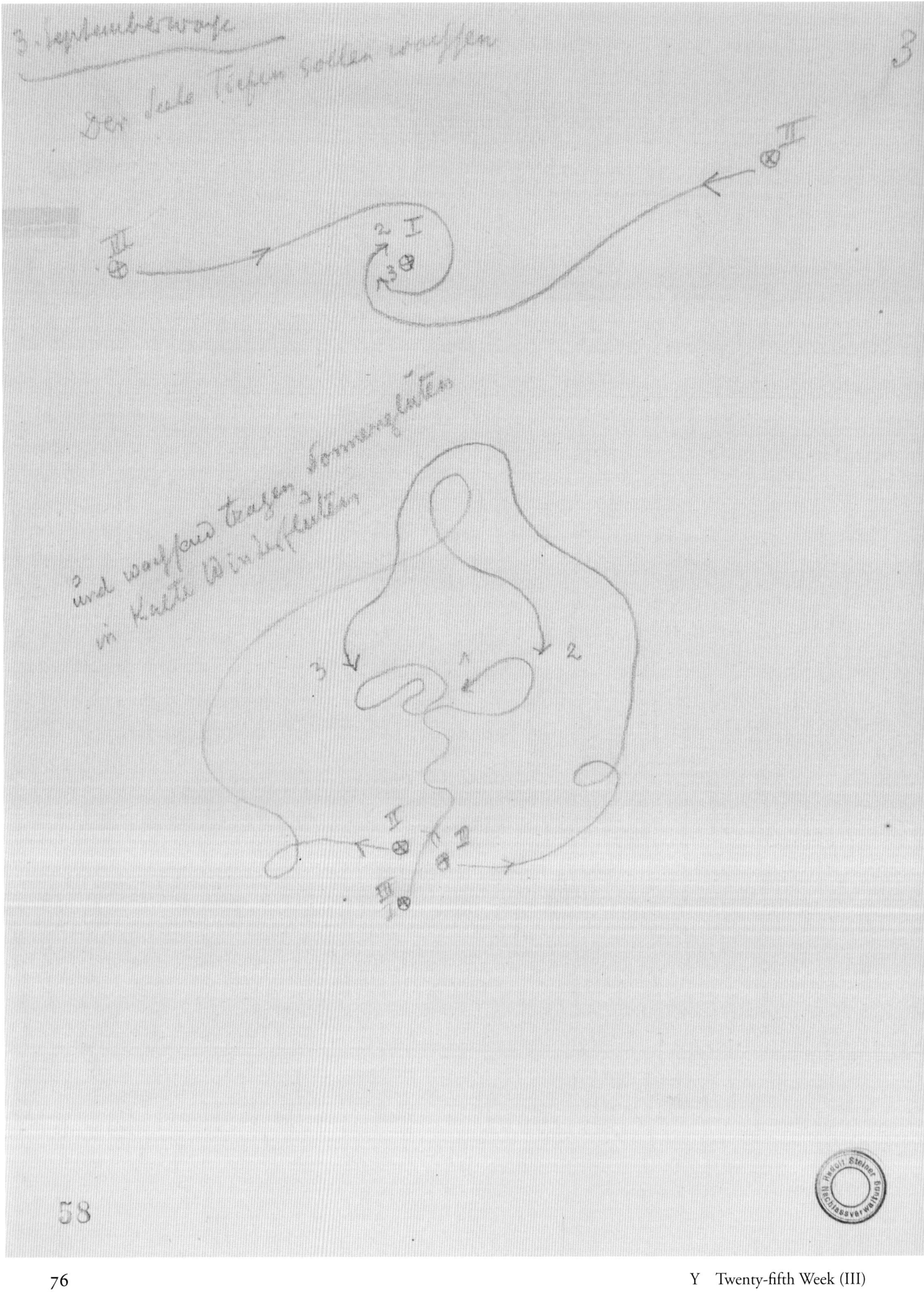

3. Septemberwoche 3

Der Seele Tiefen sollen wachen

und wachend tragen Sonnengluten
in kalte Winterfluten

58

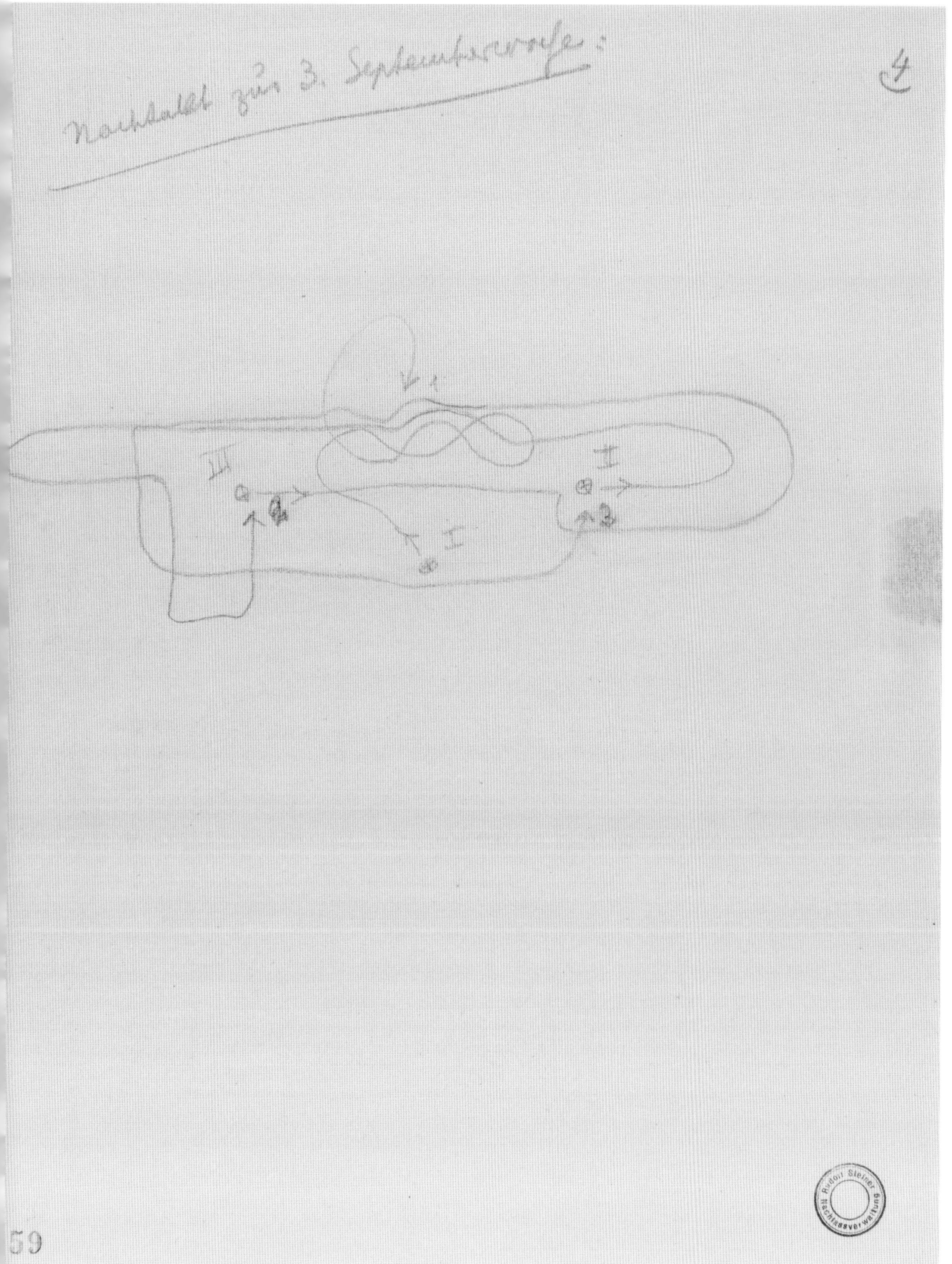
4
III
I
I
59
Rudolf Steiner Nachlassverwaltung

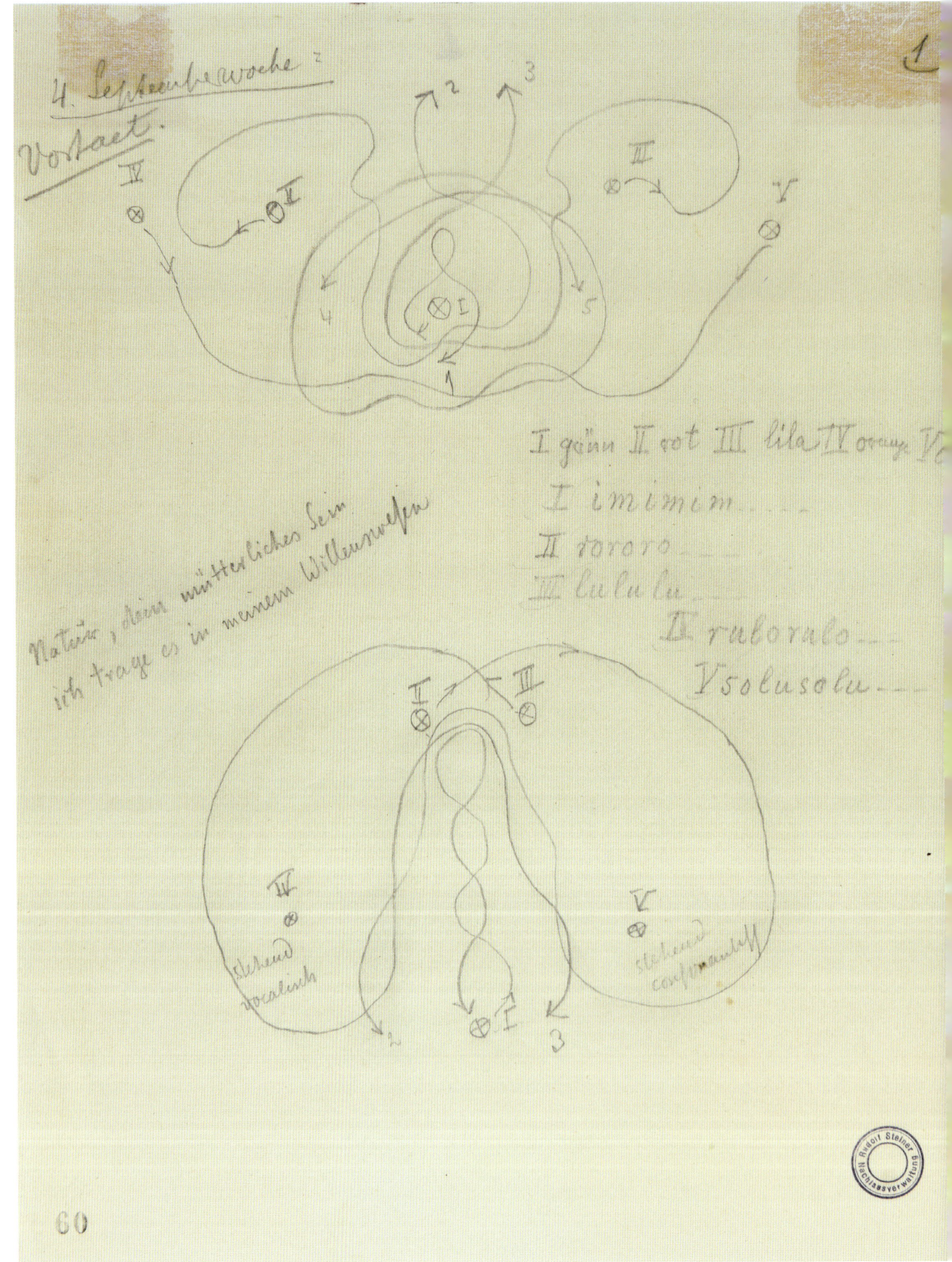
4. Septemberwoche
Vortact.
1
I grün II rot III lila IV orange
I imimim....
II tororo....
III lululu....
IV ruloruló....
V solusolu....
Natur, dein mütterliches Sein
ich trage es in meinem Willenswesen
stehend vocalisch
stehend consonantisch
60
Rudolf Steiner Nachlassverwaltung

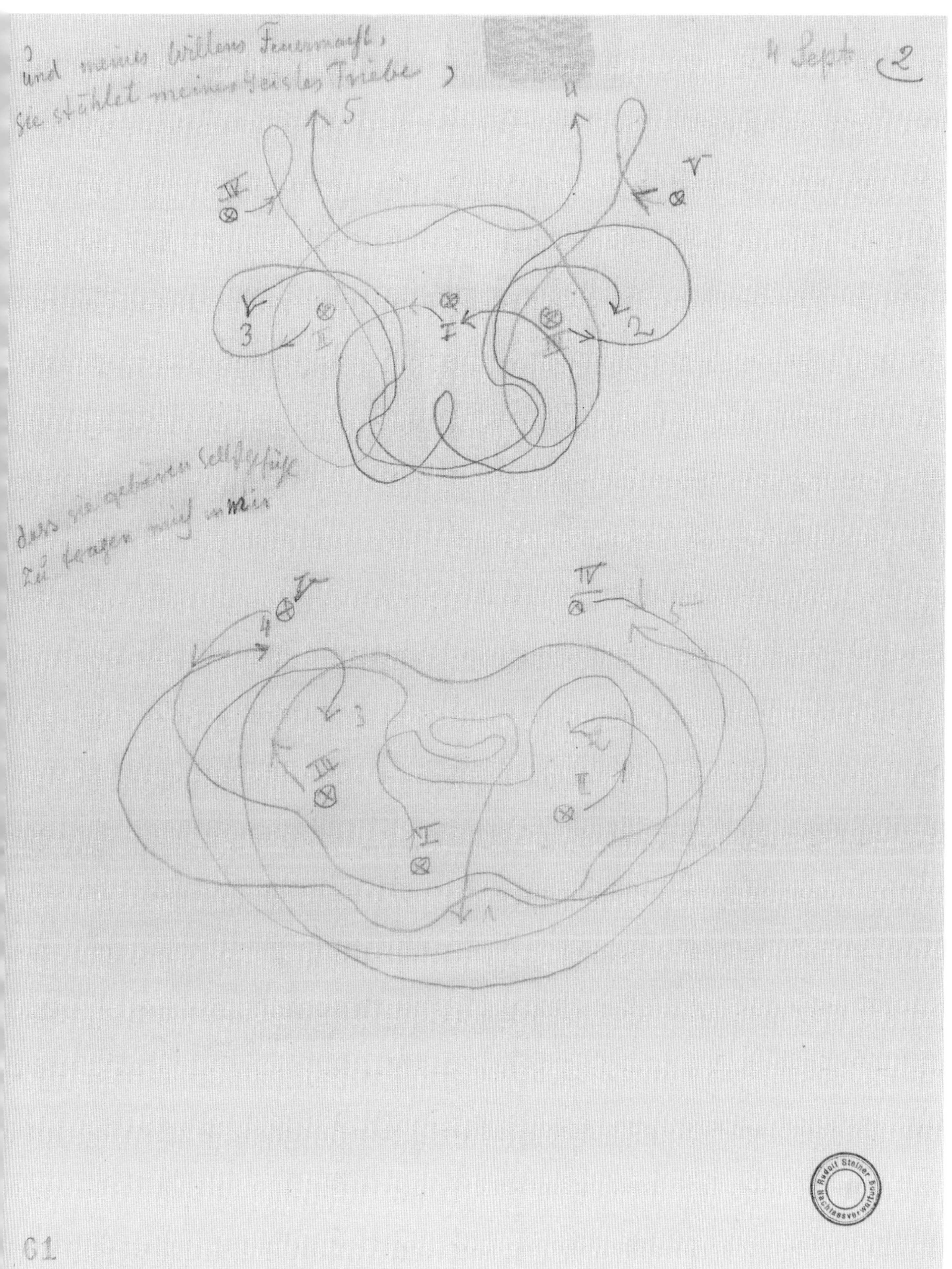
und meines Willens Feuermacht,
sie stählet meines Geistes Triebe,
4 Sept
2
dass sie gebären Selbstgefühle
zu tragen mich in mir
Rudolf Steiner Nachlassverwaltung
61

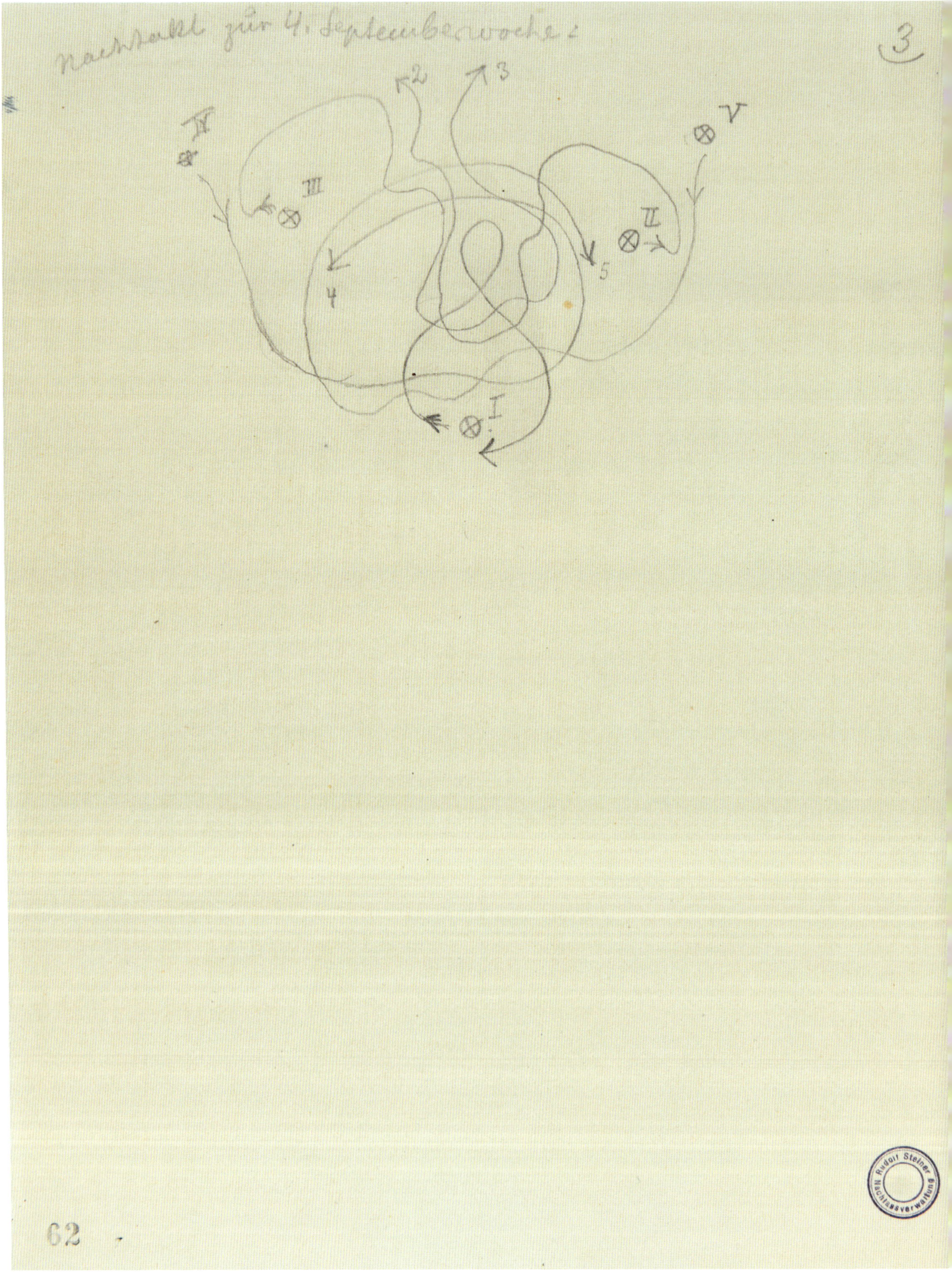

nachtakt zur 4. Septemberwoche:

3

62

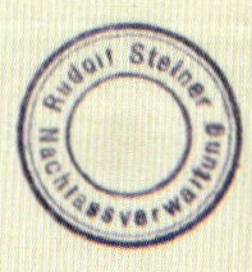

1. October Woche: Vortakt 1.

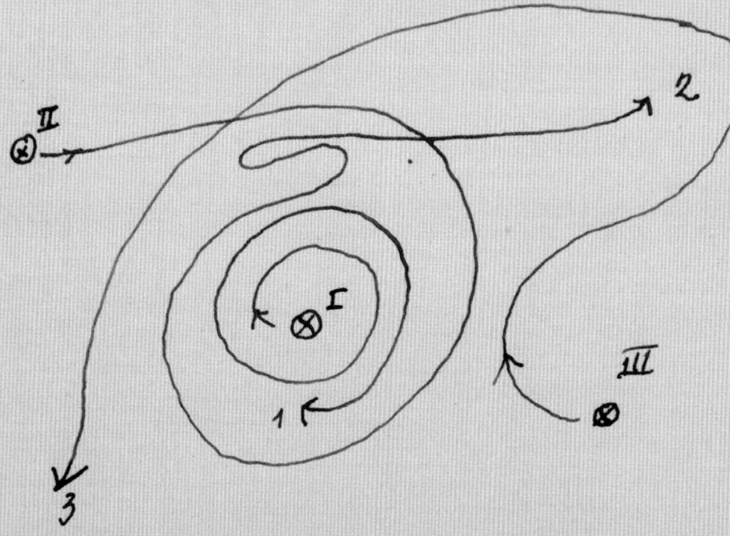

I rötlich imo imo...

II grün uso uso....

III gelb lms lms...

In meines Wesens Tiefen dringen:

erregt ein ahnungsvolles Sehnen,

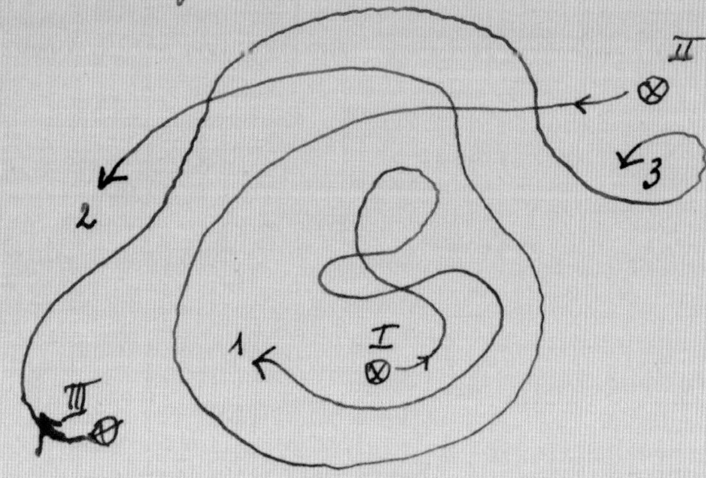

63

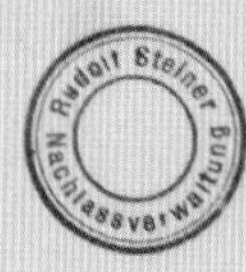

1. Okt. Woche

2

dass ich mich selbstbetrachtend finde,
als Sommersonnengabe, die als Keim

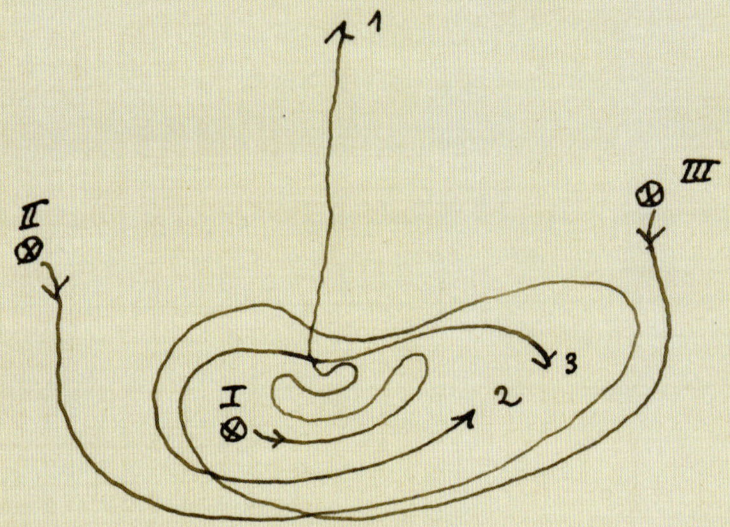

in Herbstesstimmung wärmend lebt
als meiner Seele Kräftetrieb

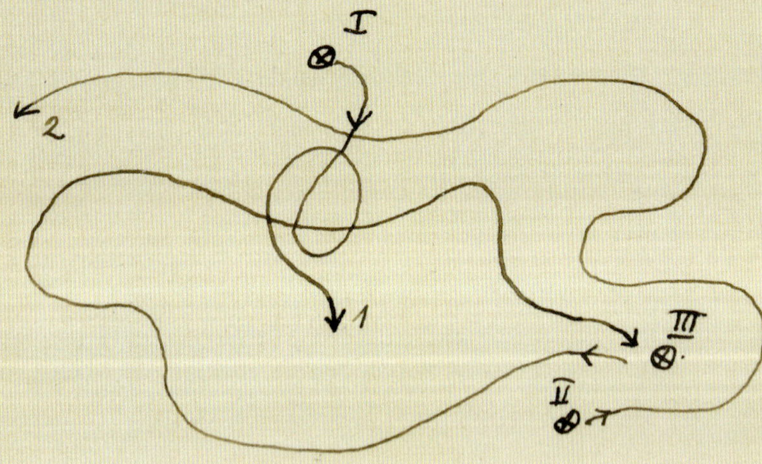

dann als Nachtakt dasselbe wie als Vortakt.

64

2. Oktober Woche: 1.

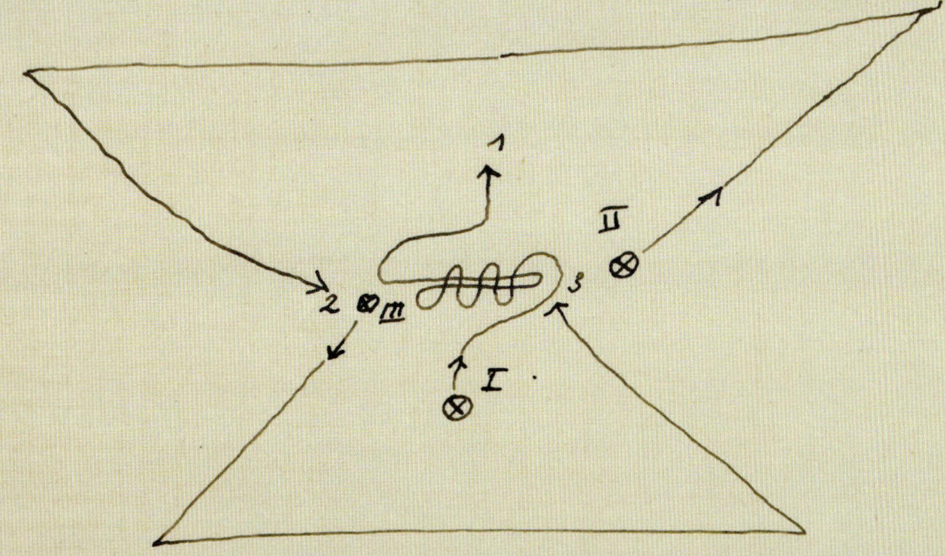

I lila uos uos...

II orange mls mls...

III rot moi moi...

Ich kann im Innern neu belebt
erfühlen eignen Wesens Weiten

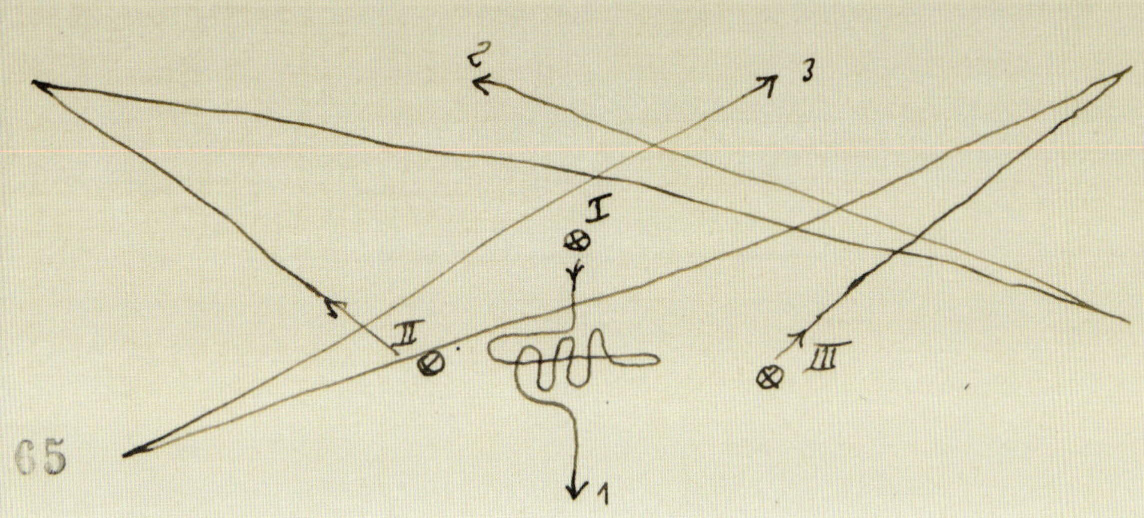

65

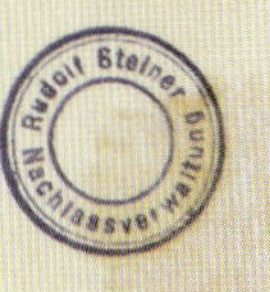

2. Oktoberwoche

Und krafterfüllt Gedankenstrahlen
aus Seelensonnenmacht
den Lebensrätseln lösend spenden

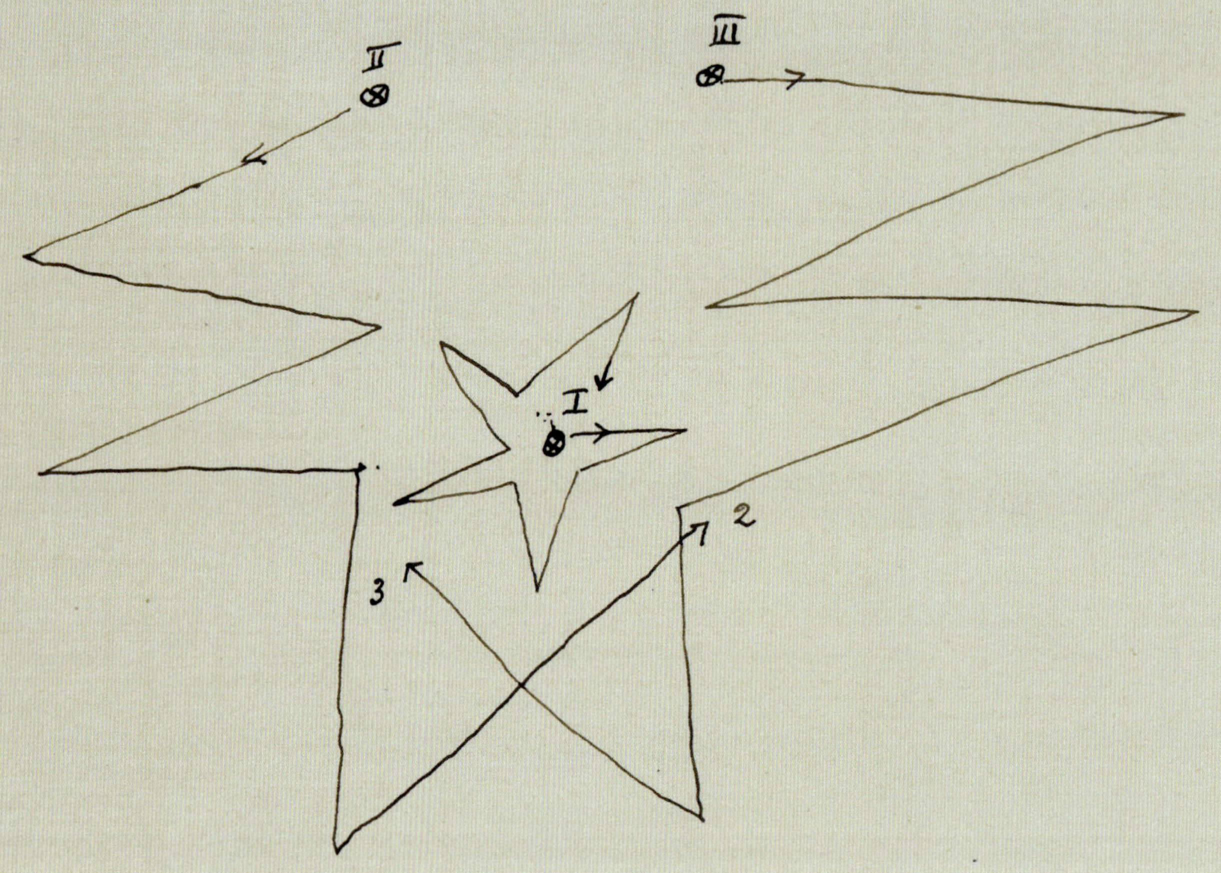

Erfüllung manchem Wunsche leihen,
dem Hoffnung schon die Schwingen lähmte.

Der Nachtakt gerade s
wie der Vortakt

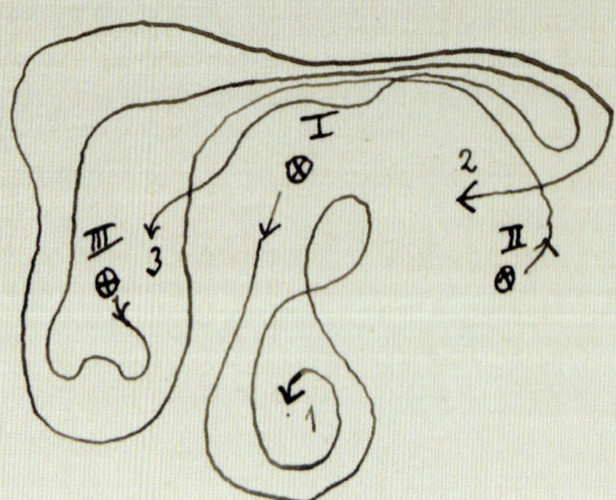

66

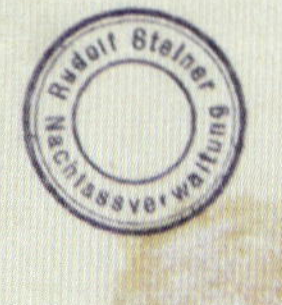

3. Oktober = Woche = Vortakt C1.

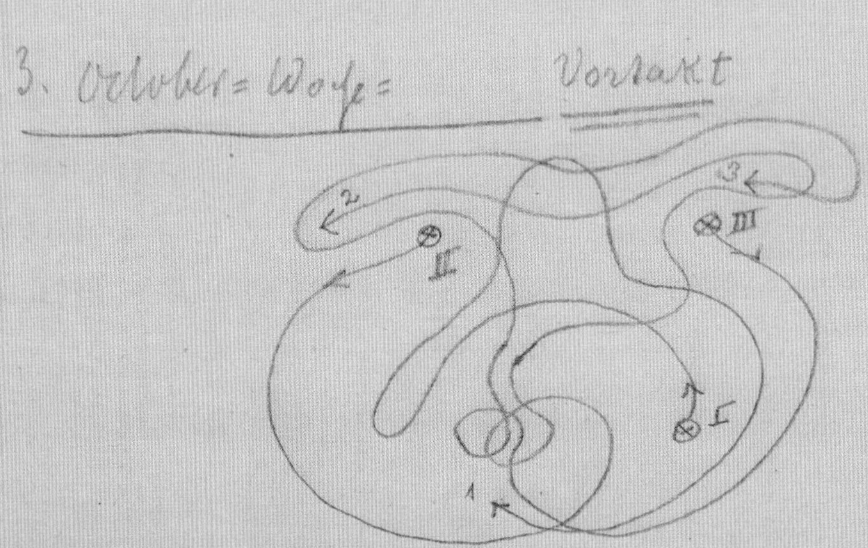

I beginnt etwas später die Form als II und III

I blau nolnol . . .

II rot msimsi . . .

III gelb sim sim . . .

Sich selbst des Denkens Leuchten
im Innern kraftvoll zu entfachen

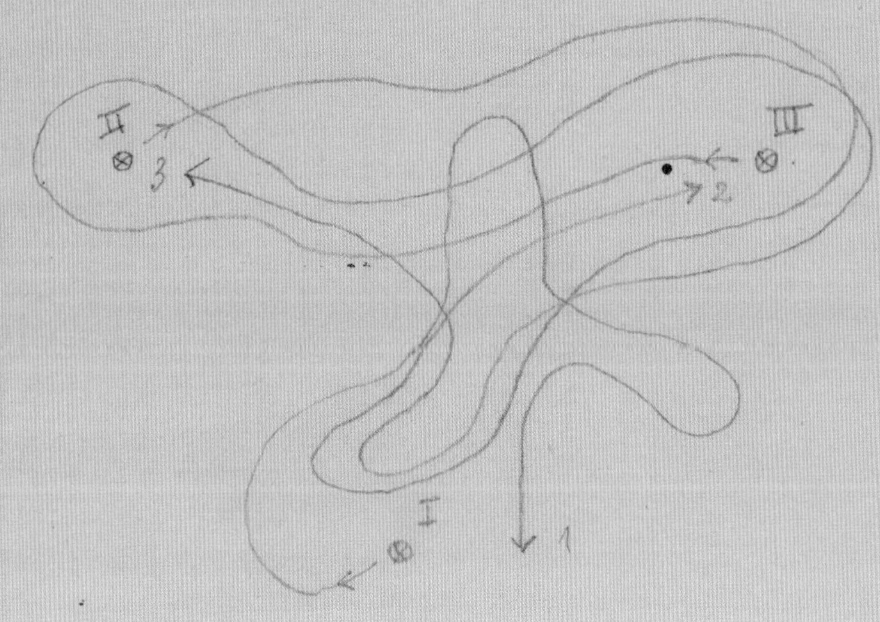

67

(3. Oktober-Woche)
Erlebtes sinnvoll deutend
aus Weltengeistes Kräftequell

2
II
III
3
1
I

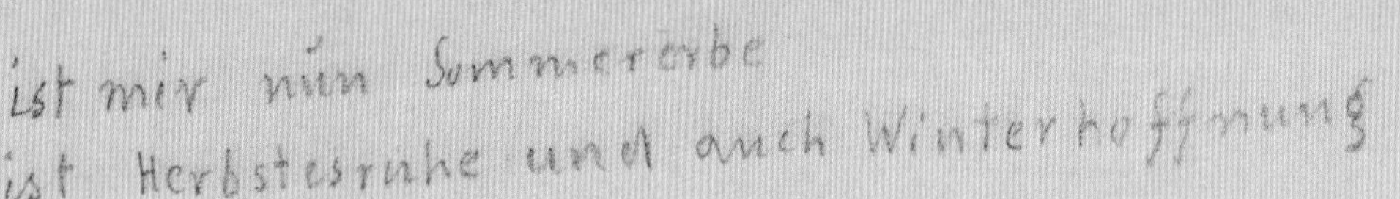
ist mir nun Sommererbe
ist Herbstesruhe und auch Winterhoffnung.

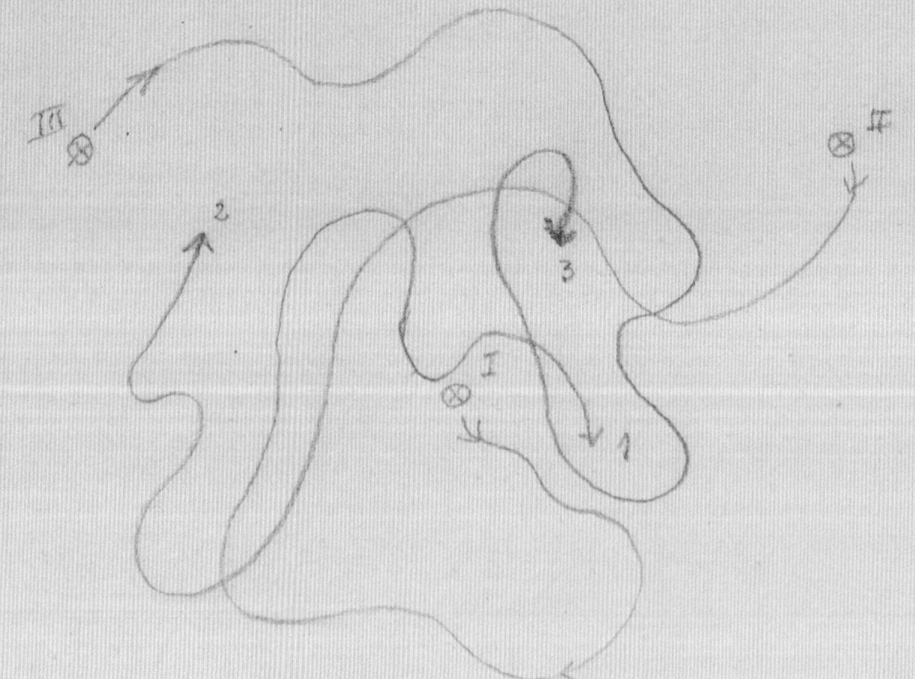

Der Nachtakt ist nun so wie der Vortakt.

68

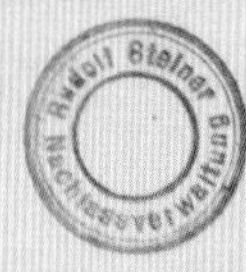

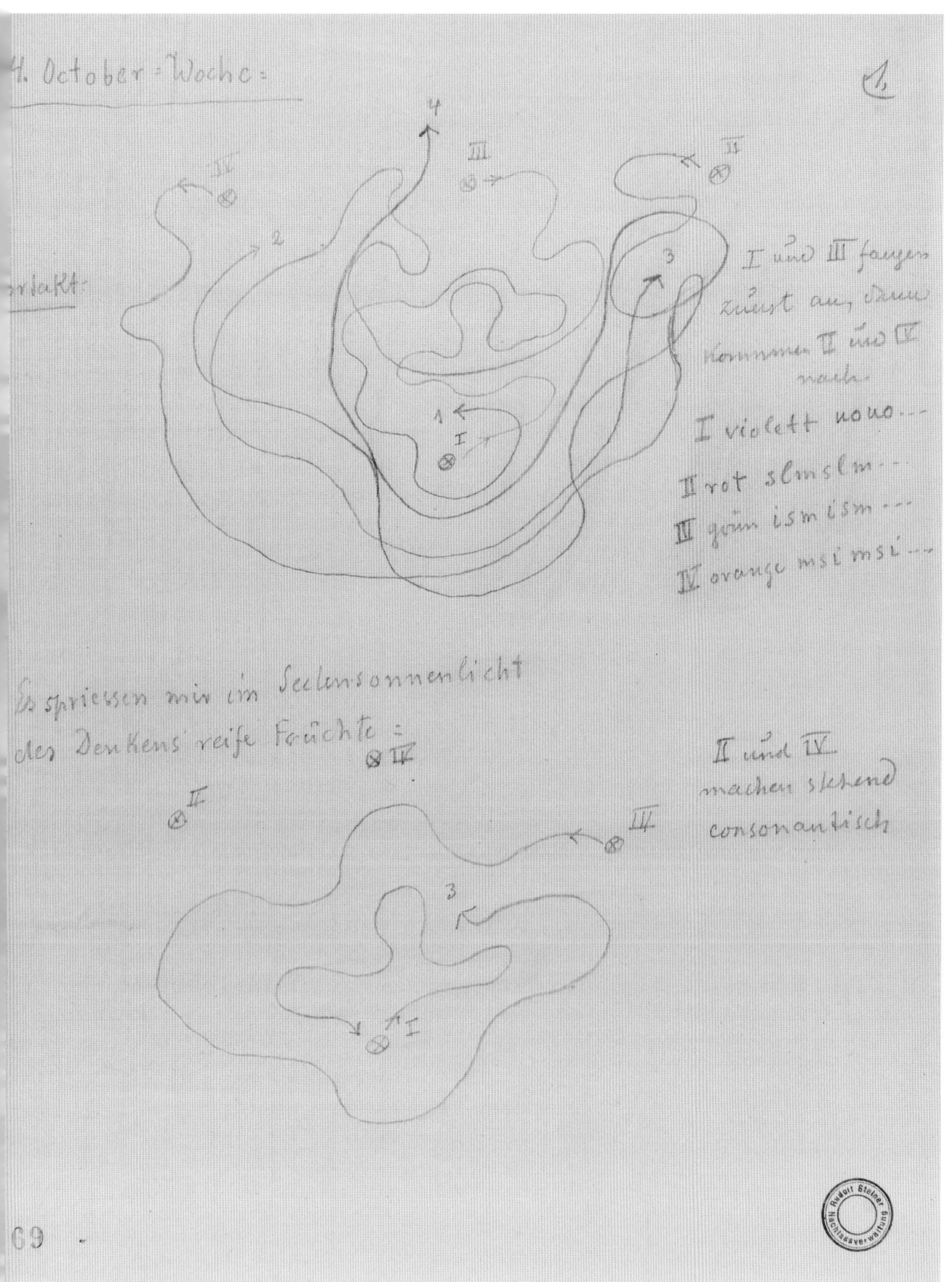
4. October-Woche:
1.
…rtrakt:
I und III fangen
zuerst an, dann
kommen II und IV
nach.
I violett nouo…
II rot slmslm…
III grün ismism…
IV orange msimsi…
Es spriessen mir im Seelensonnenlicht
des Denkens reife Früchte:
II und IV
machen stehend
consonantisch
69

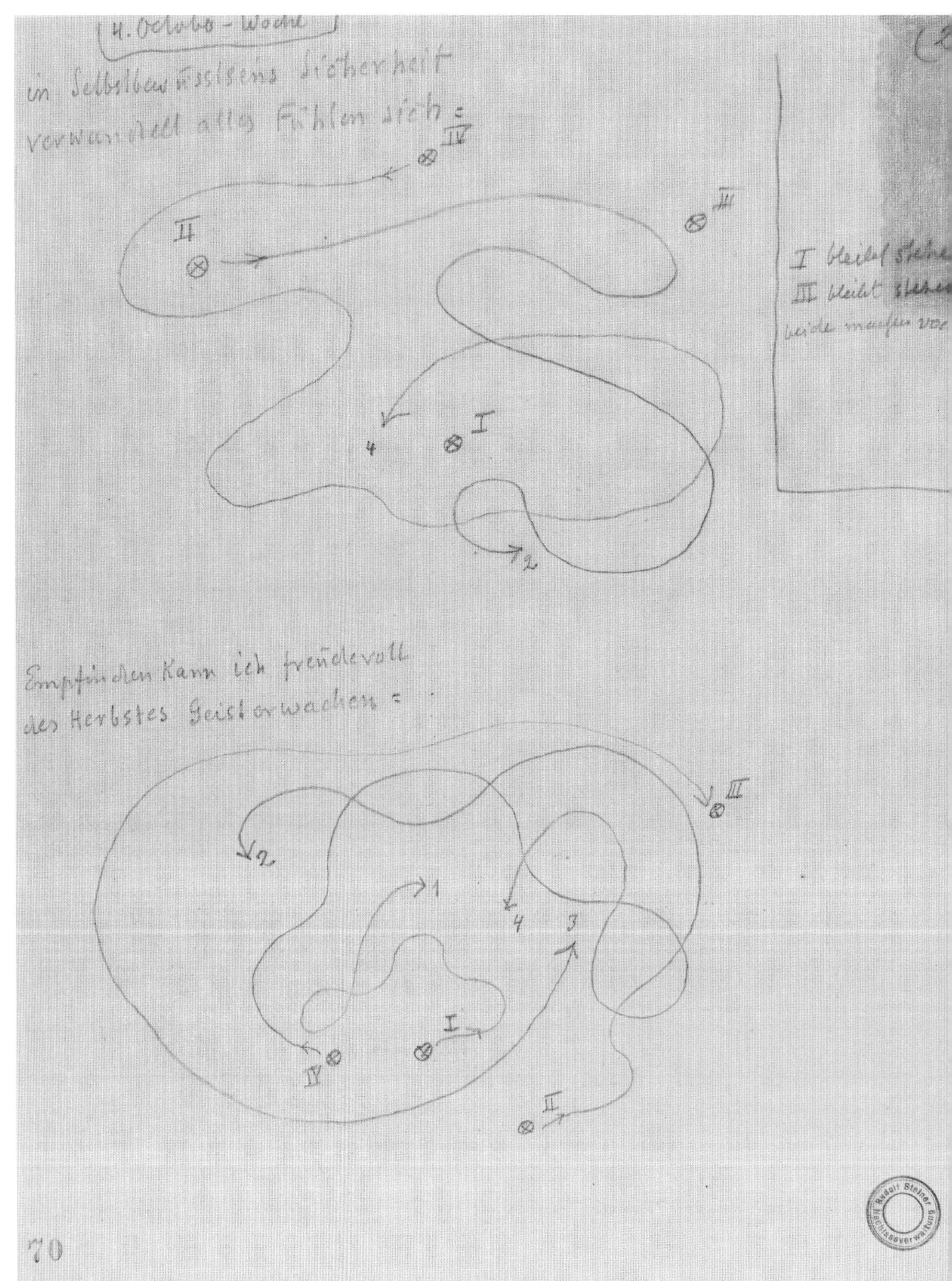
4. October-Woche
in Selbstbewusstseins Sicherheit
verwandelt alles Fühlen sich =
I bleibt stehen
III bleibt stehen
beide machen voc
Empfinden kann ich freudevoll
des Herbstes Geisterwachen =
70

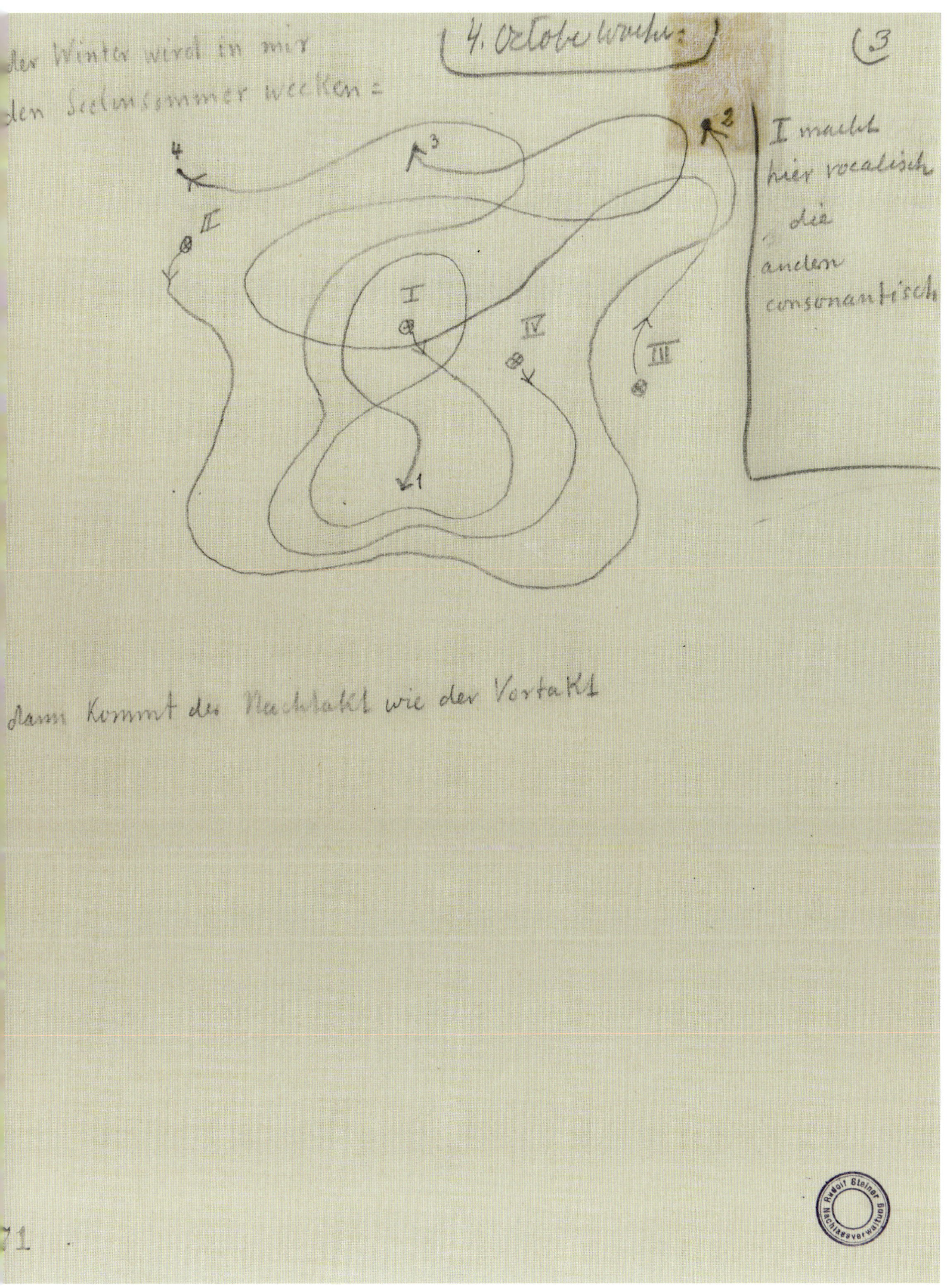
der Winter wird in mir
den Seelensommer wecken =
(4. Octoberwoche:
(3
I macht
hier vocalisch
die
andern
consonantisch
4
3
2
II
I
IV
III
1
dann kommt der Nachtakt wie der Vortakt
71

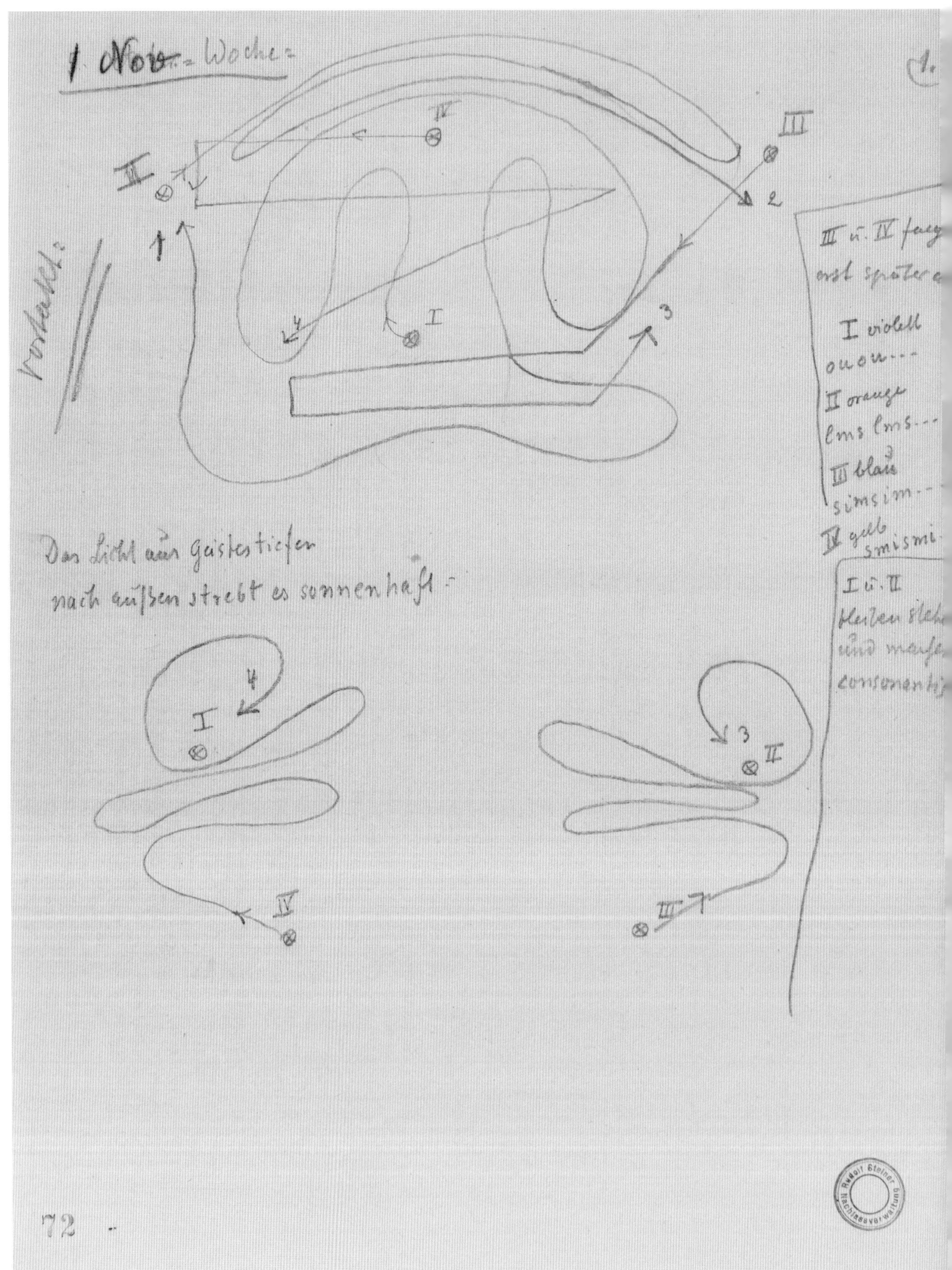
1. Nov. = Woche =
Das Licht aus Geistestiefen
nach außen strebt es sonnenhaft =
I violett
II orange
72

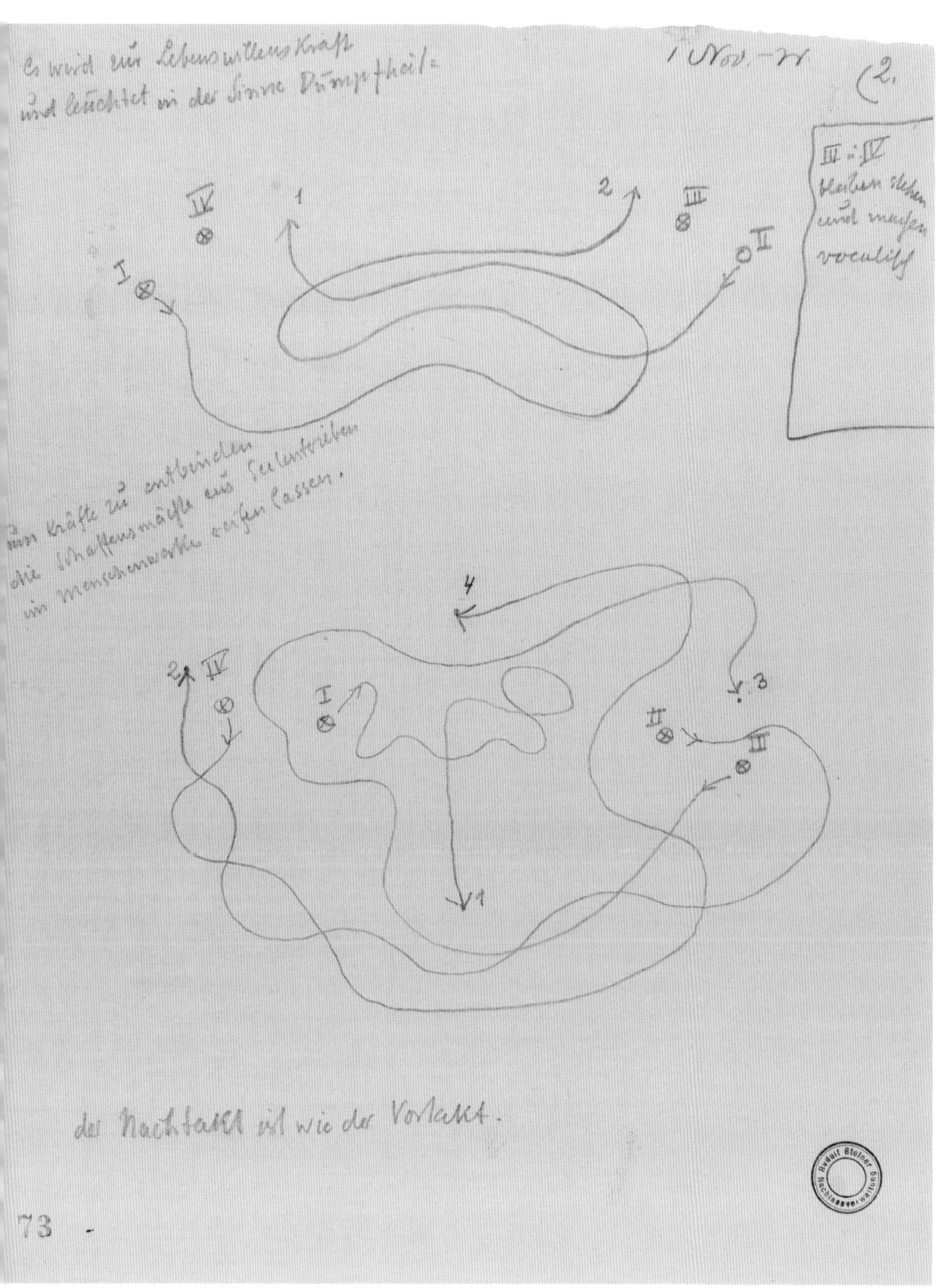
Es wird zur Lebenswillenskraft
und leuchtet in der Sinne Dumpfheit =
1 Nov.-21
(2.
III u. IV
bleiben stehen
und machen
IV
1
2
III
I
II
Um Kräfte zu entbinden
die Schaffensmächte aus Seelentrieben
in Menschenwerke reifen lassen.
4
2
IV
I
3
II
III
1
der Nachtakt ist wie der Vortakt.
73
Rudolf Steiner Nachlassverwaltung

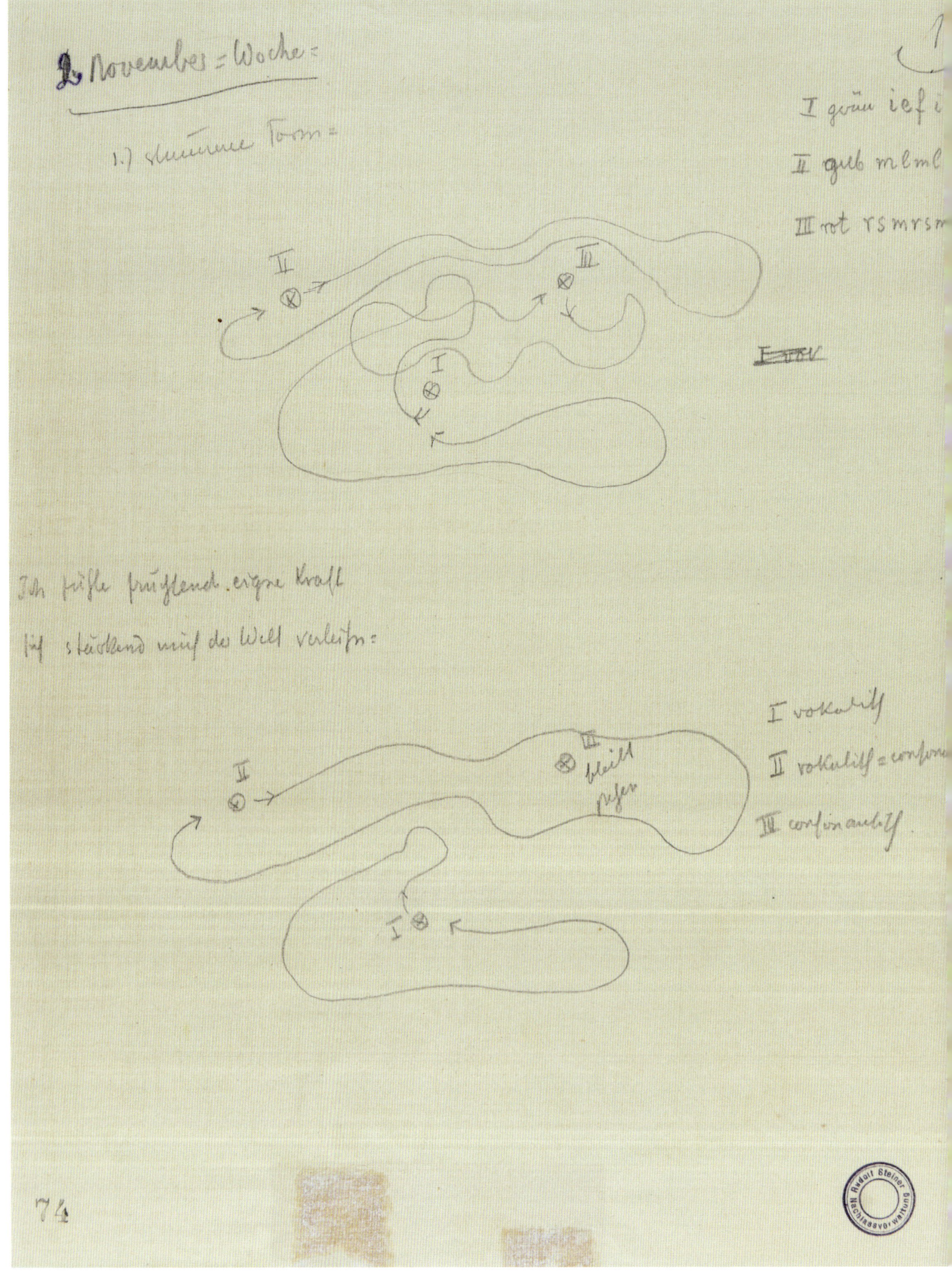

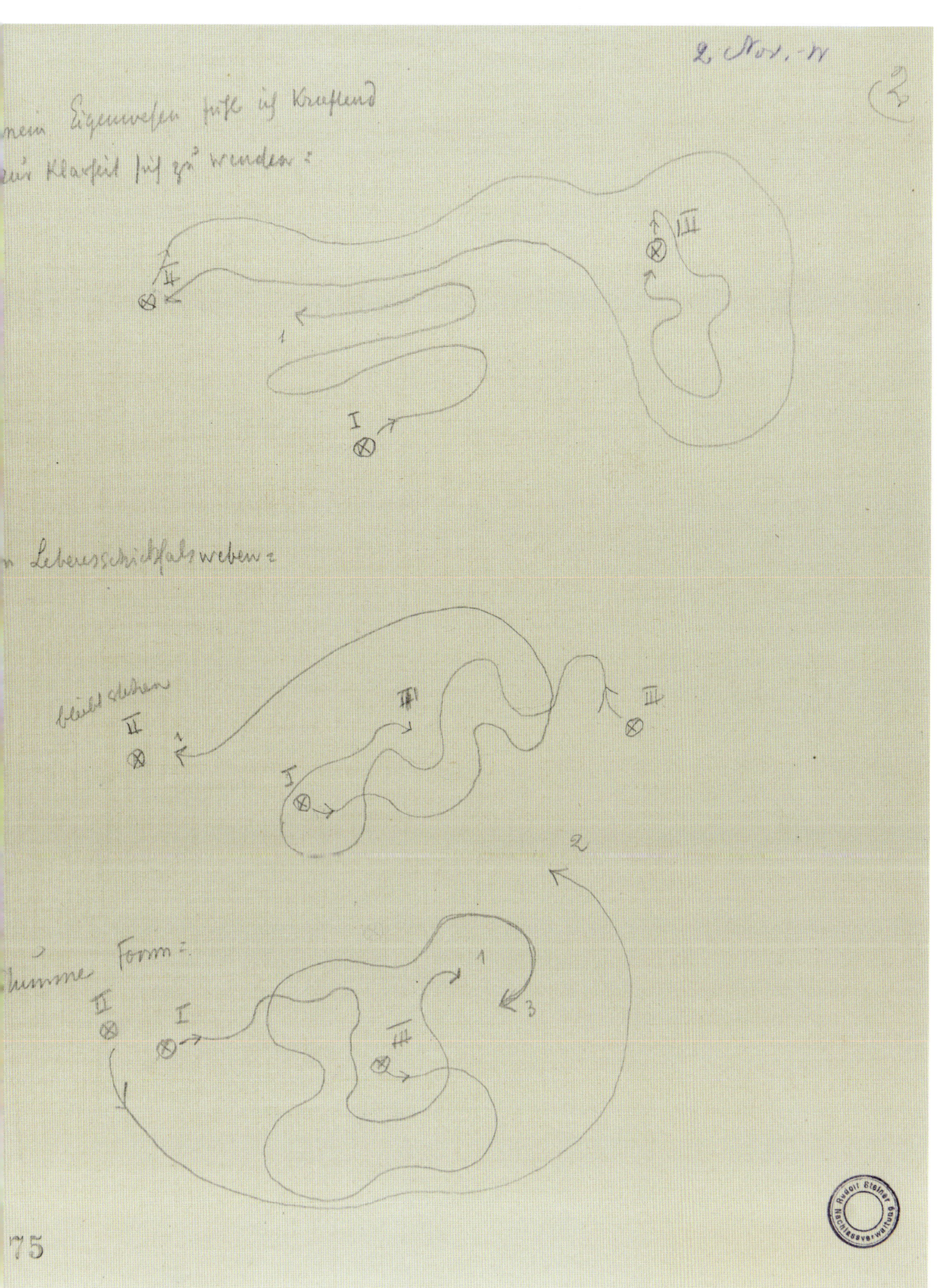
2 Nov. -11
bleibt stehen
Form:
75

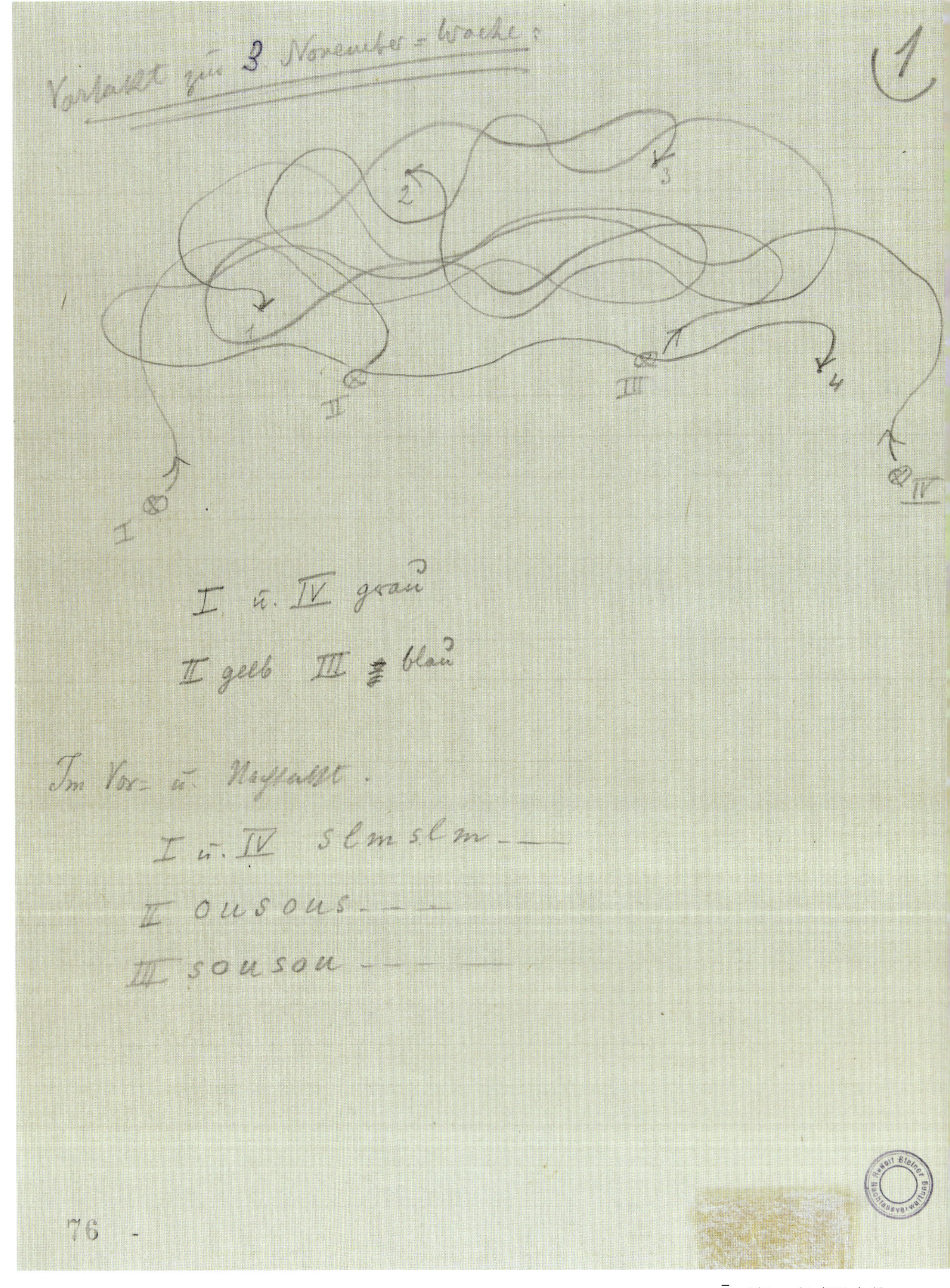
Vorlaut zu 3. November=Woche:
1
1
2
3
4
I
II
III
IV
I u. IV grau
II gelb III blau
Im Vor= u. Nachlaut.
I u. IV slmslm___
II ousous___
III sousou___
76

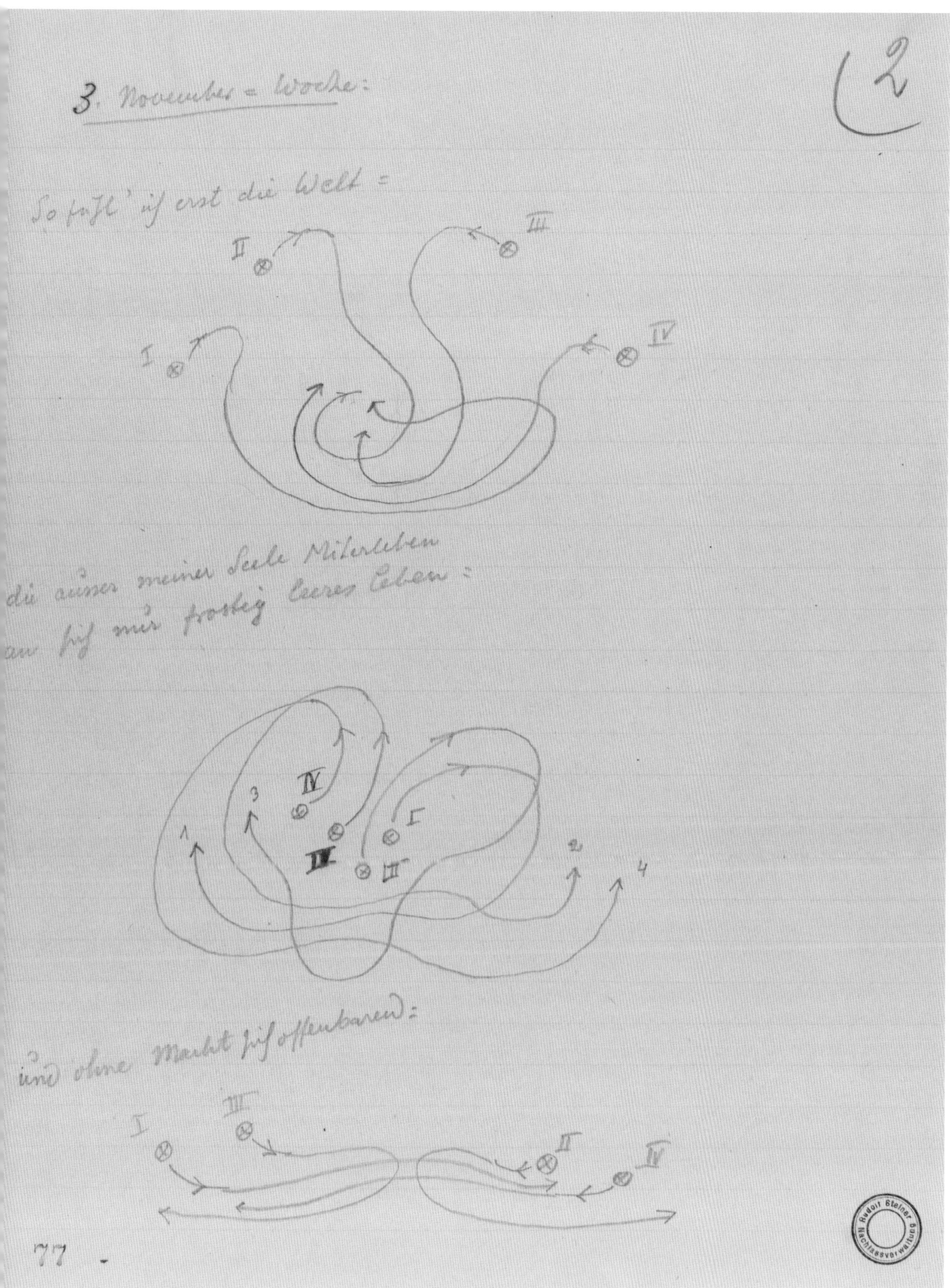

3. November = Woche:
2
So fühl' ich erst die Welt =
II
III
I
IV
die außer meiner Seele Miterleben
an sich nur frostig leeres Leben =
IV
3
1
I
III
II
2
4
und ohne Macht sich offenbarend:
III
I
II
IV
77

in Seelen sich von neuem schaffend
in sich den Tod nur finden konnte.

3 Nov.-11

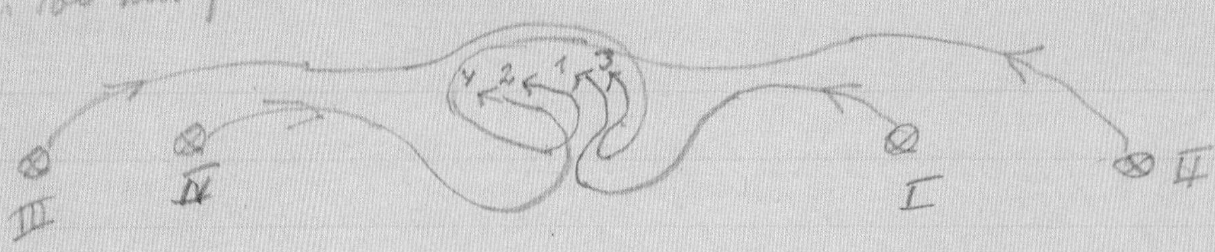

4 2 1 3

III IV I II

Nachtakt:

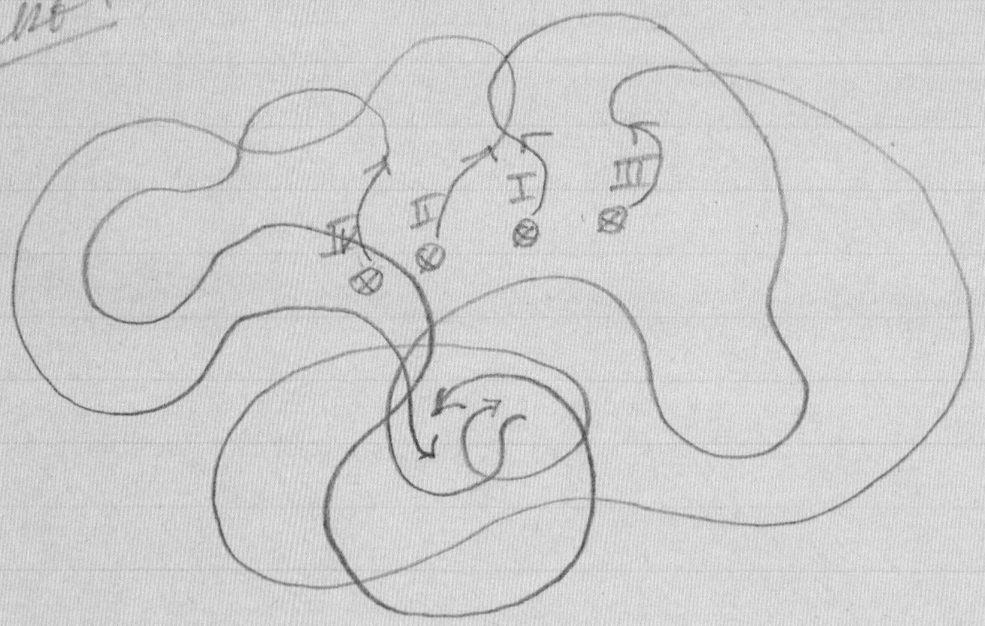

IV II I III

78

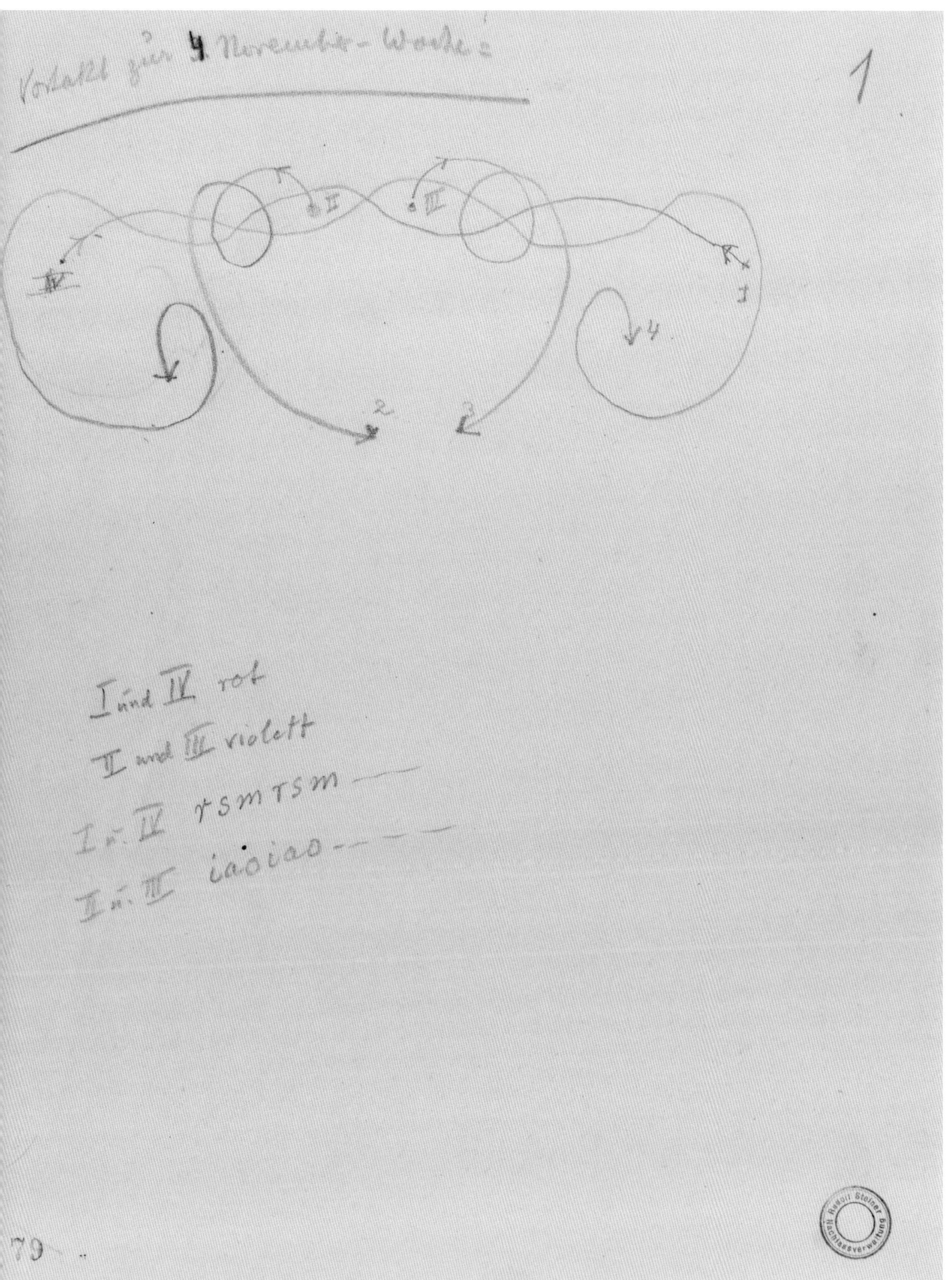
Vortakt zur 4 November-Woche:
1
I
II
III
IV
1
2
3
4
I und IV rot
II und III violett
I u. IV rsmrsm ——
II u. III iaoiao ———
Rudolf Steiner Nachlassverwaltung
79

4. November Woche –

Geheimnisvoll das Alt-Bewahrte
mit neuerstandnem Eigensinn

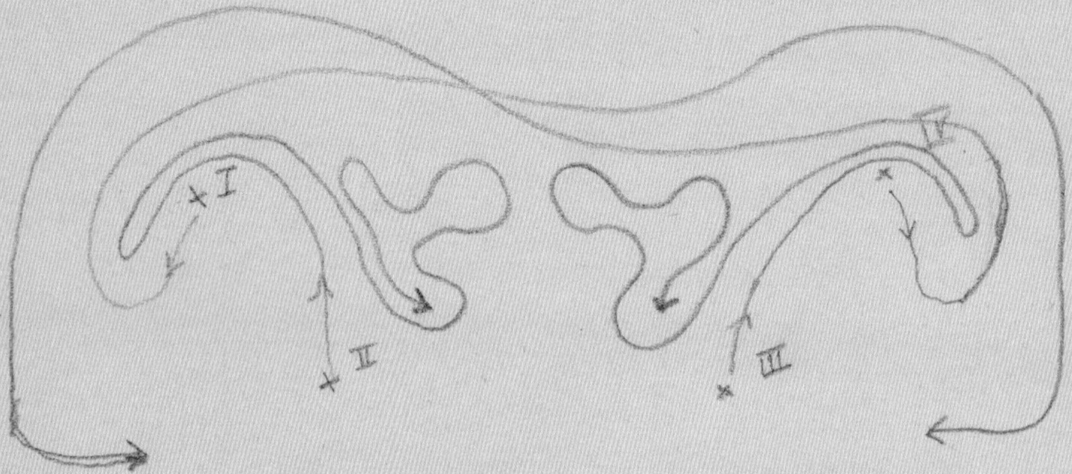

im Innern sich belebend fühlen =

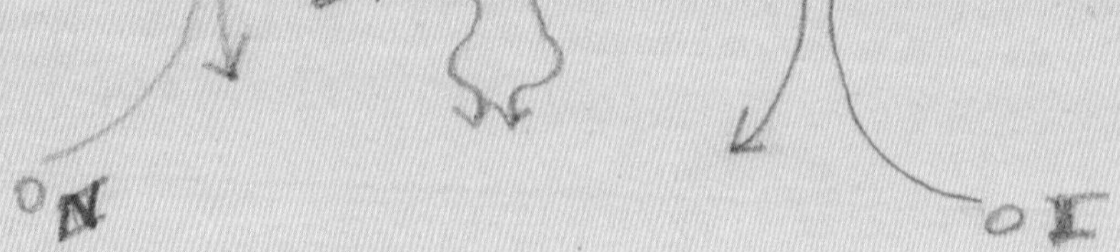

80

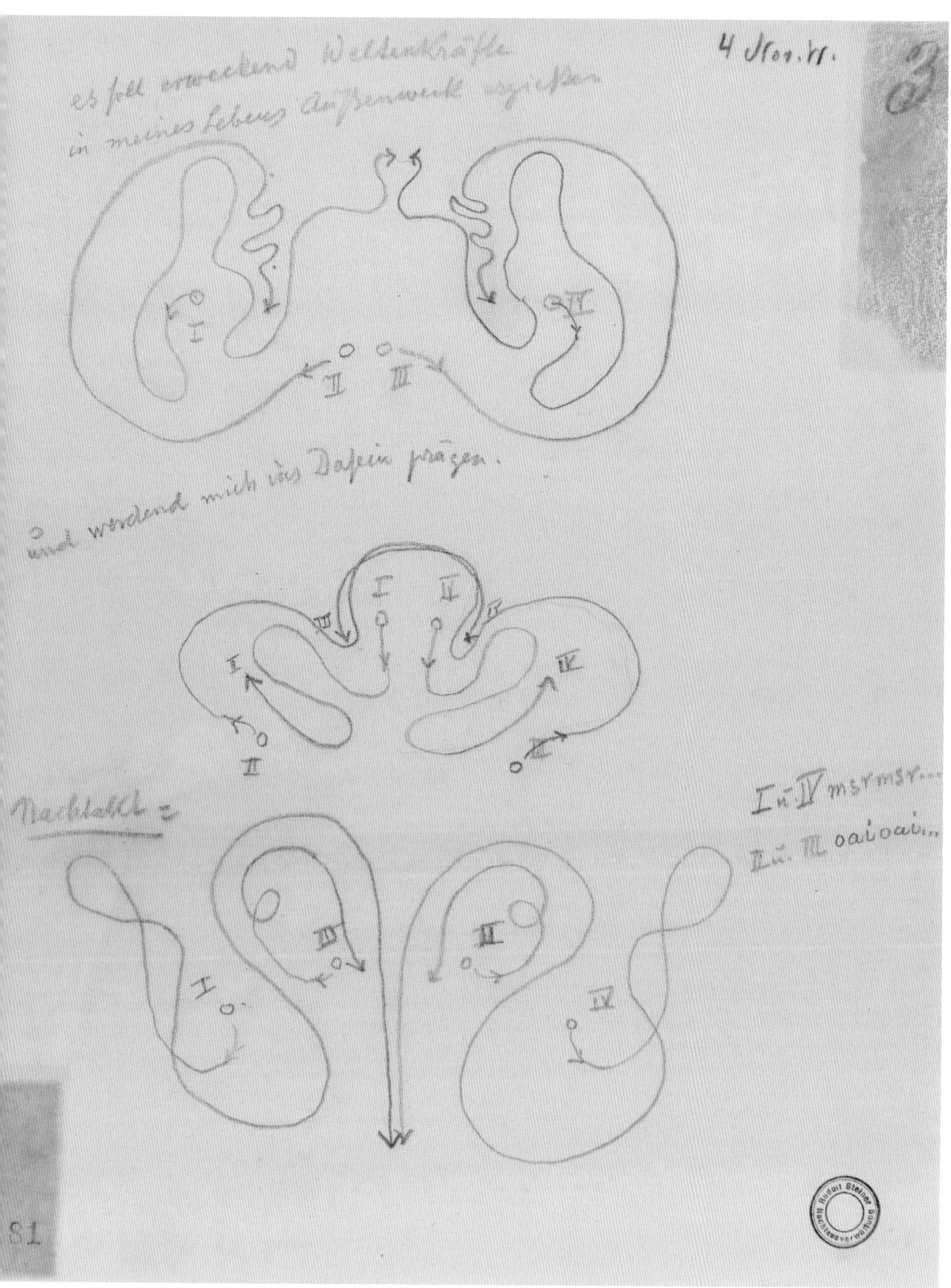
4 Nov. 11.
es soll erweckend Weltenkräfte
in meines Lebens Außenwelt ergießen
und werdend mich ins Dasein prägen.
Nachtakt =
I u. IV msrmsr...
II u. III oaioai...
81
Rudolf Steiner Nachlassverwaltung

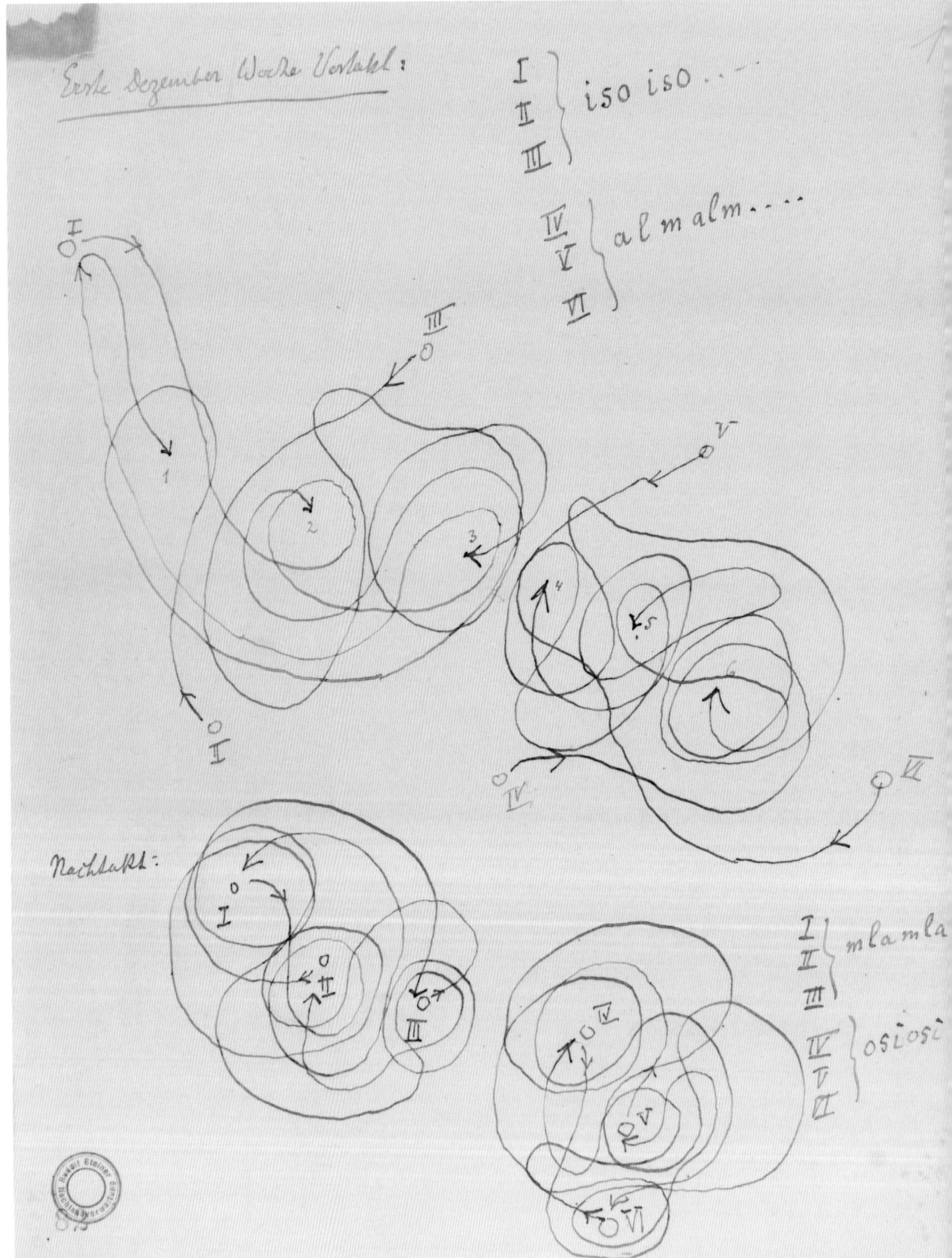
Erste Dezember Woche Vortakt:
I
II
III
iso iso ....
IV
V
VI
al m alm ....
Nachtakt:
I
II
III
mlamla
IV
V
VI
osiosi

Erste Dec.=Wochenspruch 1–7 Decemb. Kann ich das Sein erkennen

2

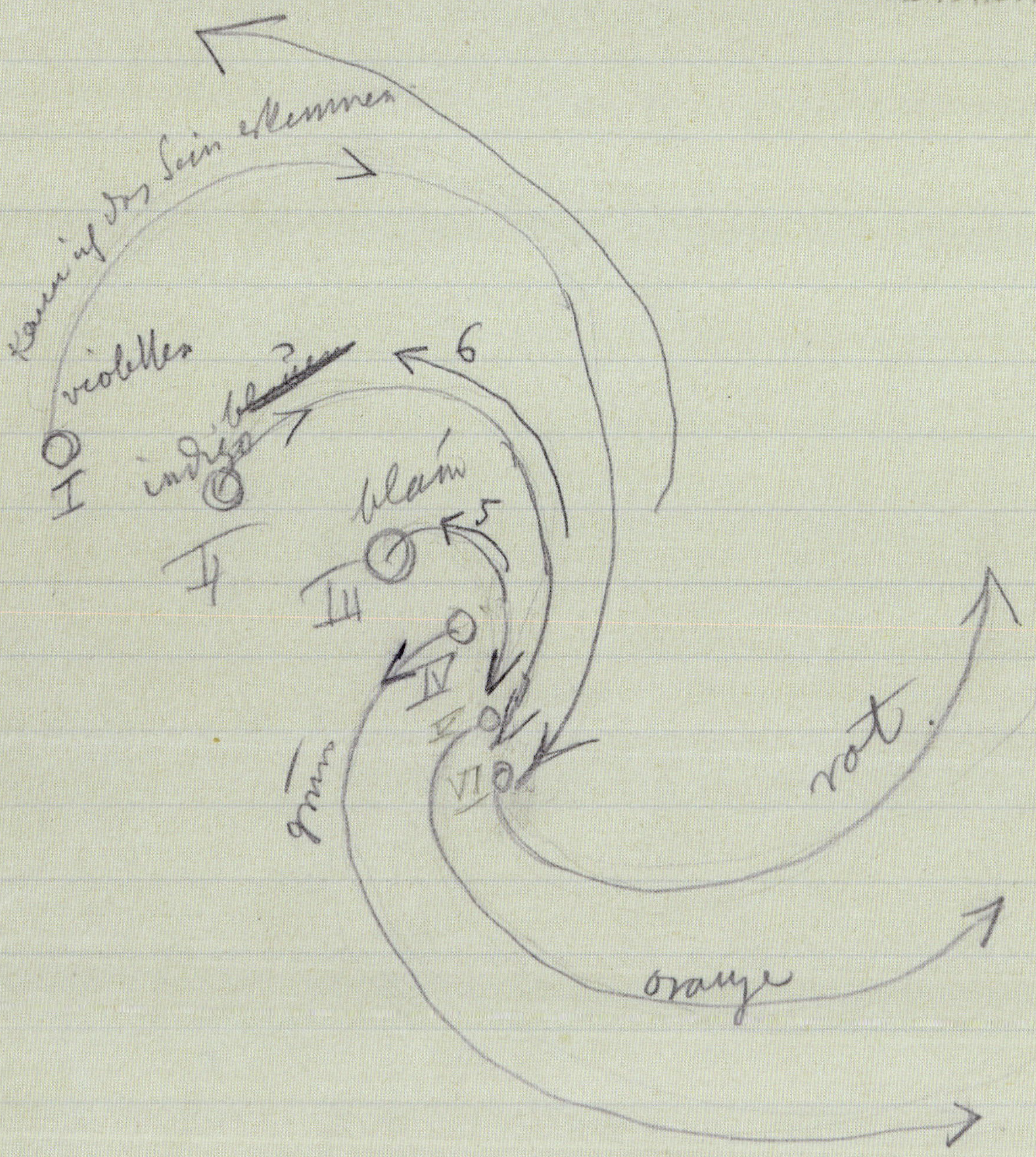

Kann ich das Sein erkennen

violettes

indigo

blau

grün

rot

orange

I II III IV V VI

5 6

83

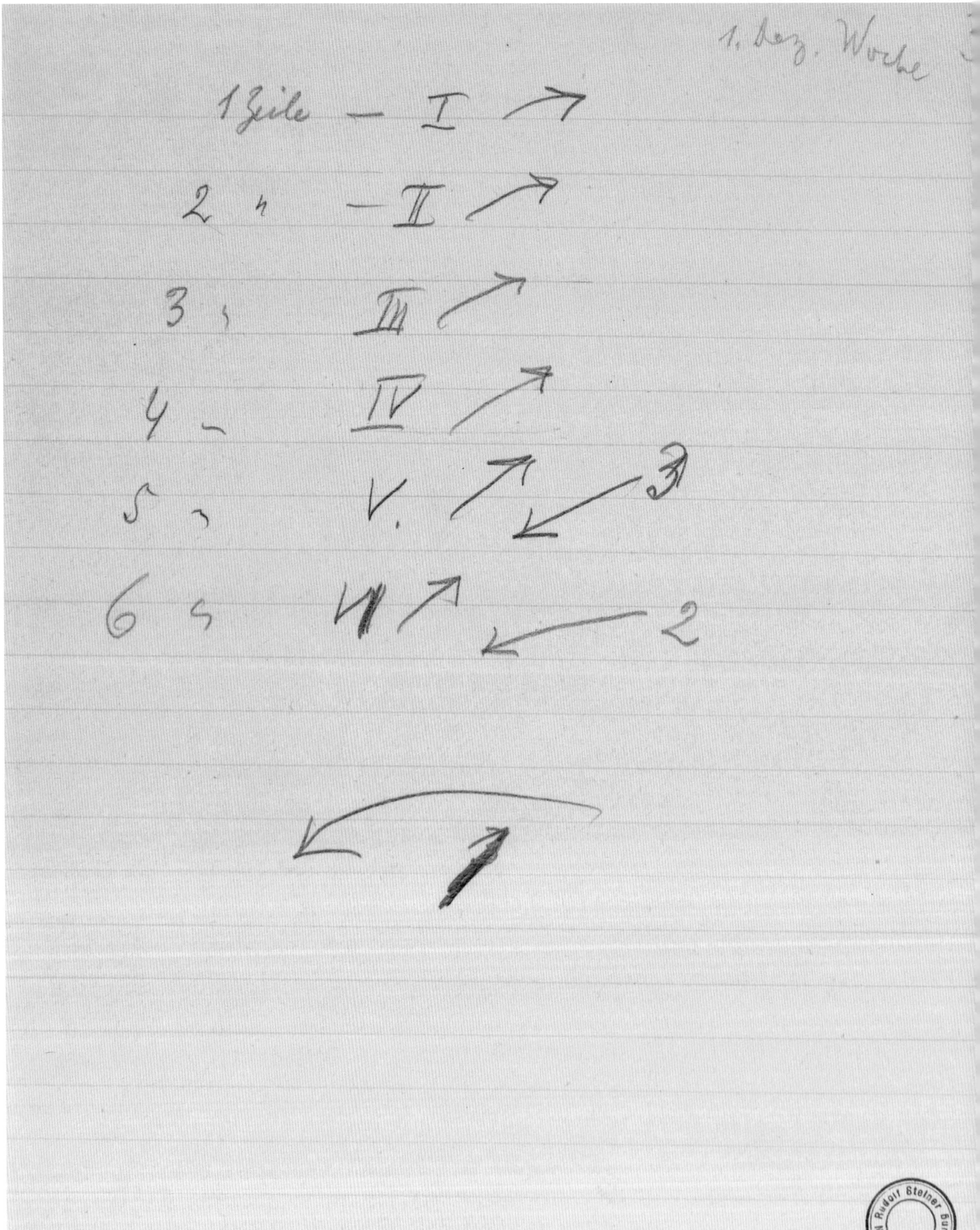

1. bez. Woche

1 Zeile — I
2 " — II
3 " III 3
4 " IV
5 " V. 3
6 " VI 2

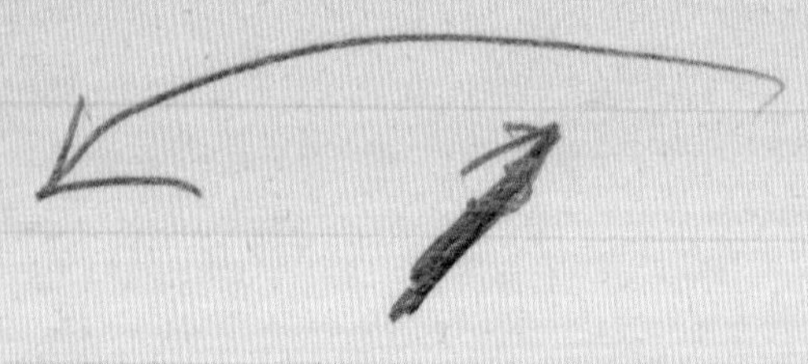

84

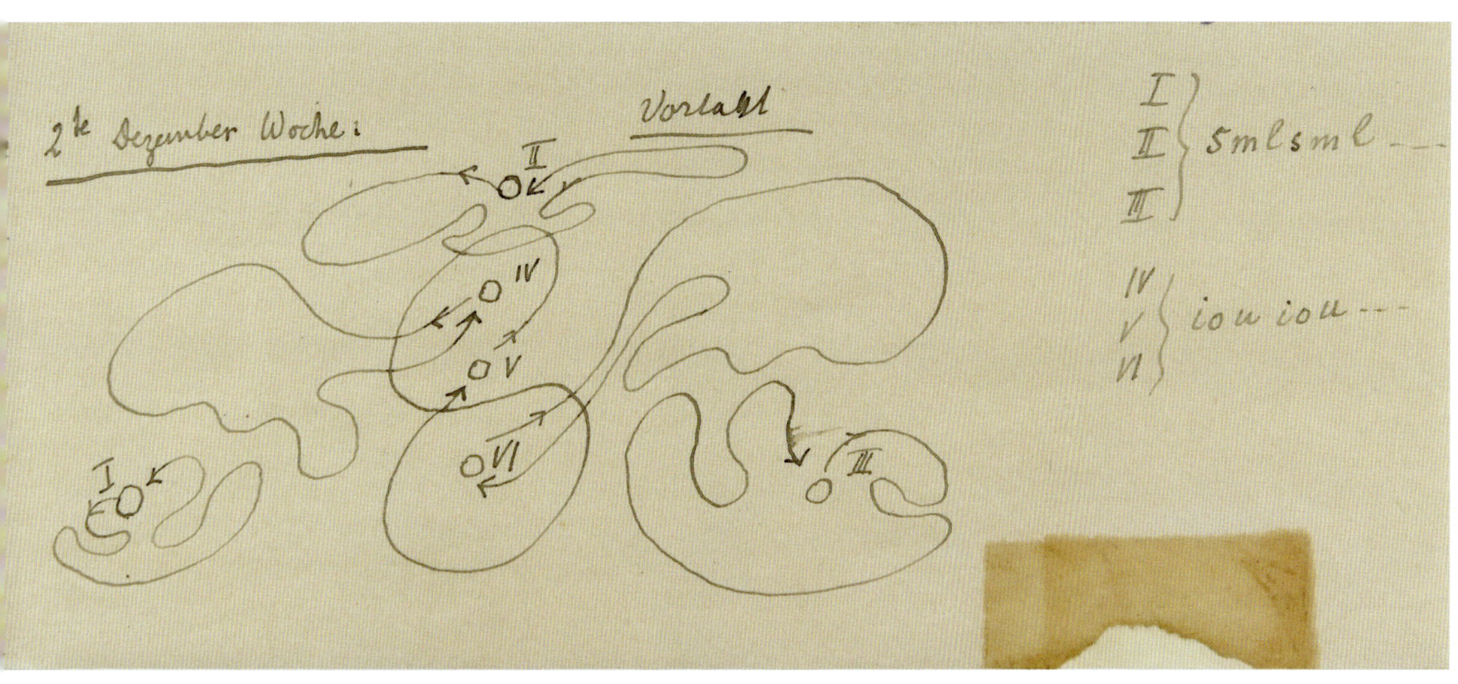
2te Dezember Woche:
Vorlaut
II
IV
V
VI
I
III
I
II
III
smlsml ...
IV
V
VI
iou iou ...

8 – 14 Dez

2te Dez-Woche

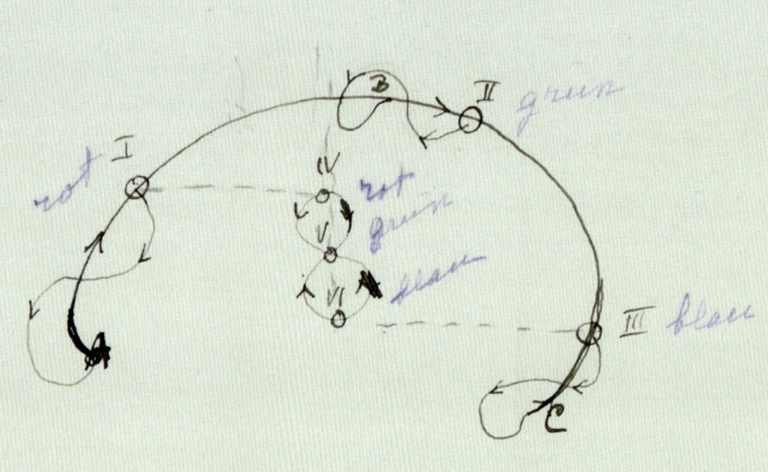

In meines Wesens Tiefen spricht : I II III nach A B C die mittlern IV stehend ausgleich.

Zur Offenbarung drängend I II III nach zurück zur Ausgangsstelle — IV V VI umlaufend die Hälfte des Weges

geheimnisvoll das Weltenwort : I II III ~~zurück~~ wieder nach A B C — IV V VI umlaufend die zweite Hälfte des Weges

erfülle deiner Arbeit Ziele I II III zurück zur Ausgangsstelle — IV, V, VI, umlaufend in entgegengesetzter Richtung die erste Hälfte des Weges

mit meinem Geisteslichte I II III in entgegengesetzter Richtung nach A B C — IV V VI weiter zur Ausgangsstelle.

zu opfern dich durch mich nach der Ausgangsstelle zurück — IV V VI in der ursprünglichen Richtung die Hälfte des Weges.

87

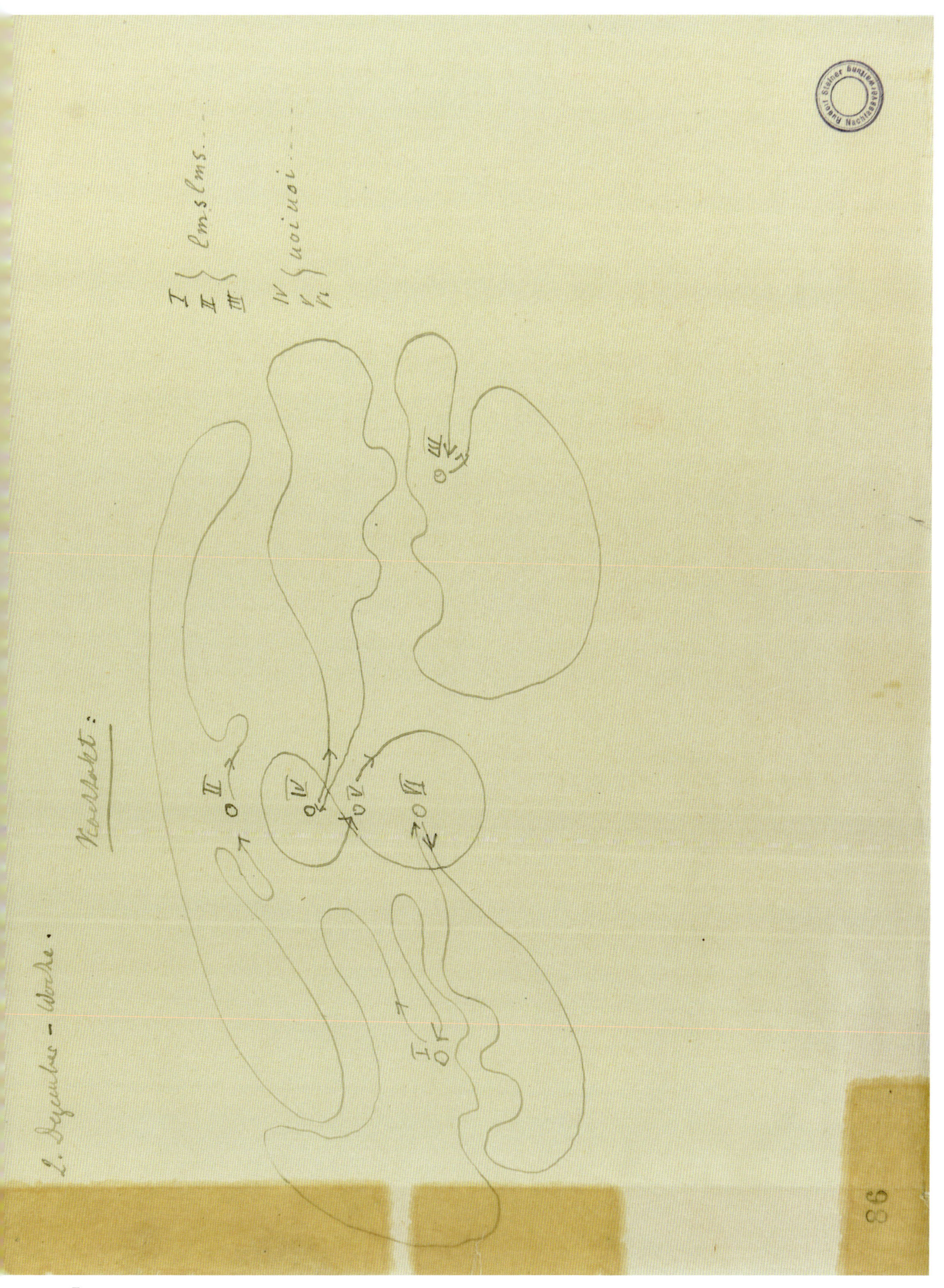
I II III lmslms
IV V VI uoiuoi
98

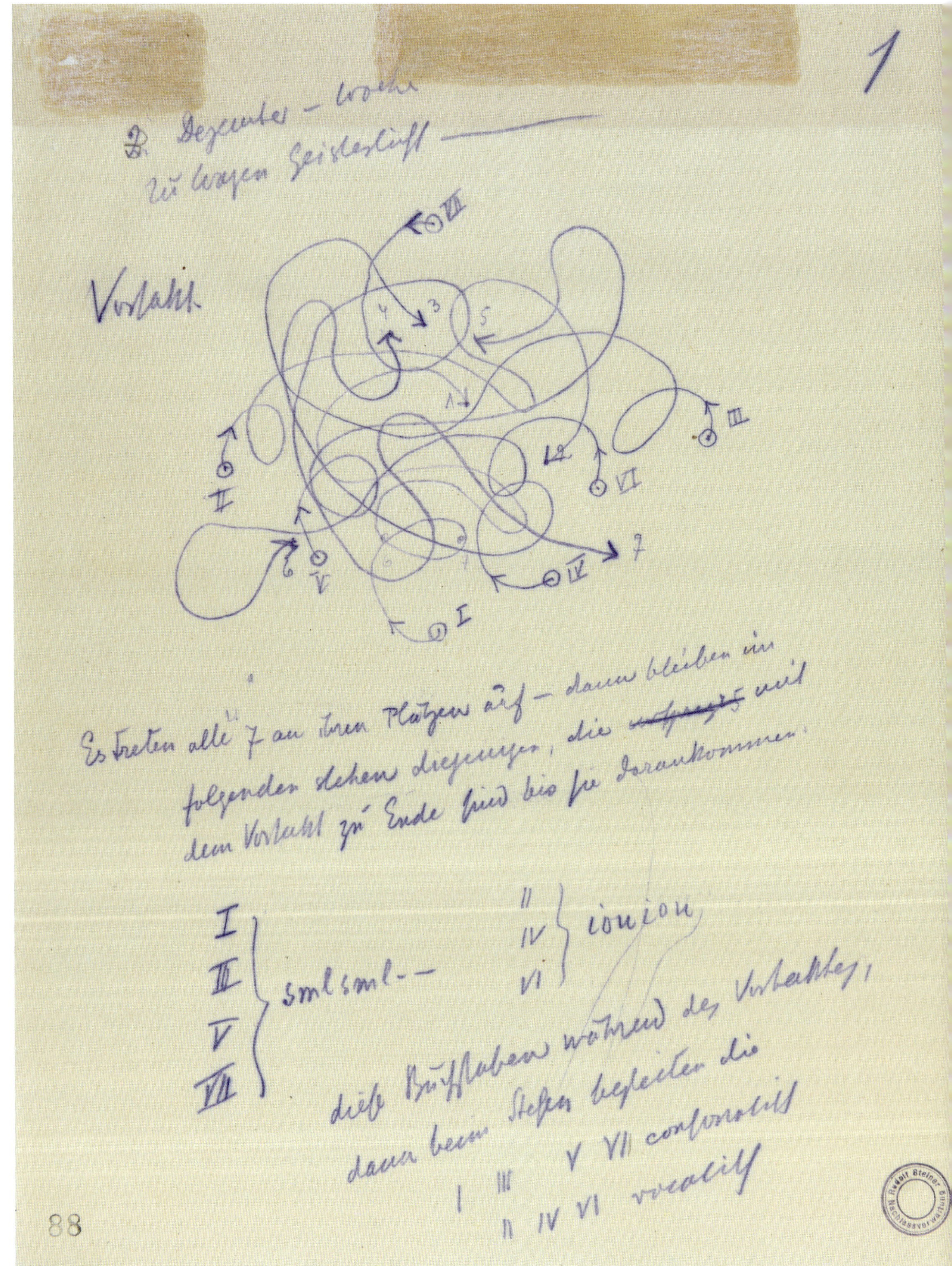
1

2. Dezember-Woche
zu tragen Geisteslicht ——

Vortakt.

Es treten alle 7 an ihren Plätzen auf – dann bleiben im folgenden stehen diejenigen, die ~~aufgezeigt~~ mit dem Vortakt zu Ende sind bis sie darankommen.

I
III
V
VII } sml sml – –

II
IV
VI } ionion

diese Buchstaben während des Vortaktes, dann beim Stehen begleiten die

I III V VII consonantisch

II IV VI vocalisch

88

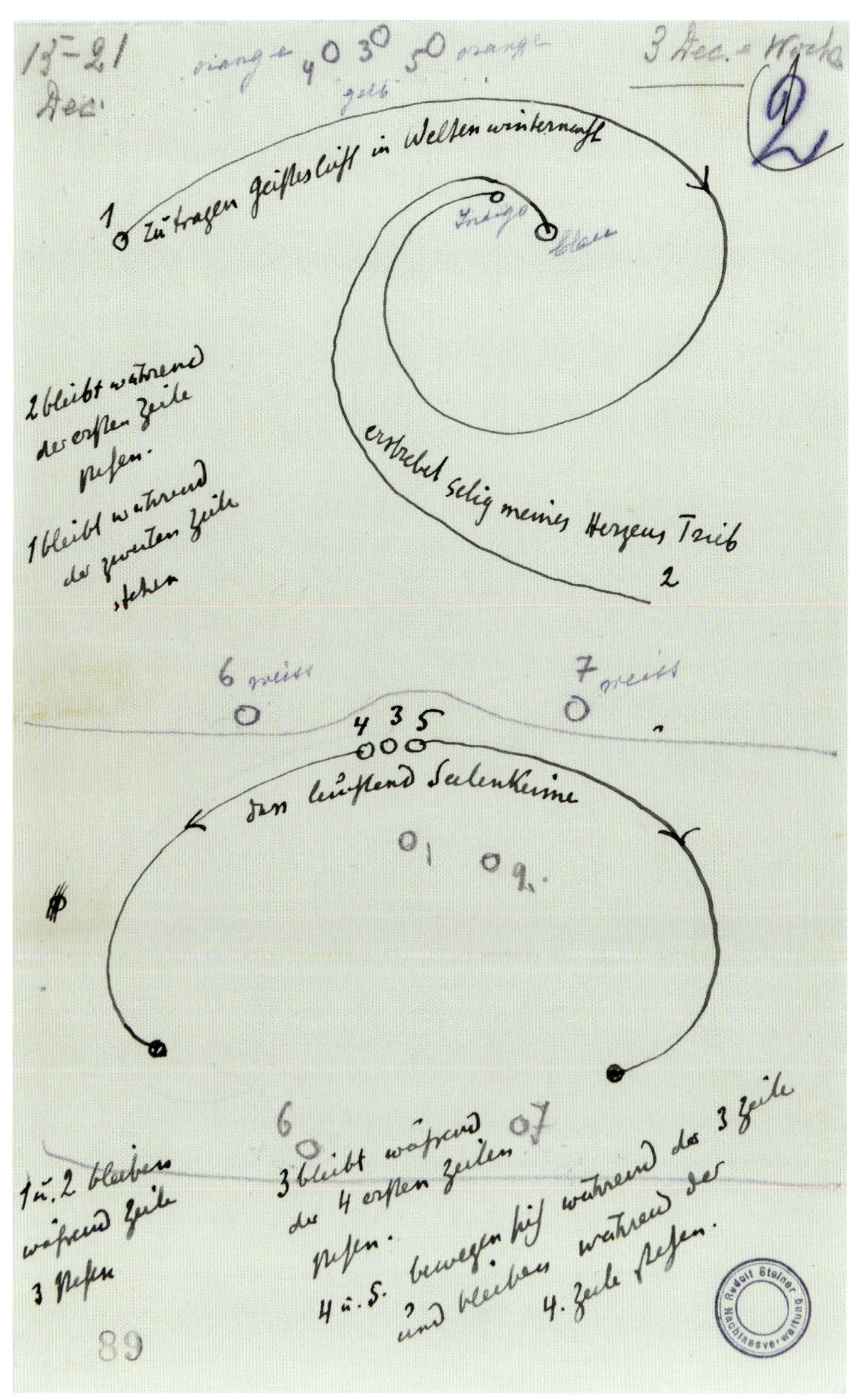

15–21 Dec.
orange 4 O 3O 5O orange
gelb
3 Dec. = Woche
2
1 O Zu tragen Geisteslicht in Weltenwinternacht
Indigo
blau
2 bleibt während der ersten Zeile stehen.
1 bleibt während der zweiten Zeile stehen
erstrebet selig meines Herzens Trieb
2
6 weiss
7 weiss
4 3 5
den leuchtend Seelenkeime
1 O 2
6 O 7
1 u. 2 bleiben während Zeile 3 stehen
3 bleibt während der 4 ersten Zeilen stehen.
4 u. 5. bewegen sich während der 3 Zeile und bleiben während der 4. Zeile stehen.
89

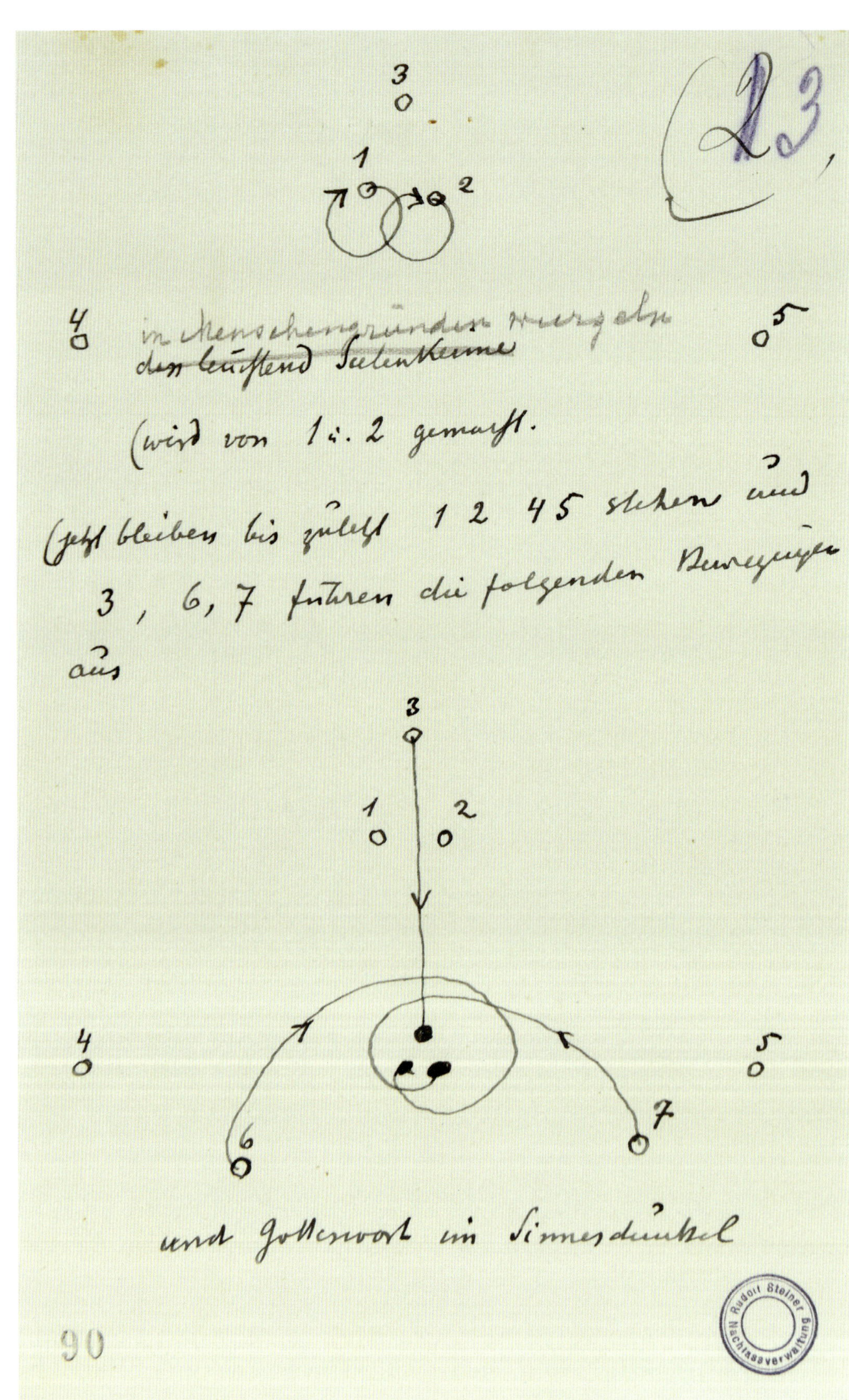
23,
3
1
2
4
5
in Menschengründen wurzeln
dass leuchtend Seelenkeime
(wird von 1 u. 2 gemacht.
(Jetzt bleiben bis zuletzt 1 2 4 5 stehen und
3, 6, 7 führen die folgenden Bewegungen
aus
3
1 2
4
5
6
7
und Gotteswort im Sinnesdunkel
90
Rudolf Steiner Nachlassverwaltung

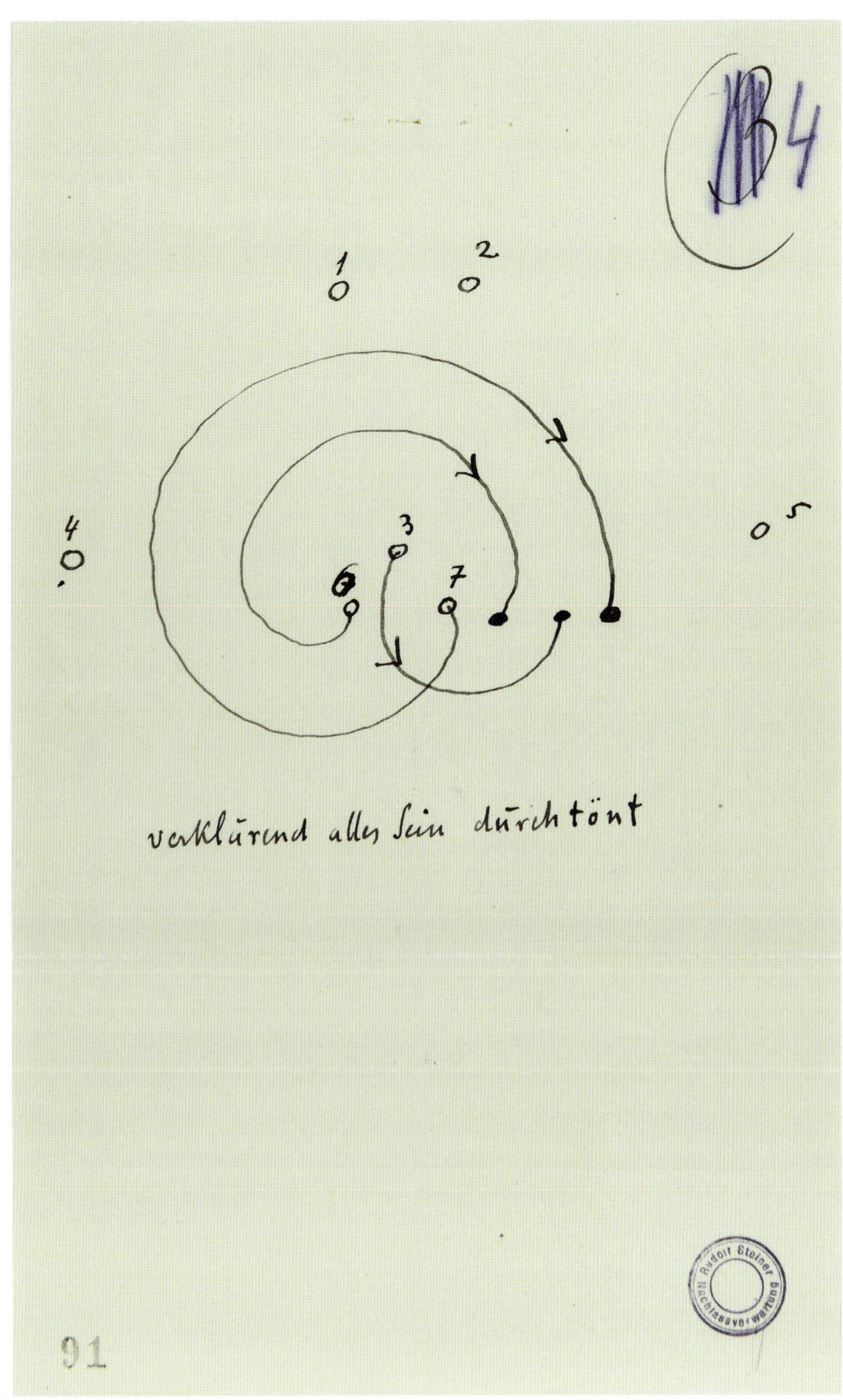
134
1
2
4
3
5
6
7
verklärend alles Sein durchtönt
Rudolf Steiner Nachlassverwaltung
91

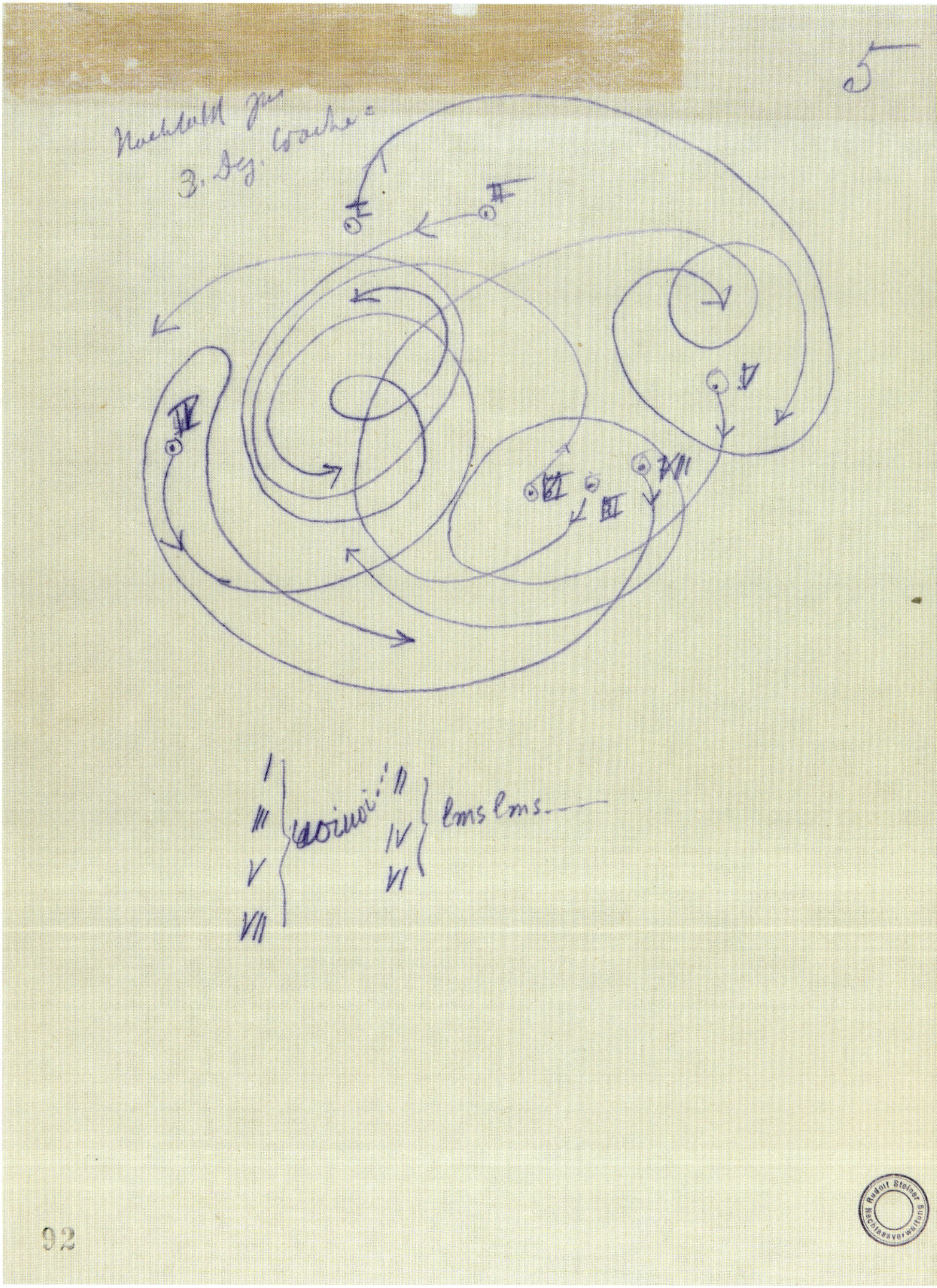

5

Nachblatt zur 3. Sg. Woche =

I II
IV
V
VI III VII

I
III } aoiuoi II
V IV } lms lms ----
VII VI

92

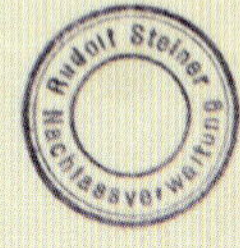

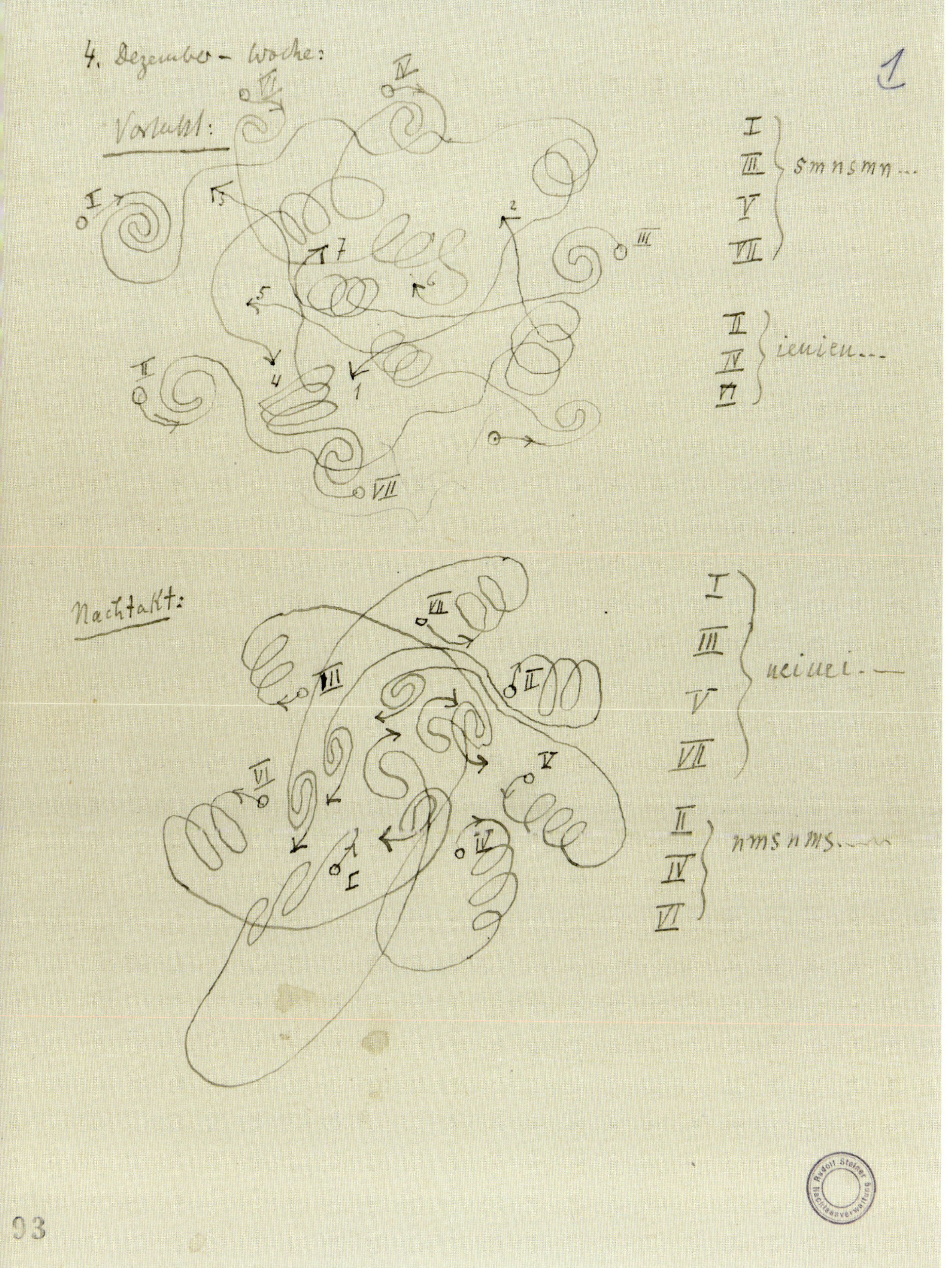
4. Dezember-Woche:
1
Vortakt:
I
III
V
VII
smnsmn...
II
IV
VI
ieniem...
Nachtakt:
I
III
V
VII
neinei.—
II
IV
VI
nmsnms.—
93

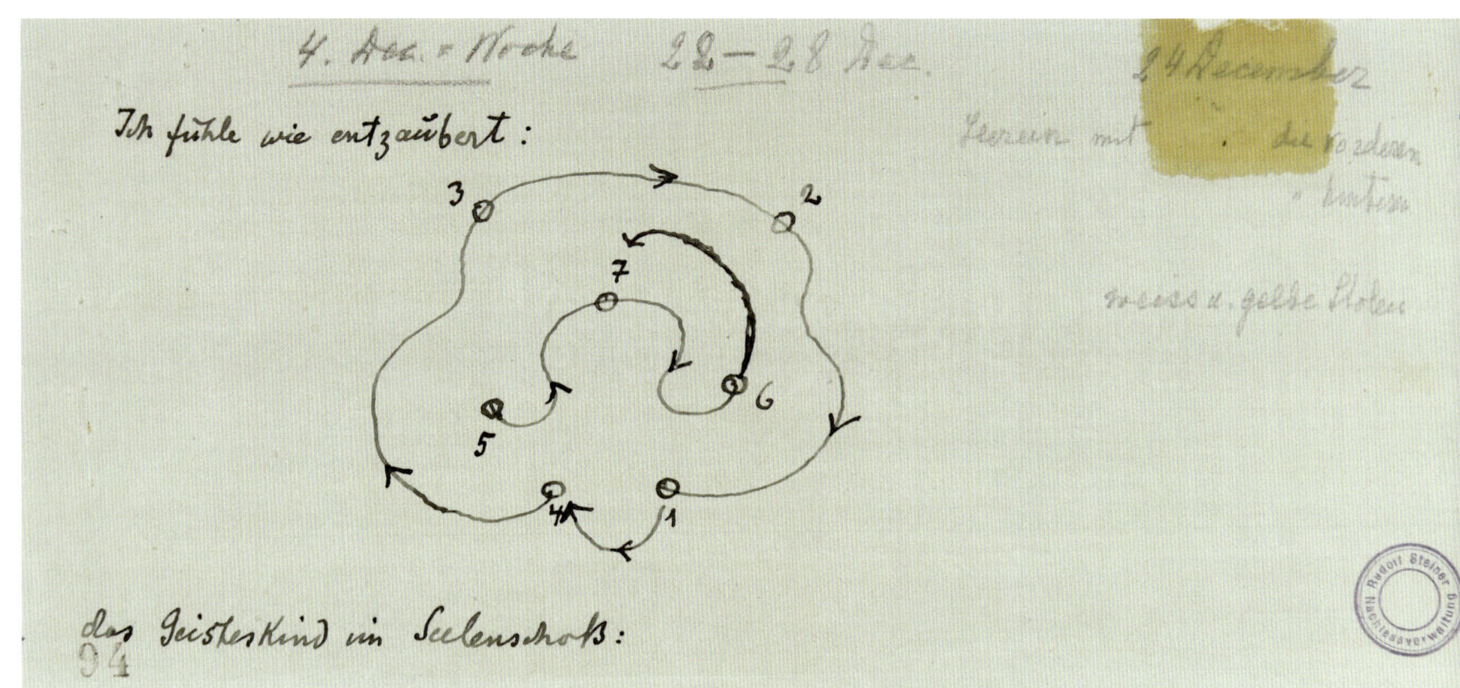
4. Dez. = Woche
22 — 28 Dez.
24 December
Ich fühle wie entzaubert:
das Geisteskind im Seelenschoß:
3
2
7
6
5
4
1
94

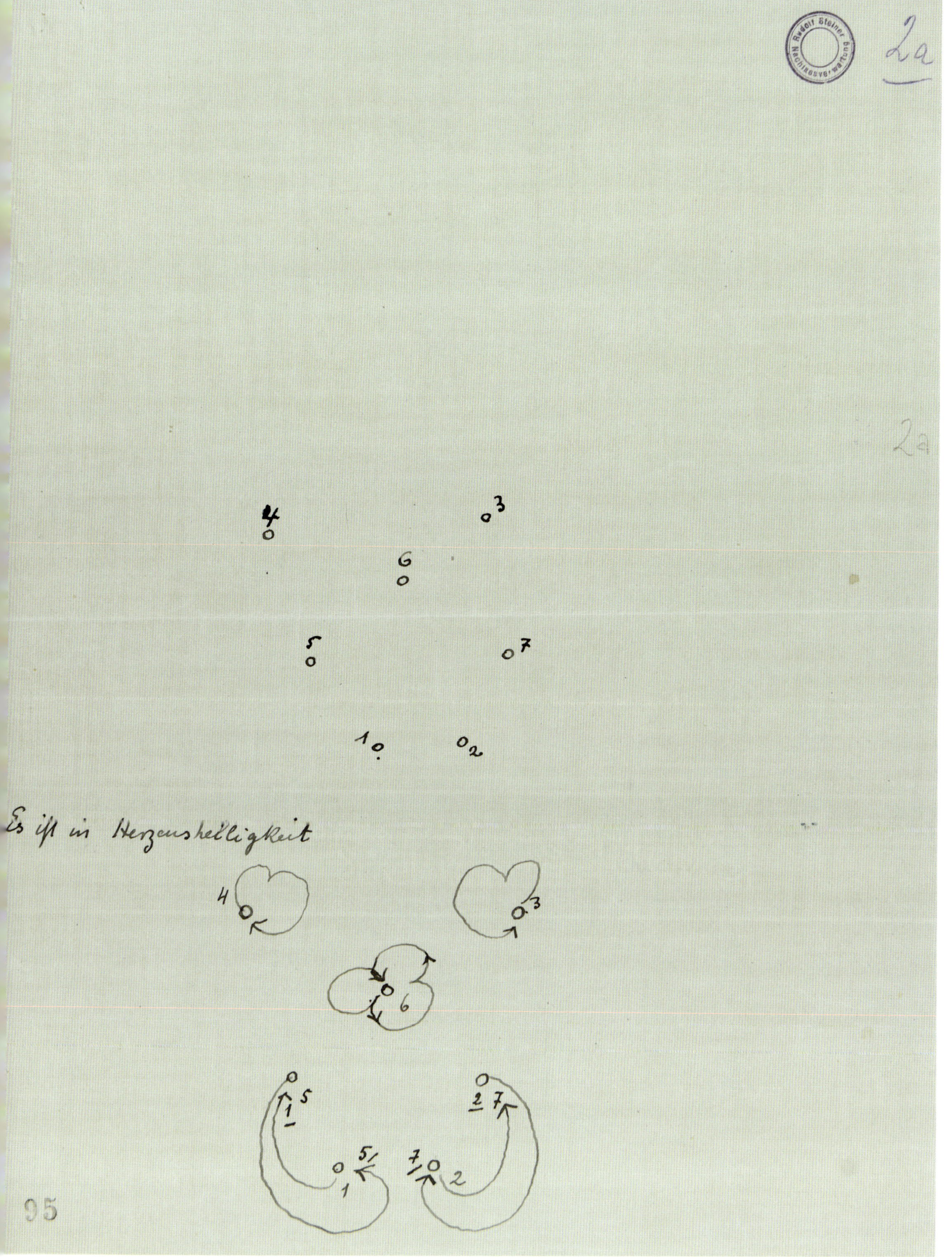

M̄ Christmas Verse (Thirty-eighth Week) (III)

gezeugt das heilige Weltenwort

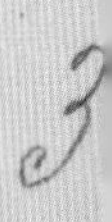

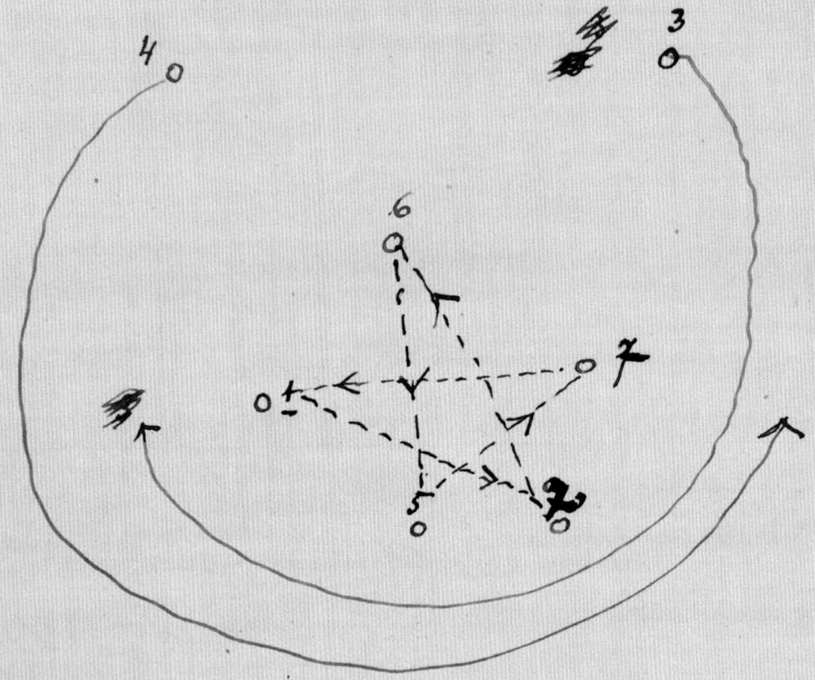

das Pentagramm symetrisch legen

der Hoffnung Himmelsfrucht

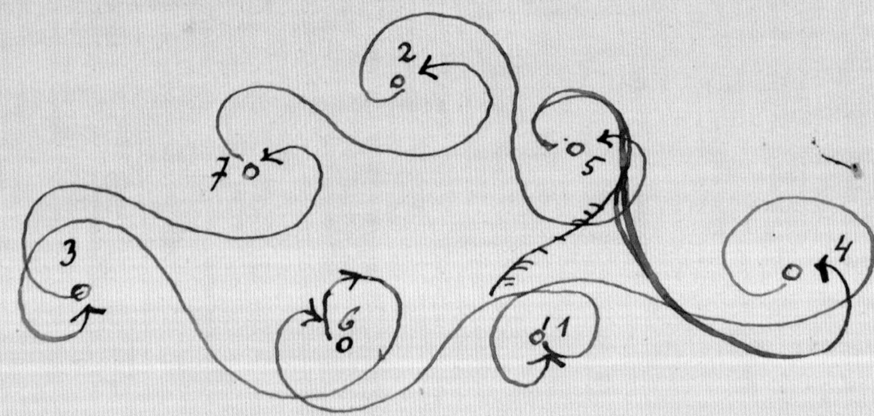

96

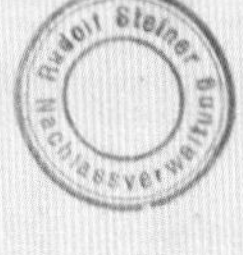

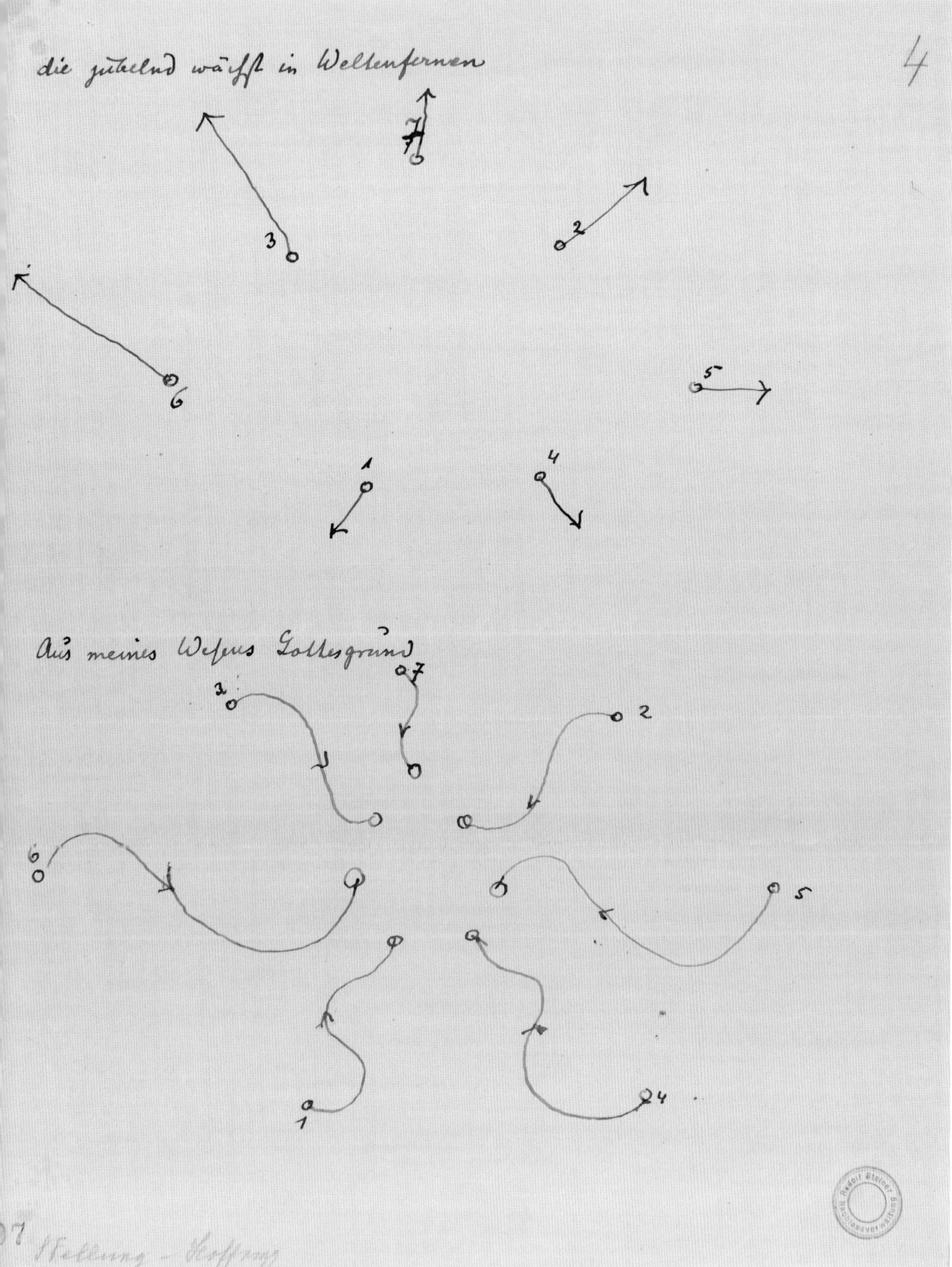
die jubelnd wächst in Weltenfernen
4
Aus meines Wesens Gottesgrund
1
2
3
4
5
6
7

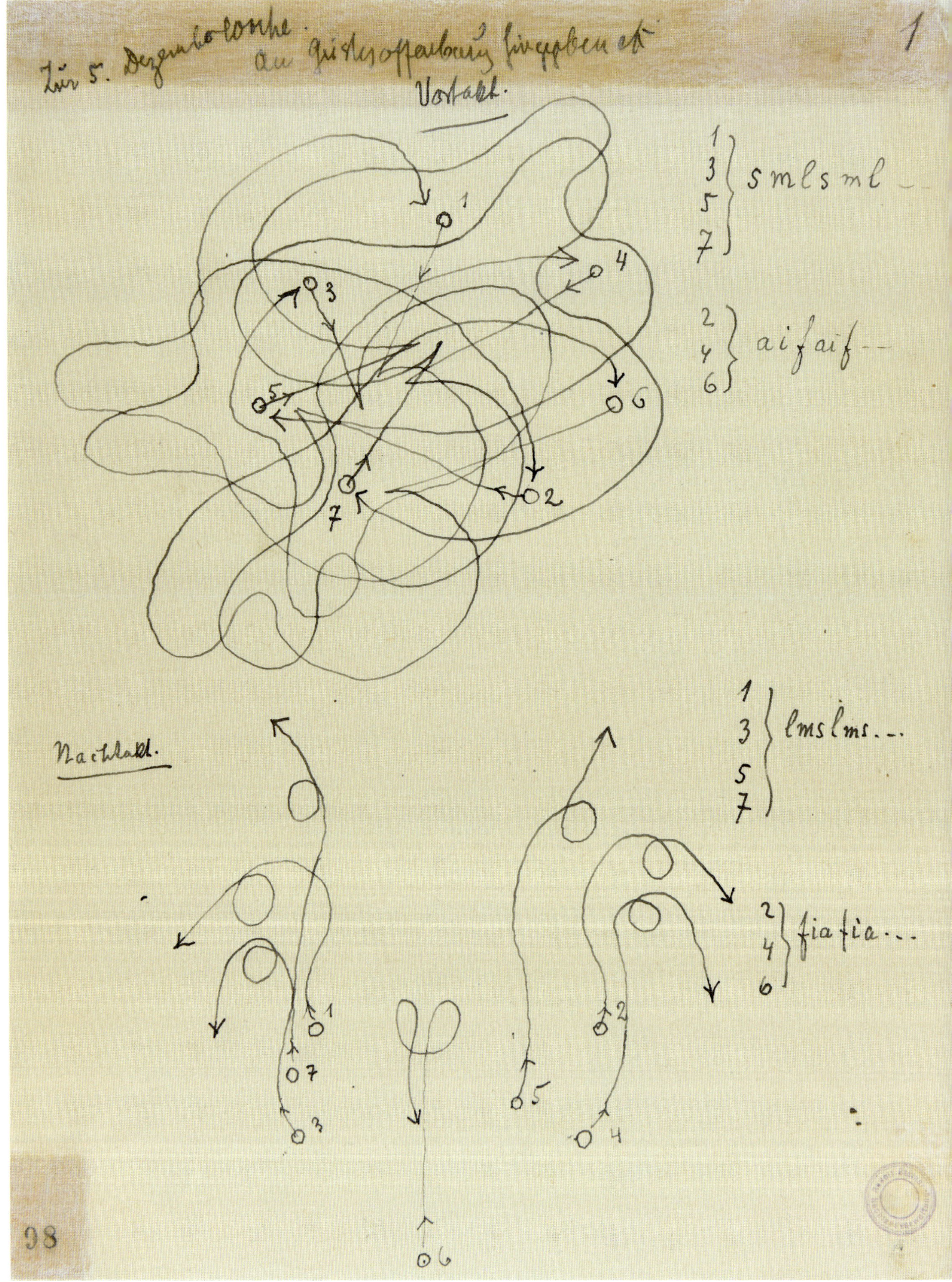
Vortakt.
smlsml...
aifaif...
Nachtakt.
lmslms...
fiafia...

5. December-Woche. 2

An Geistesoffenbarung hingegeben:

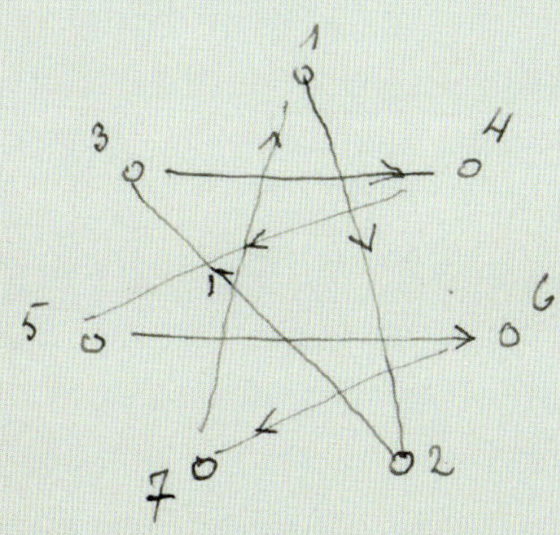

Gewinne ich des Weltenwesens Licht

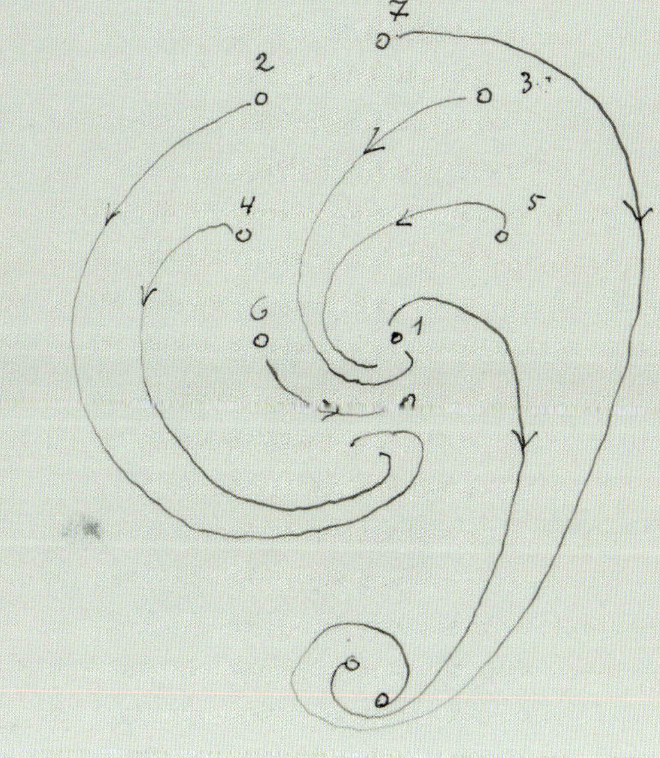

99

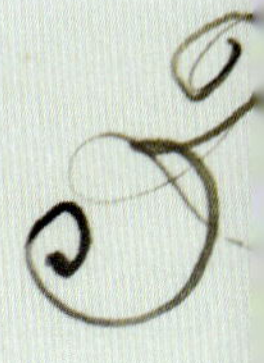

Gedankenkraft, sie wächst

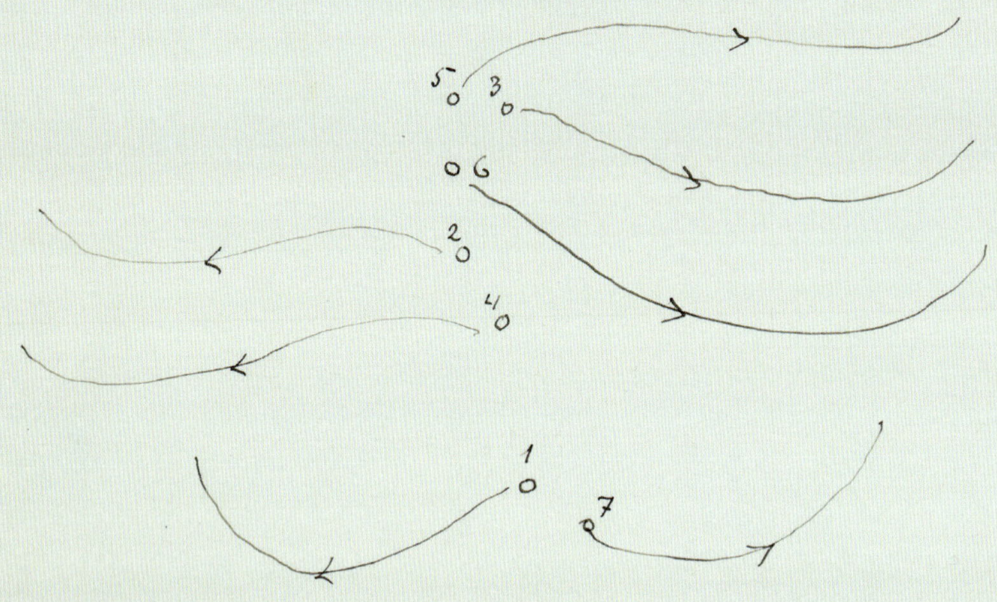

sich klärend mir mich selbst zu geben

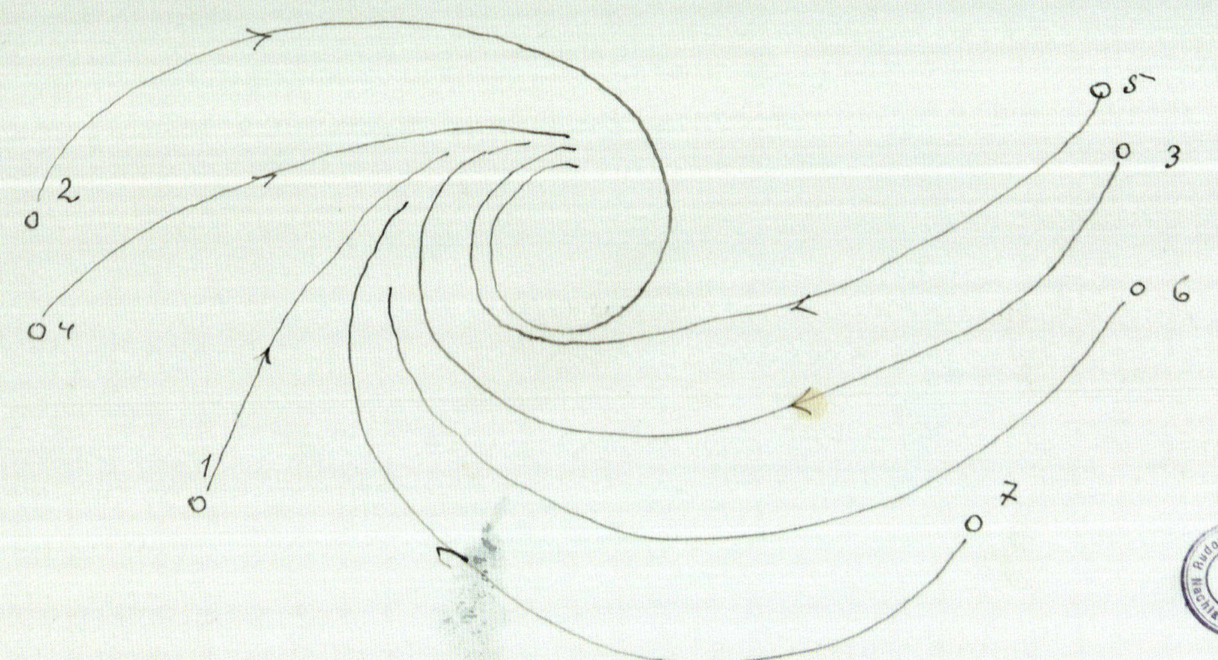

100

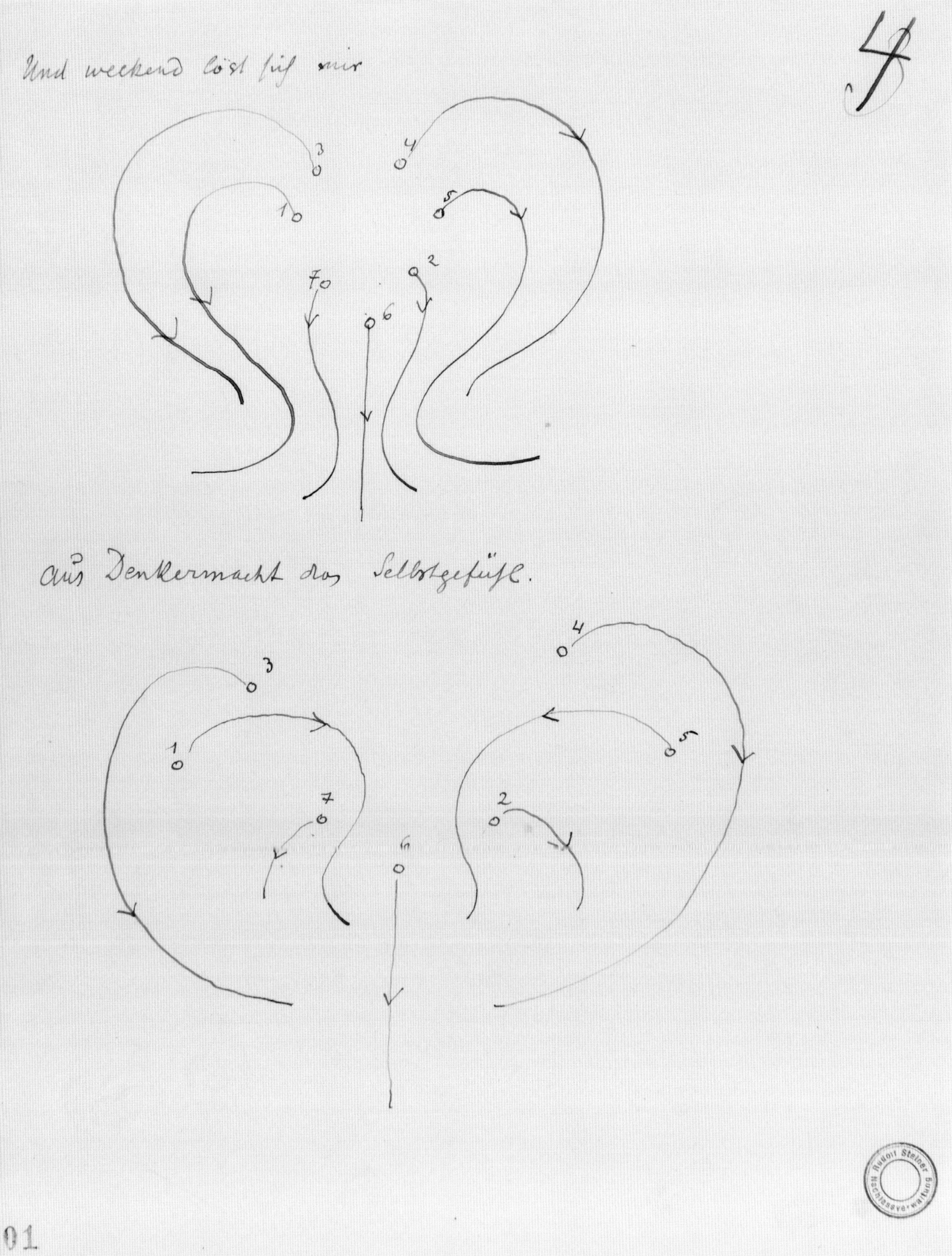
4
Und weckend löst sich mir
aus Denkermacht das Selbstgefühl.
101

Vortakt der ersten Januarwoche:

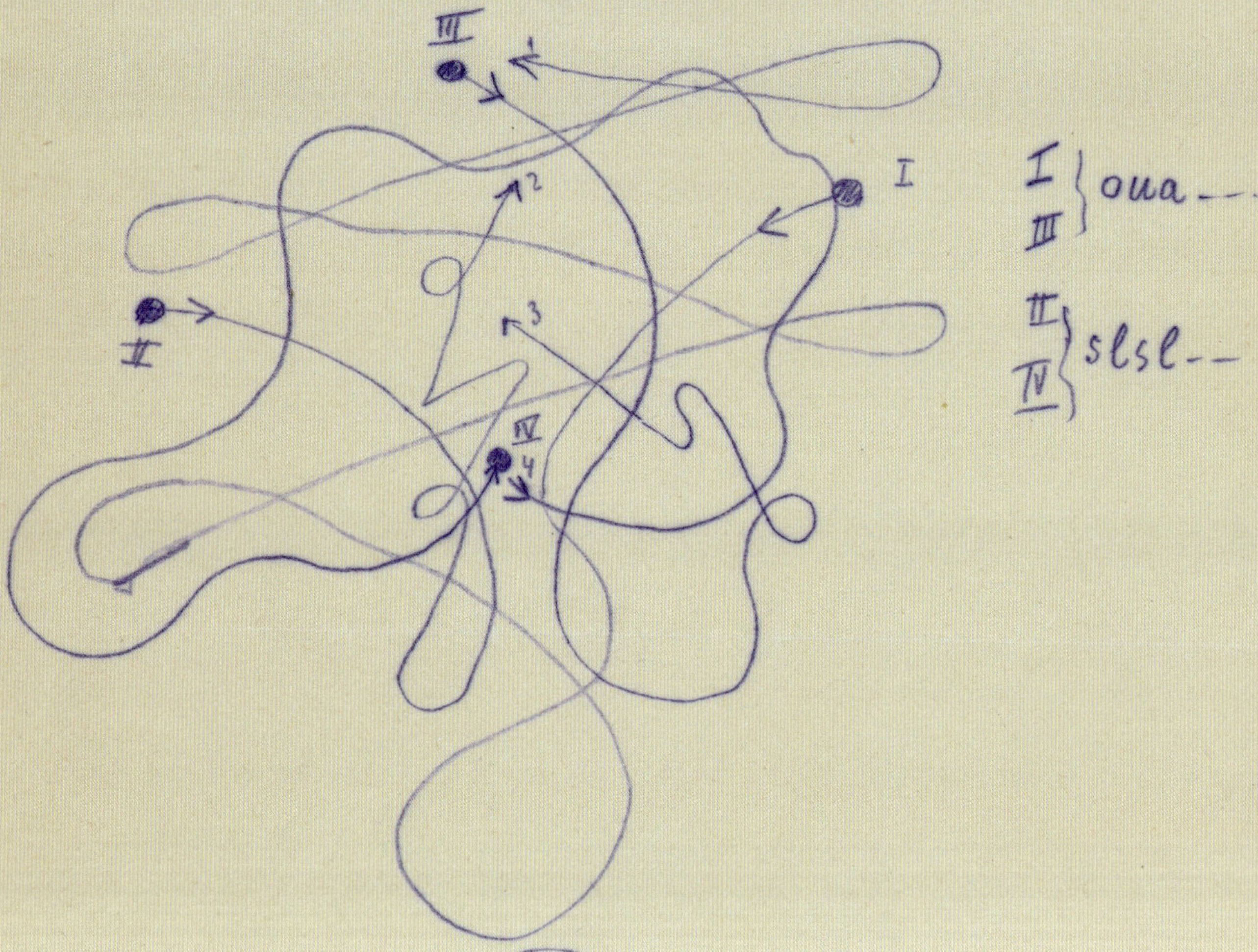

I
III } oua...

II
IV } slsl--

Naktakt 1. Januarwoche:

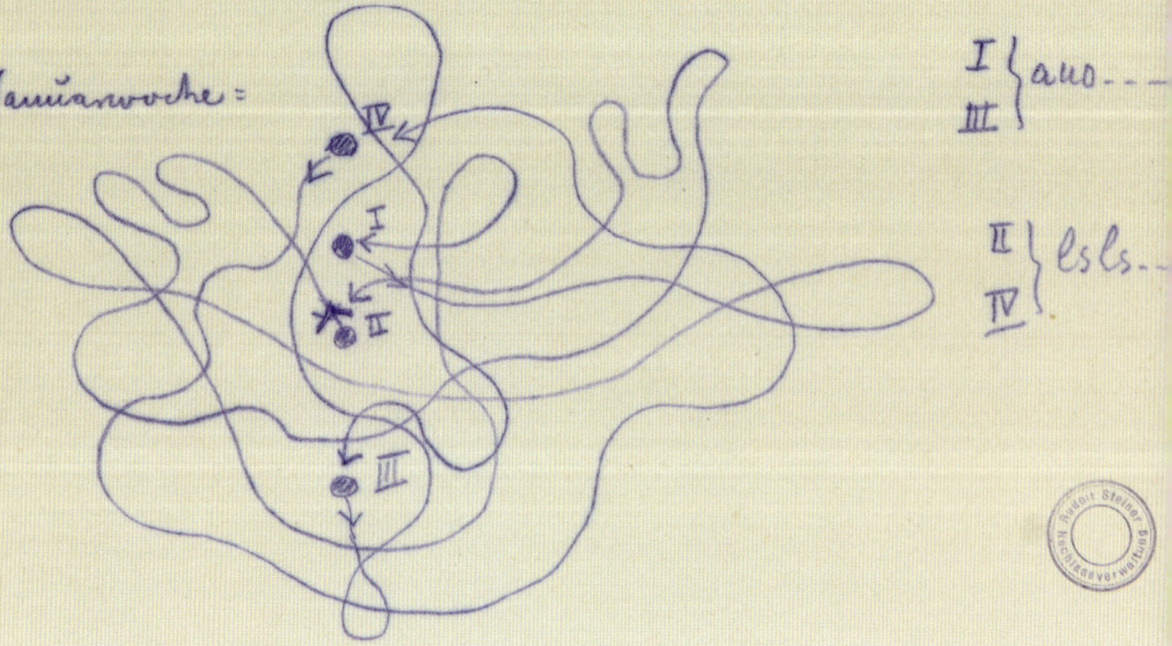

I
III } auo...

II
IV } lsls...

102

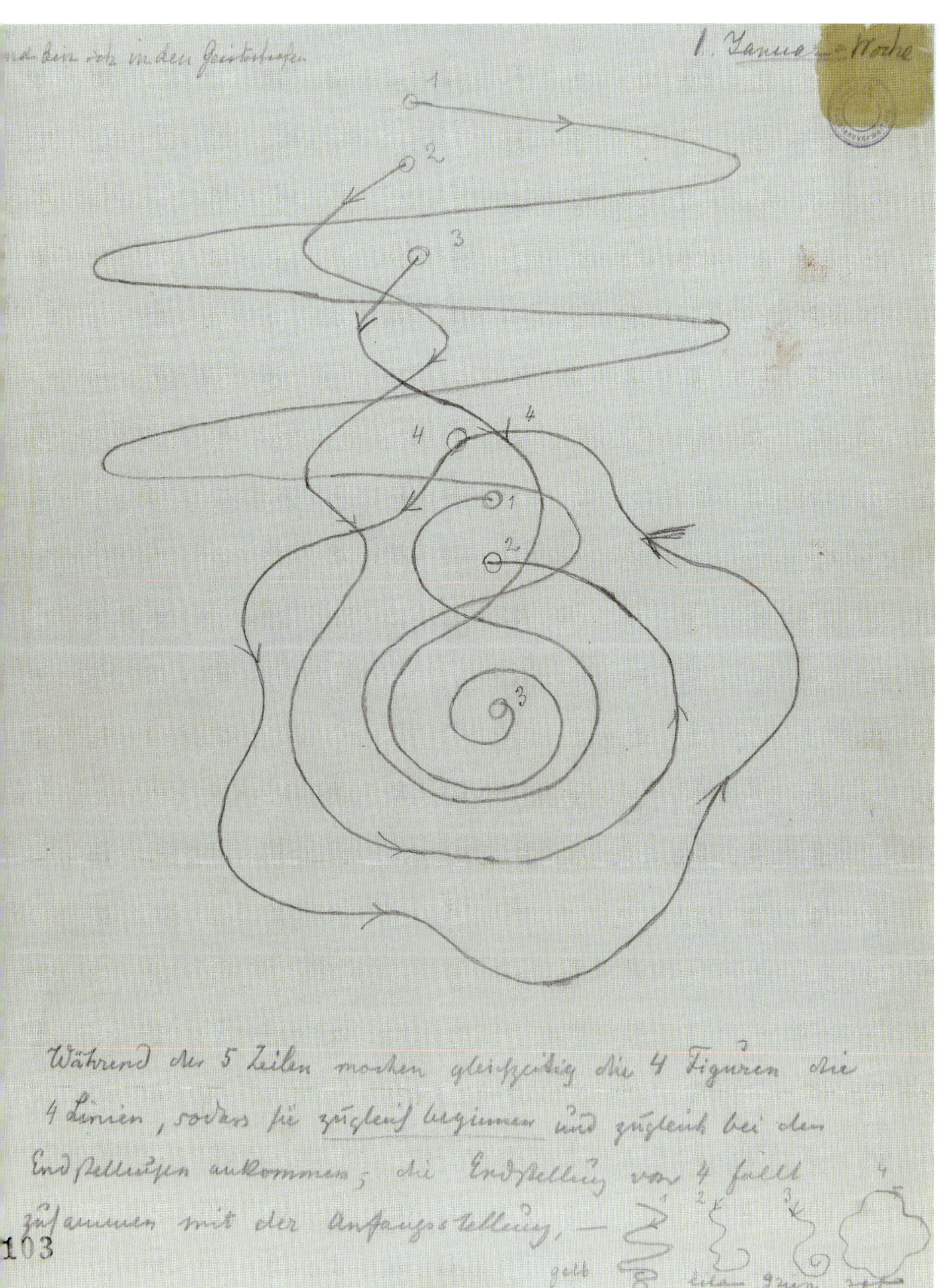

1. Januar-Woche

Während der 5 Zeilen machen gleichzeitig die 4 Figuren die 4 Linien, sodass sie zugleich beginnen und zugleich bei den Endstellungen ankommen; die Endstellung von 4 fällt zusammen mit der Anfangsstellung. —

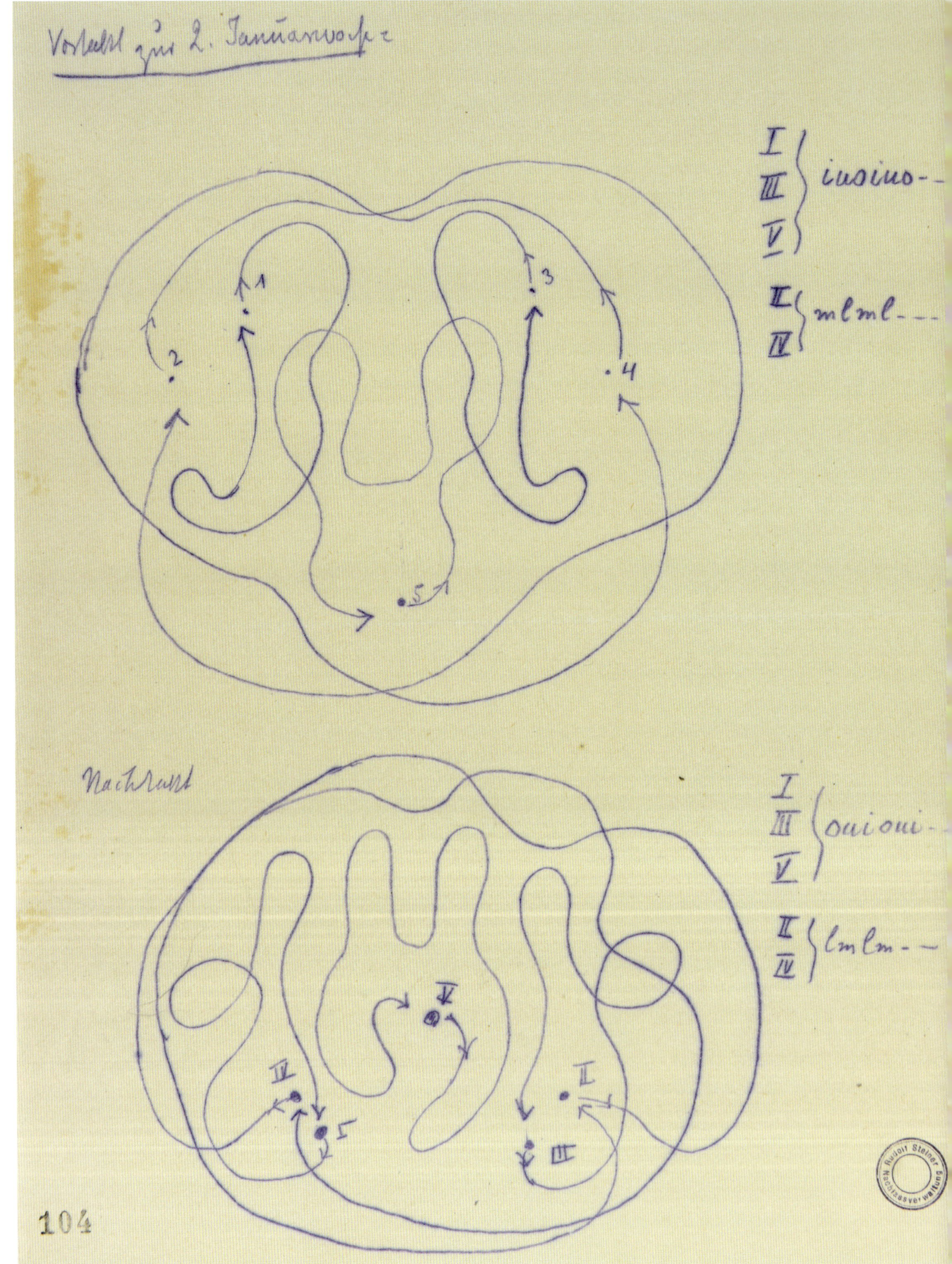

Vorlaut zur 2. Januarwoche
I III V iuoiuo--
II IV mlml---
Nachlaut
I III V ouioui-
II IV lmlm--
104
Rudolf Steiner Nachlassverwaltung

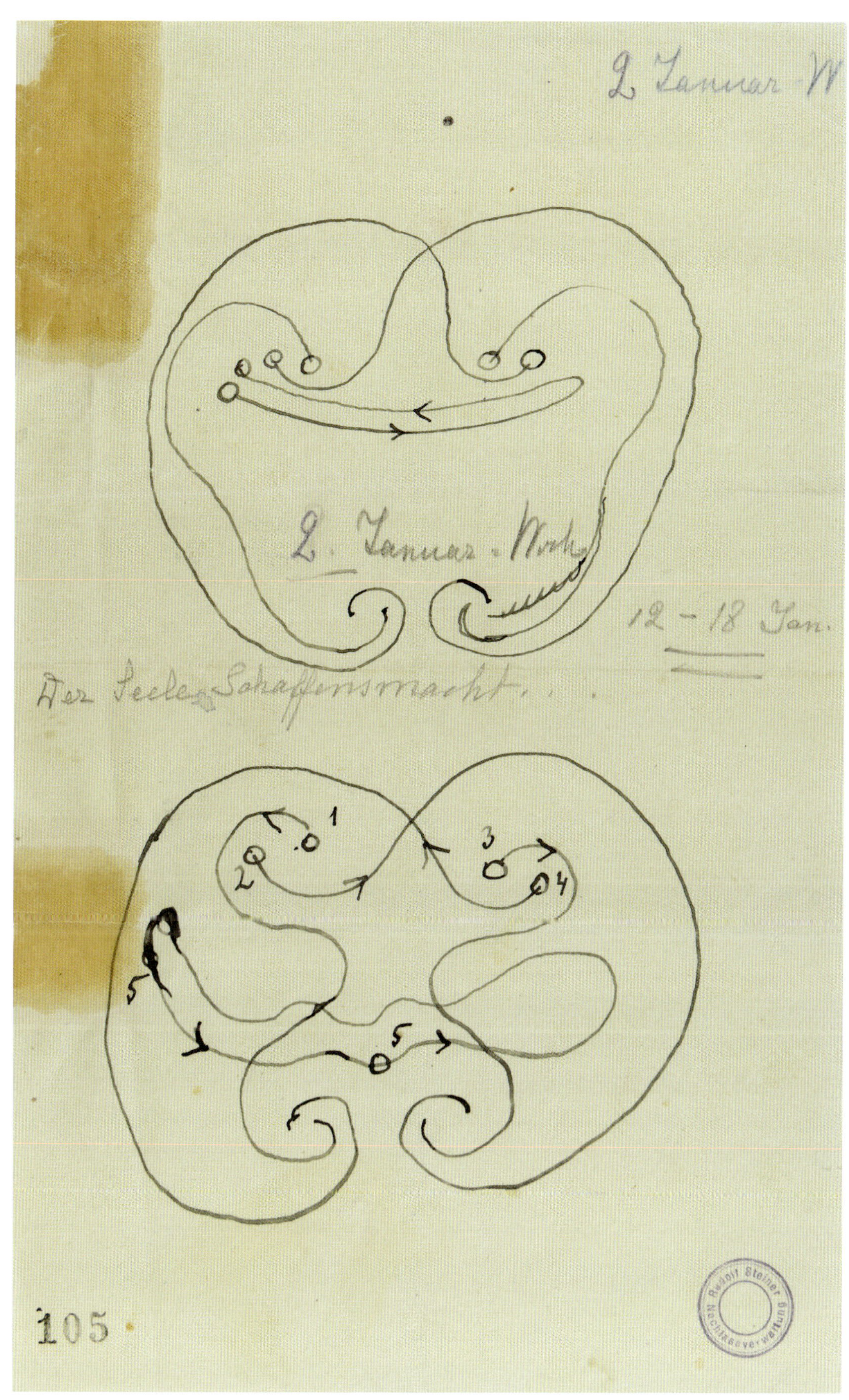
2 Januar-W
2. Januar-Woch
12 - 18 Jan.
Der Seelen Schaffensmacht.
1
2
3
4
5
5
105

3. Januarwoche:

Vortakt.

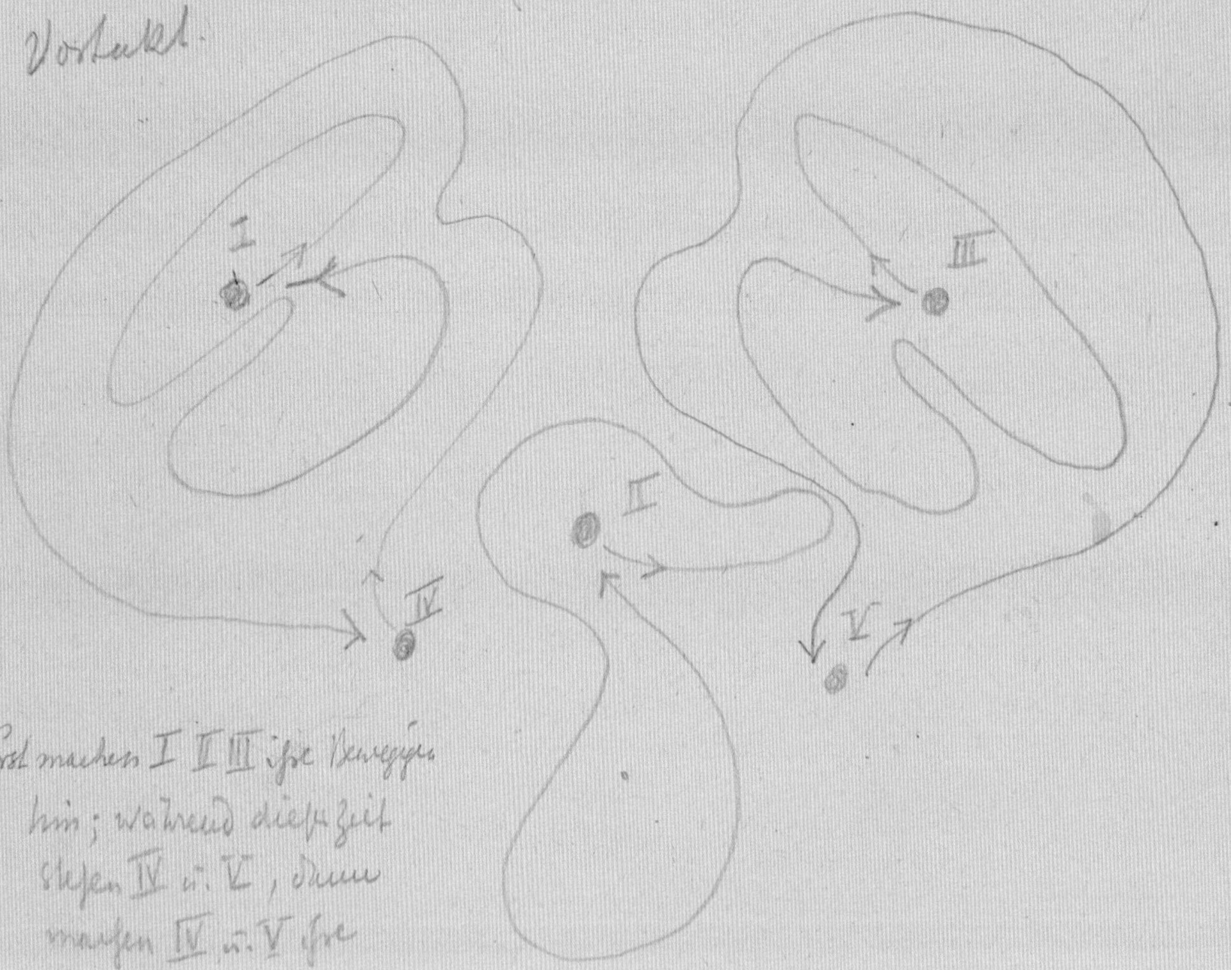

Erst machen I II III ihre Bewegungen hin; während dieser Zeit stehen IV u. V, dann machen IV u. V ihre Bewegungen hin und I II III zurück; dann machen IV u. V ihre Bewegungen zurück, während I II III stehen bleiben

I
II } slmslm---
III

IV
V } uana---

106 a

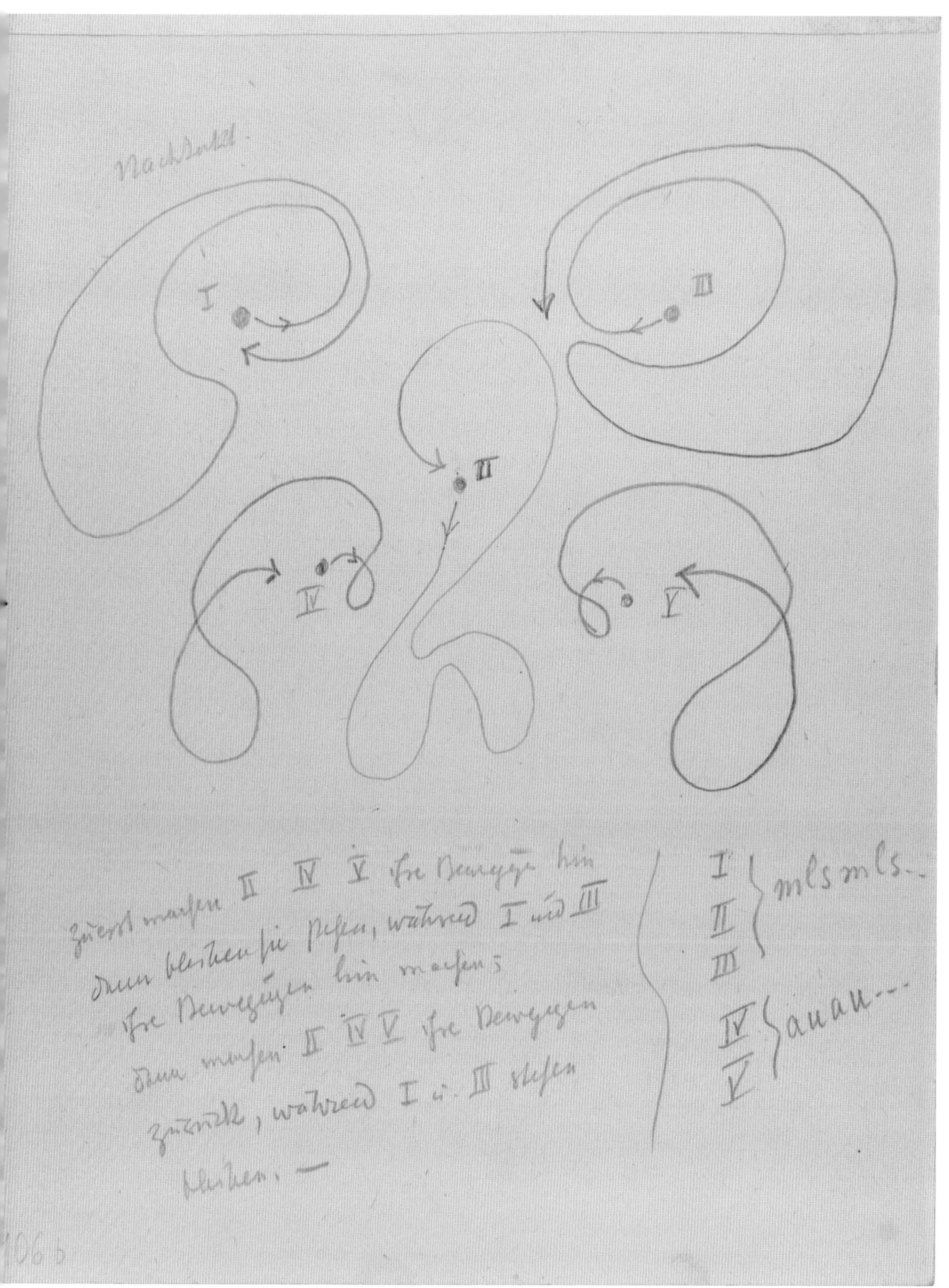
I
II
III
IV
V
zuerst machen II IV V ihre Bewegungen hin
dann bleiben sie stehen, während I und III
ihre Bewegungen hin machen;
dann machen II IV V ihre Bewegungen
zurück, während I u. III stehen
bleiben. —
I
II
III
} mls mls...
IV
V
} aaaa...

Es ist in diesem Winterdunkel...

19–25 Janua[r]
3 Januar-Wo[che]

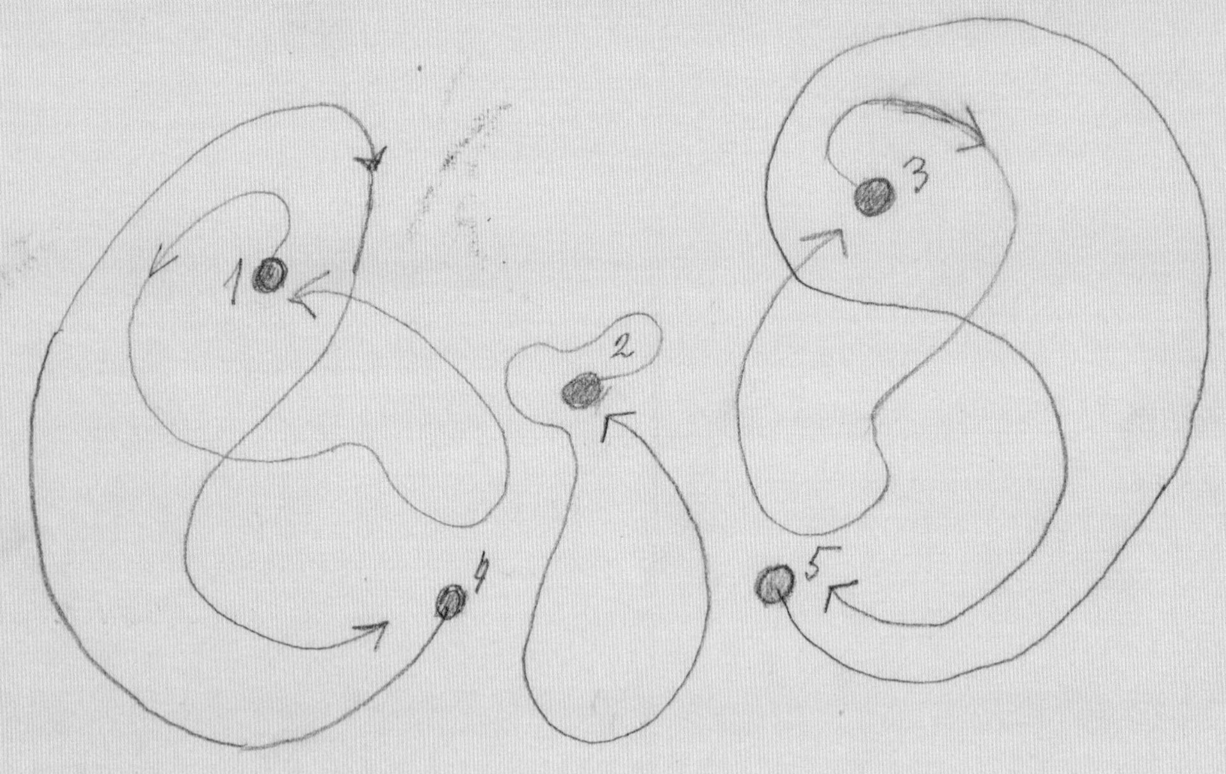

Während Zeile 1 u. 2. : 1, 2, 3 machen ihre Bewegung hin
4,5 stehend eurythm.

Während Zeile 3 u. 4 : 1, 3 stehend eurythm.
2 macht die Bewegung zurück
4 u. 5 machen die Bewegung hin.

Während Zeile 5 u. 6 = 1, 3 machen ihre Bewegung zurück
2 stehend euryth.
4 u. 5 machen ihre Bewegung zurück

106

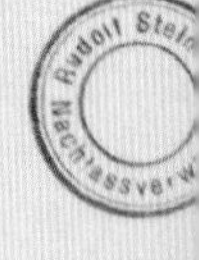

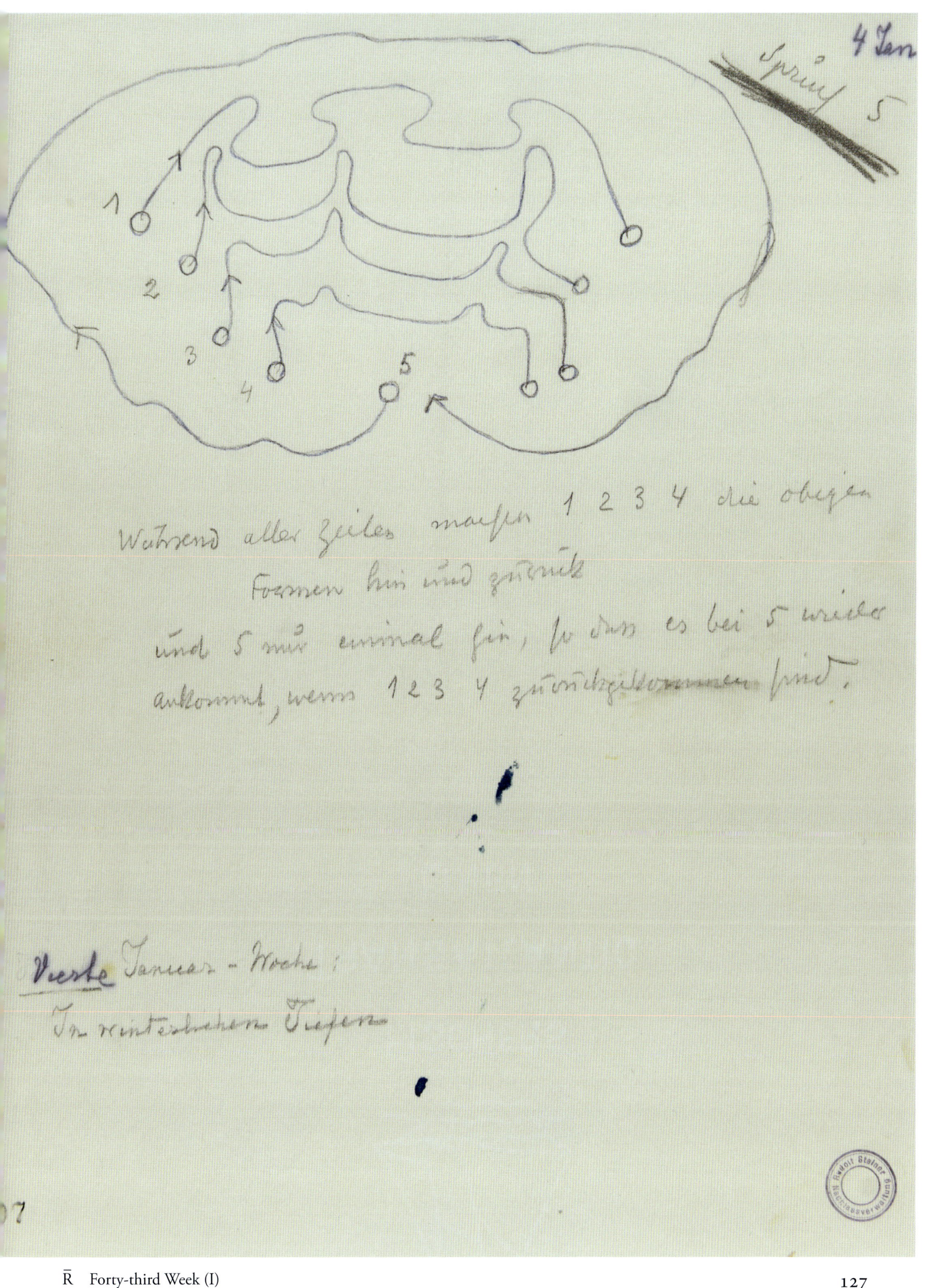

Während aller Zeilen machen 1 2 3 4 die obigen Formen hin und zurück und 5 nur einmal hin, so dass es bei 5 wieder ankommt, wenn 1 2 3 4 zurückgekommen sind.

Vierte Januar-Woche:
In winterlichen Tiefen

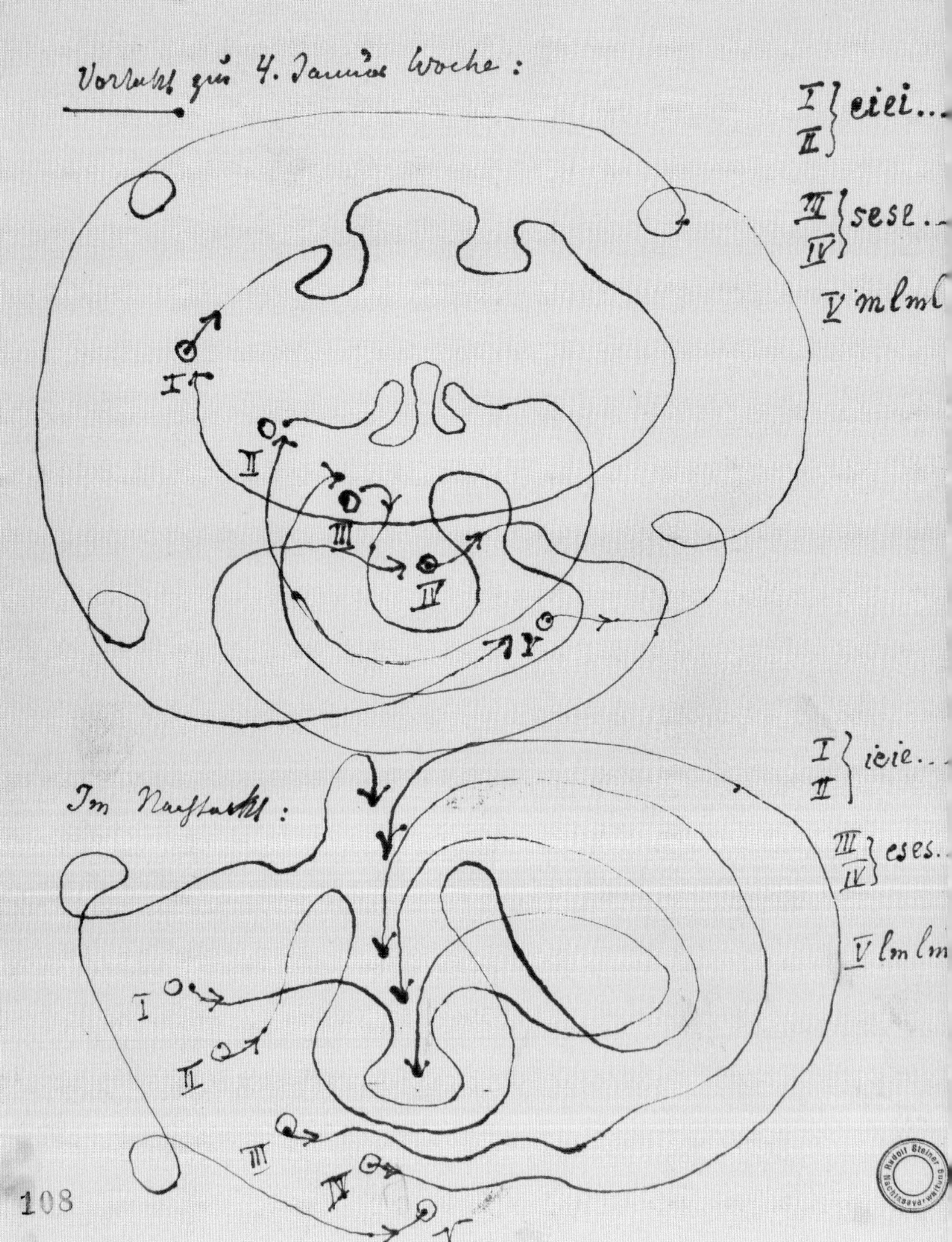
Vortakt zu 4. Januar Woche:
I
II
eiei…
III
IV
sese…
V mlml
I
II
III
IV
V
Im Nachtakt:
I
II
ieie…
III
IV
eses…
V lmlm
I
II
III
IV
V
108

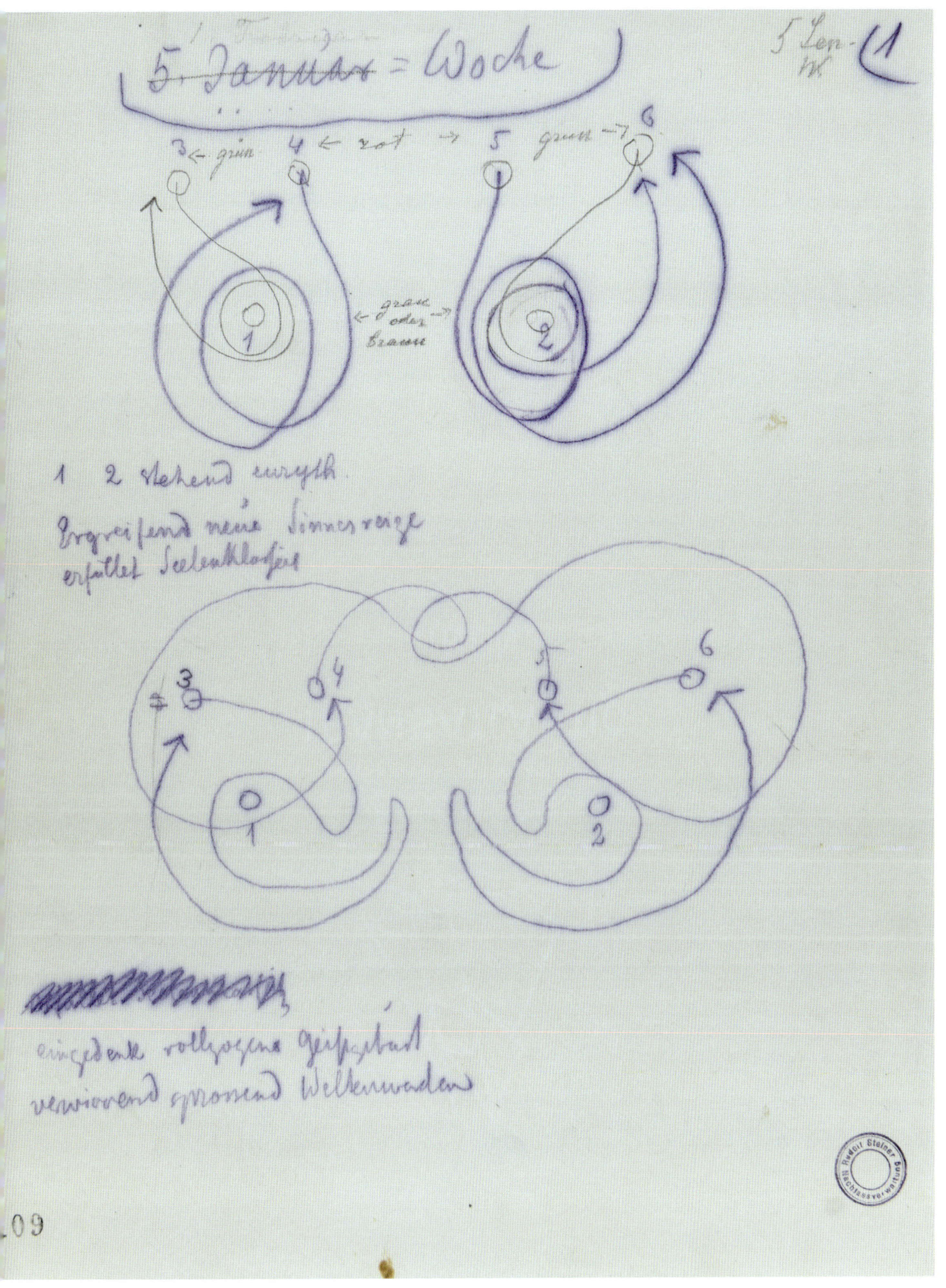
5. Januar = Woche
3 ← grün
4 ← rot →
5 grün →
6
grau oder braun
1
2
1 2 stehend euryth.
Ergreifend neue Sinnesreize
erfüllet Seelenklarheit
3
4
5
6
1
2
eingedenk vollzogner Geistgeburt
verwirrend sprossend Weltenwerden

2

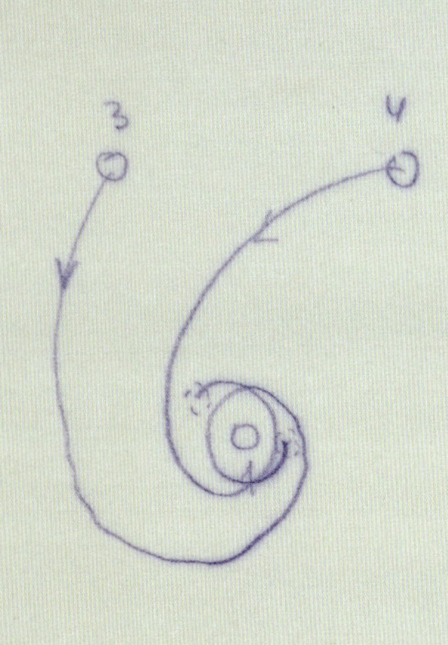

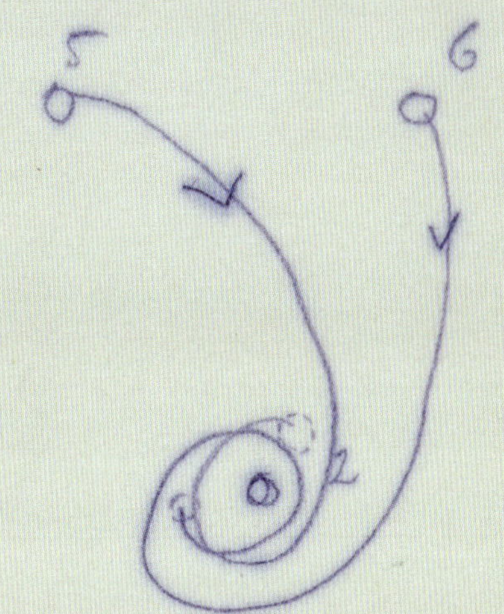

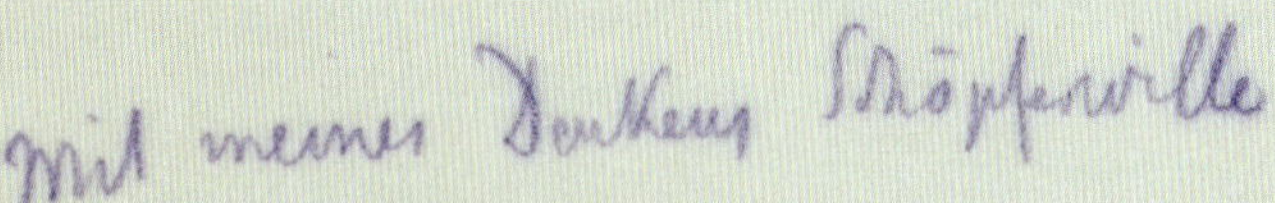

3
4

5
6

Mit meinem Denken Schöpferwille

Rudolf Steiner Nachlassverwaltung

110

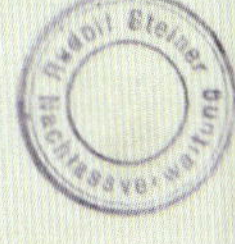

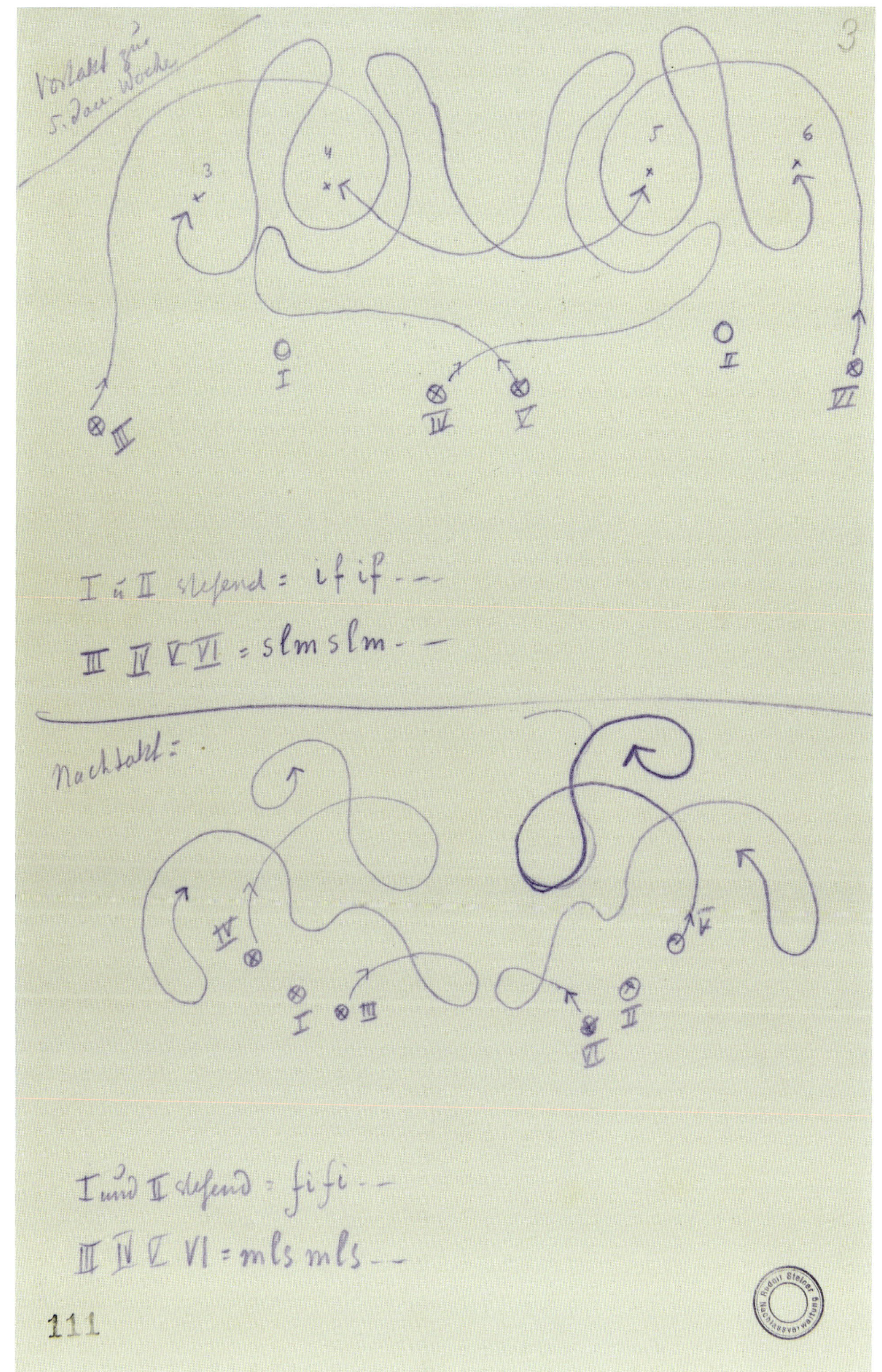
3
Vortakt zur 5. dau. Woche
3
4
5
6
I
II
III
IV
V
VI
I u. II stehend = if if - -
III IV V VI = slm slm - -
Nachtakt =
I
II
III
IV
V
VI
I und II stehend = fi fi - -
III IV V VI = mls mls - -
111

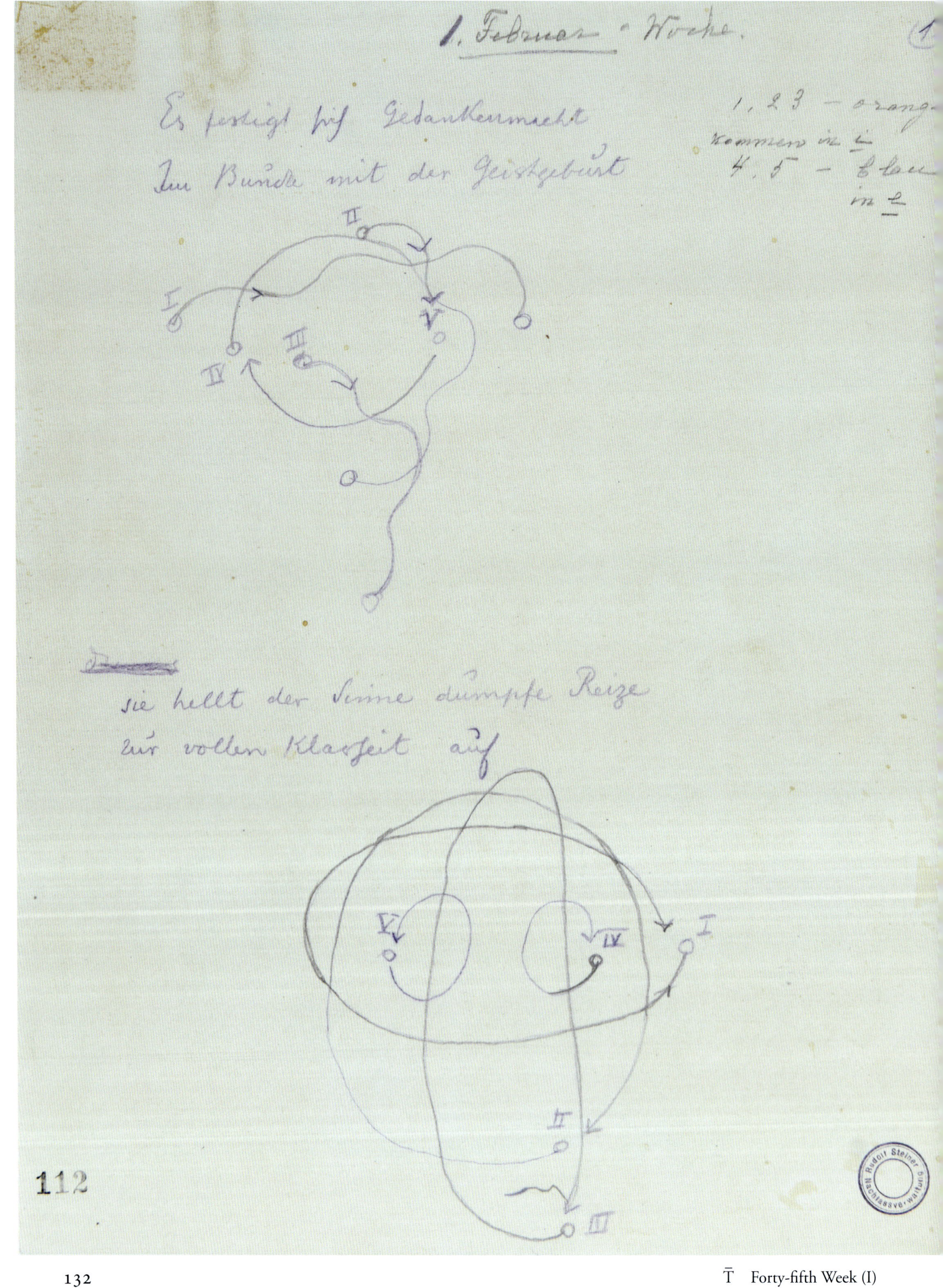

1. Februar - Woche.

1

Es festigt sich Gedankenmacht
Im Bunde mit der Geistgeburt

1, 2 3 – orange
kommen in
4. 5 – blau
in

sie hellt der Sinne dumpfe Reize
zur vollen Klarheit auf

112

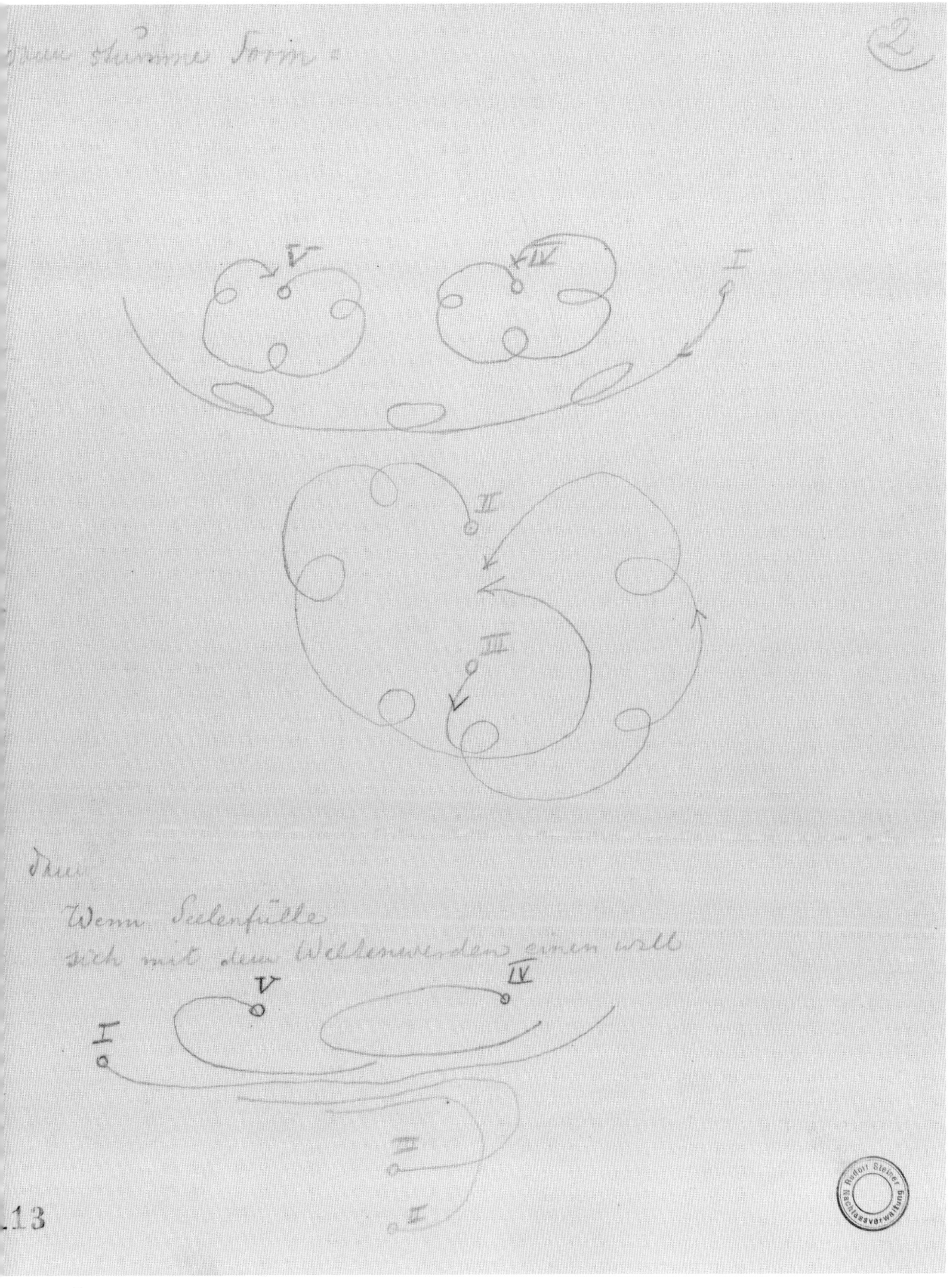

dann stumme Form:

(2)

Dann

Wenn Seelenfülle
sich mit dem Weltenwerden einen will

113

(3

muss Sinnesoffenbarung
des Denkens Licht empfangen

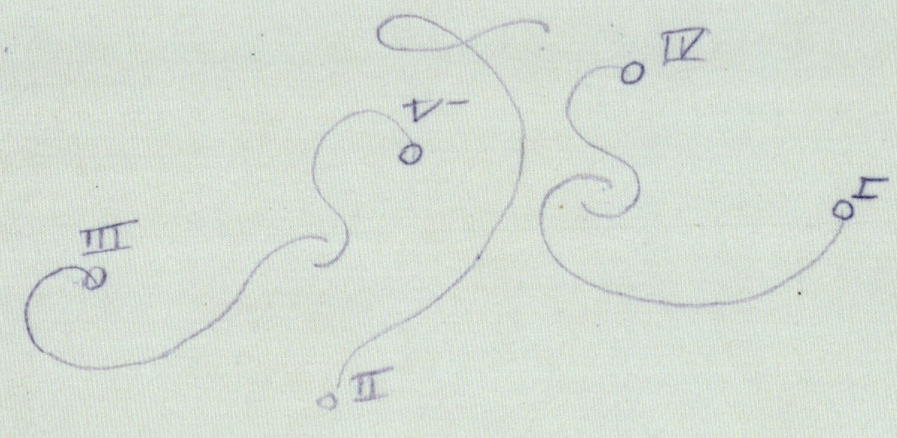

Dann stimmen Form =

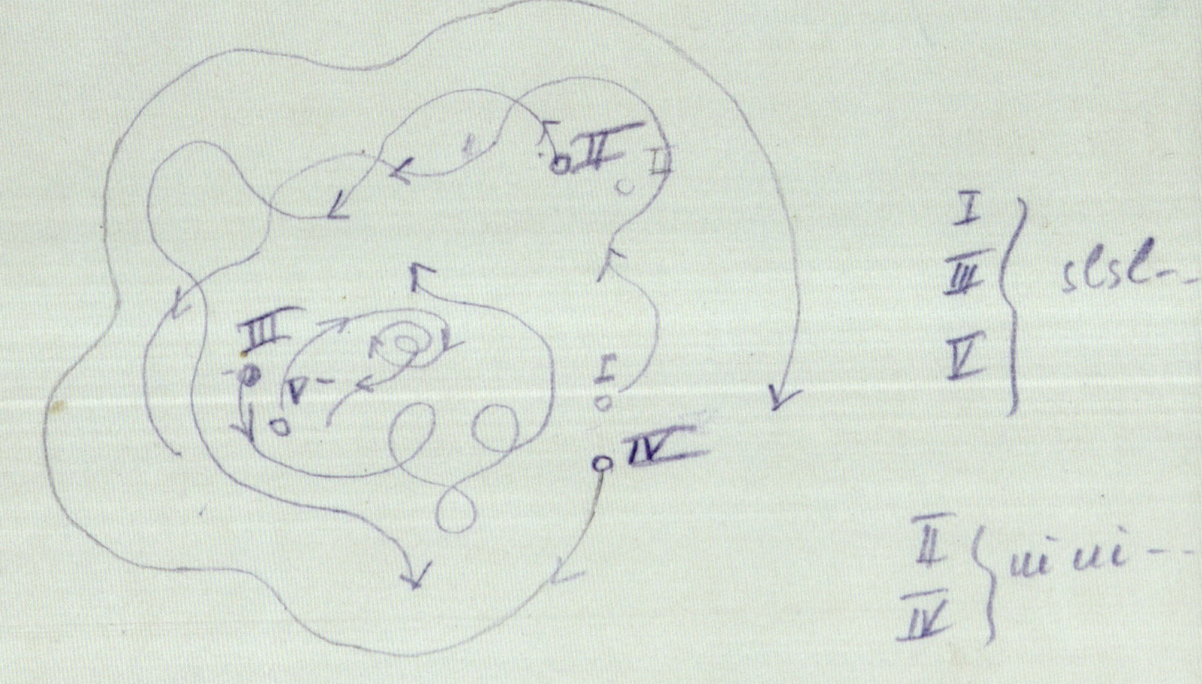

114

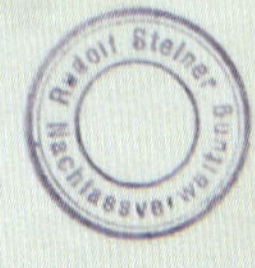

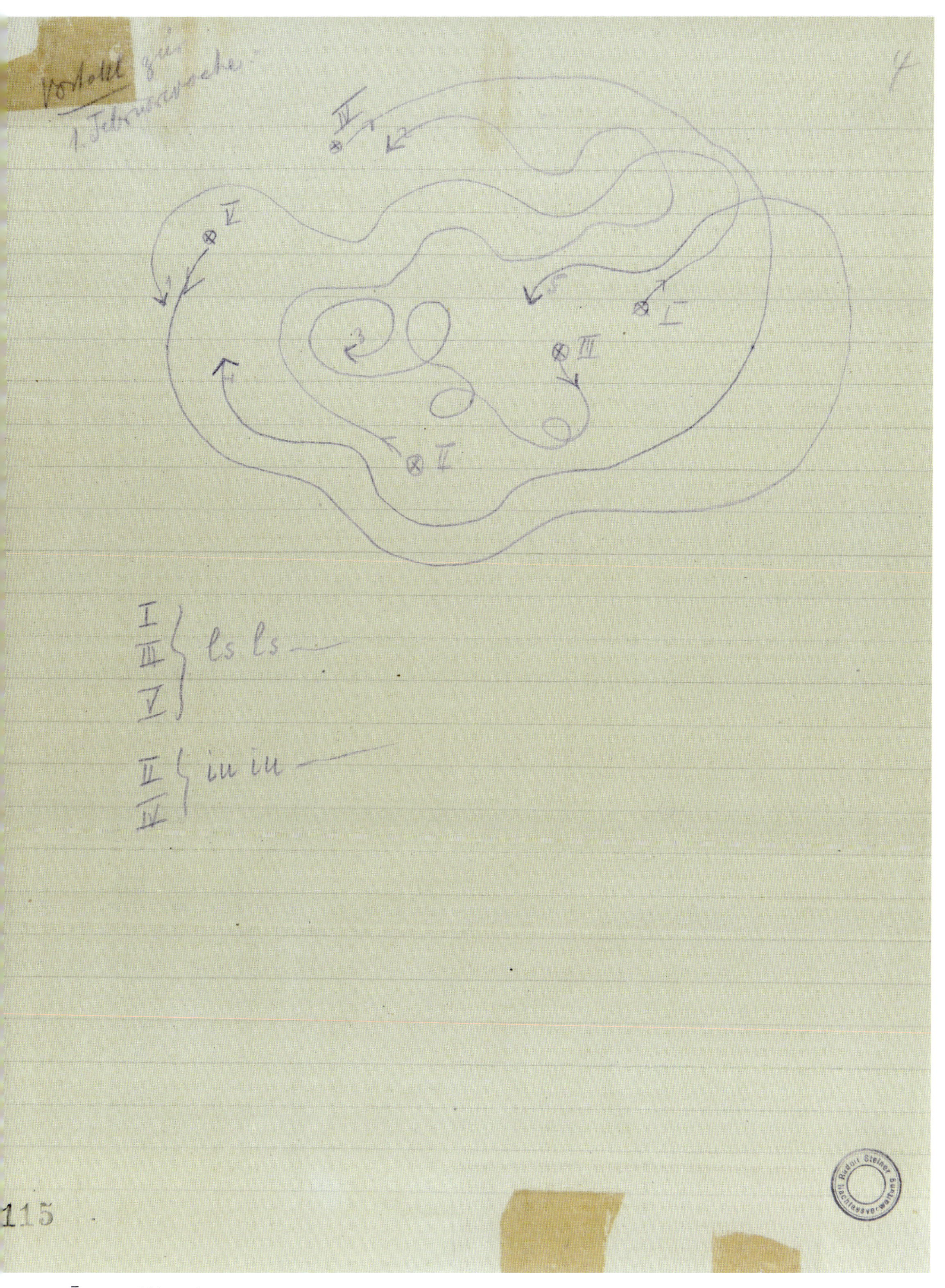
Vorstell zu
1. Februarwoche
4
IV
V
V
I
III
II
1
2
3
4
5
I
III
V
ls ls
II
IV
iu iu
115

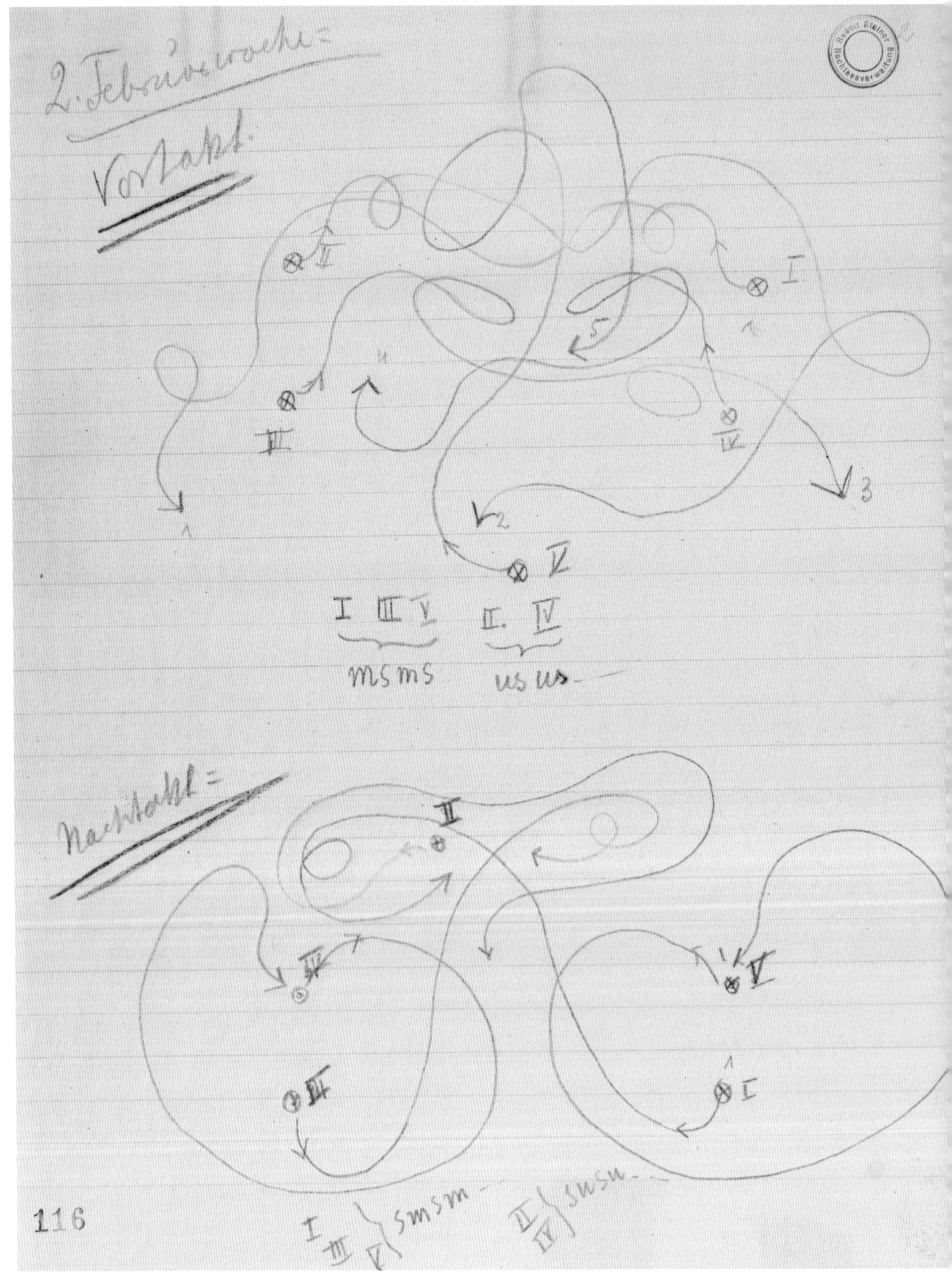
2. Februarwoche =
Vortakt.
I III V
msms
II. IV
usus
Nachtakt =
I III V
smsm
II IV
susu
116

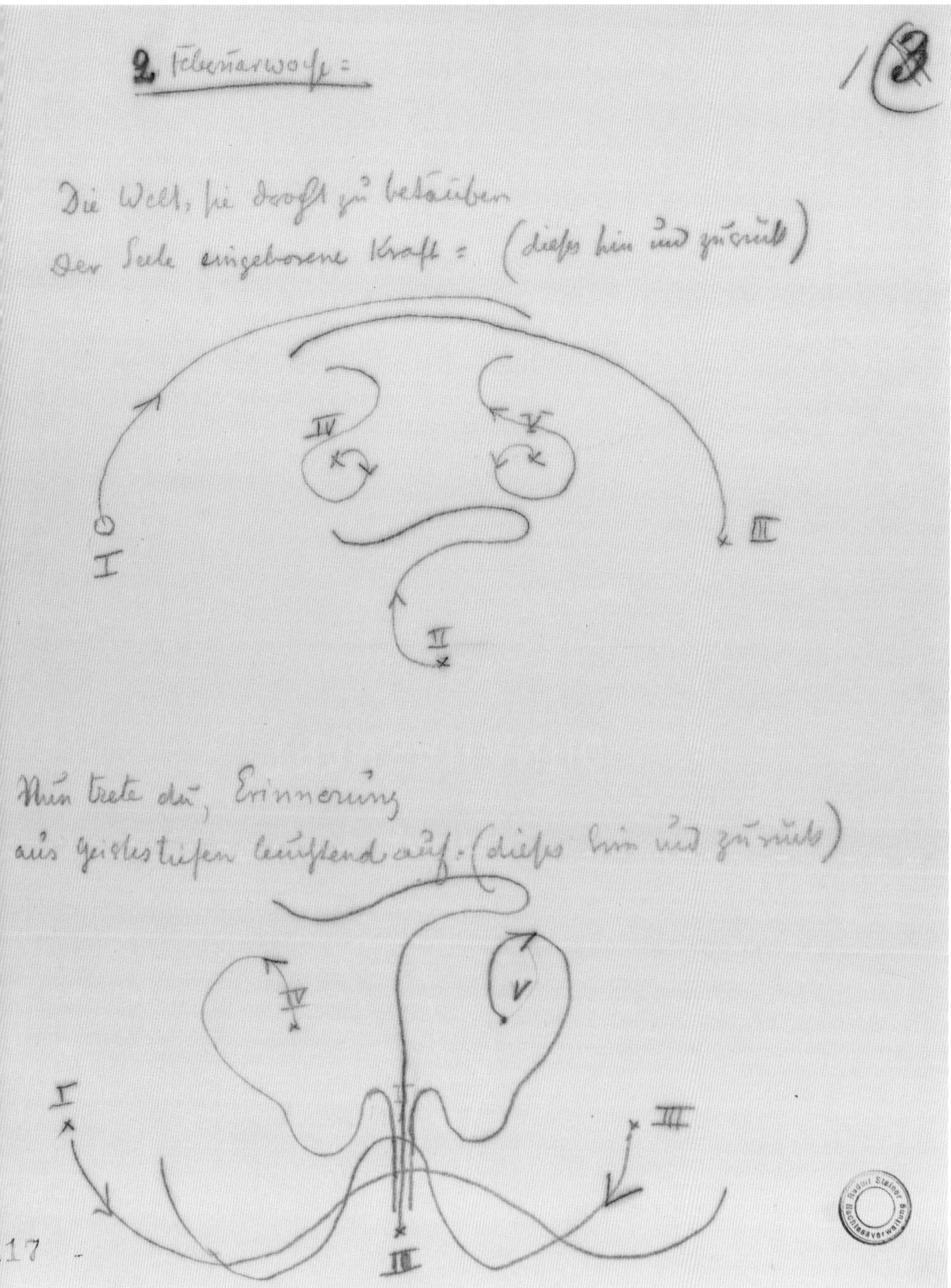
2. Februarwoche =
Die Welt, sie droht zu betäuben
Der Seele eingeborene Kraft = (dieses hin und zurück)
IV
V
I
III
II
Nun trete du, Erinnerung
aus Geistestiefen leuchtend auf. (dieses hin und zurück)
IV
V
I
III
II
117

und stärke mir das Schauen = (das folgende nur hin:)

Das nur durch Willens Kräfte
Sich selbst ergreifen kann. (das Folgende hin und zurück)

118

~~3.~~ 4. Februar-Woche:

~~Im Lichte des aus Weltenhöhen~~

Es will erstehen aus dem Weltenschoße

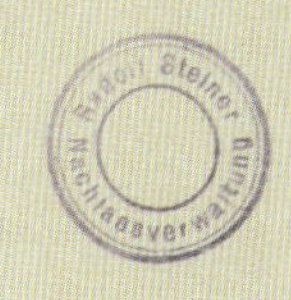

1.) Stumme Form:

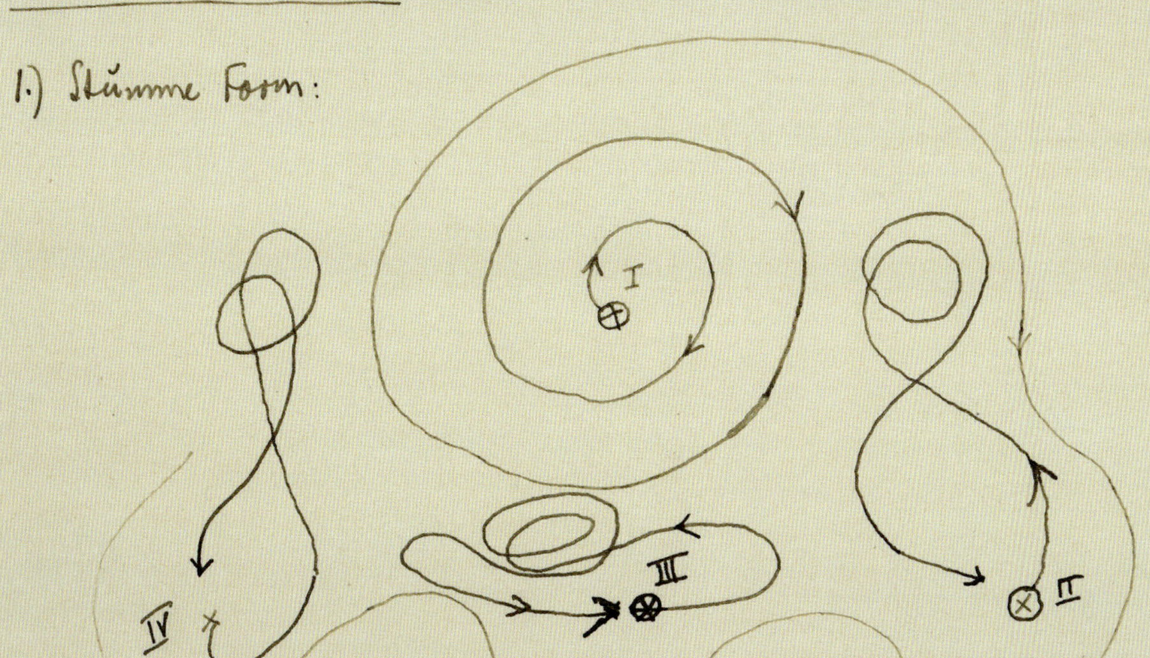

2.) Während I den ganzen Lauf einmal durchmisst, machen II III und IV ihre Läufe dreimal.

.) Dann die Sache während der ersten zwei Zeilen so, dass II III IV ihre Läufe ~~drei~~ zweimal machen und I einmal, aber so, dass mit den recitierten Worten der Lauf nicht zu Ende zu sein braucht, sondern während der Pause zwischen Zeile 2 und 3 auslaufen kann.

Dann während Zeilen 3, 4, 5 machen wieder II III IV ihre Läufe zweimal und I einmal zurück, wieder, dass es nicht zu Ende zu sein braucht mit den recitierten Worten.

3.) Dann die obige Form als stumme nach dem Spruch. Ganz wie vor demselben.

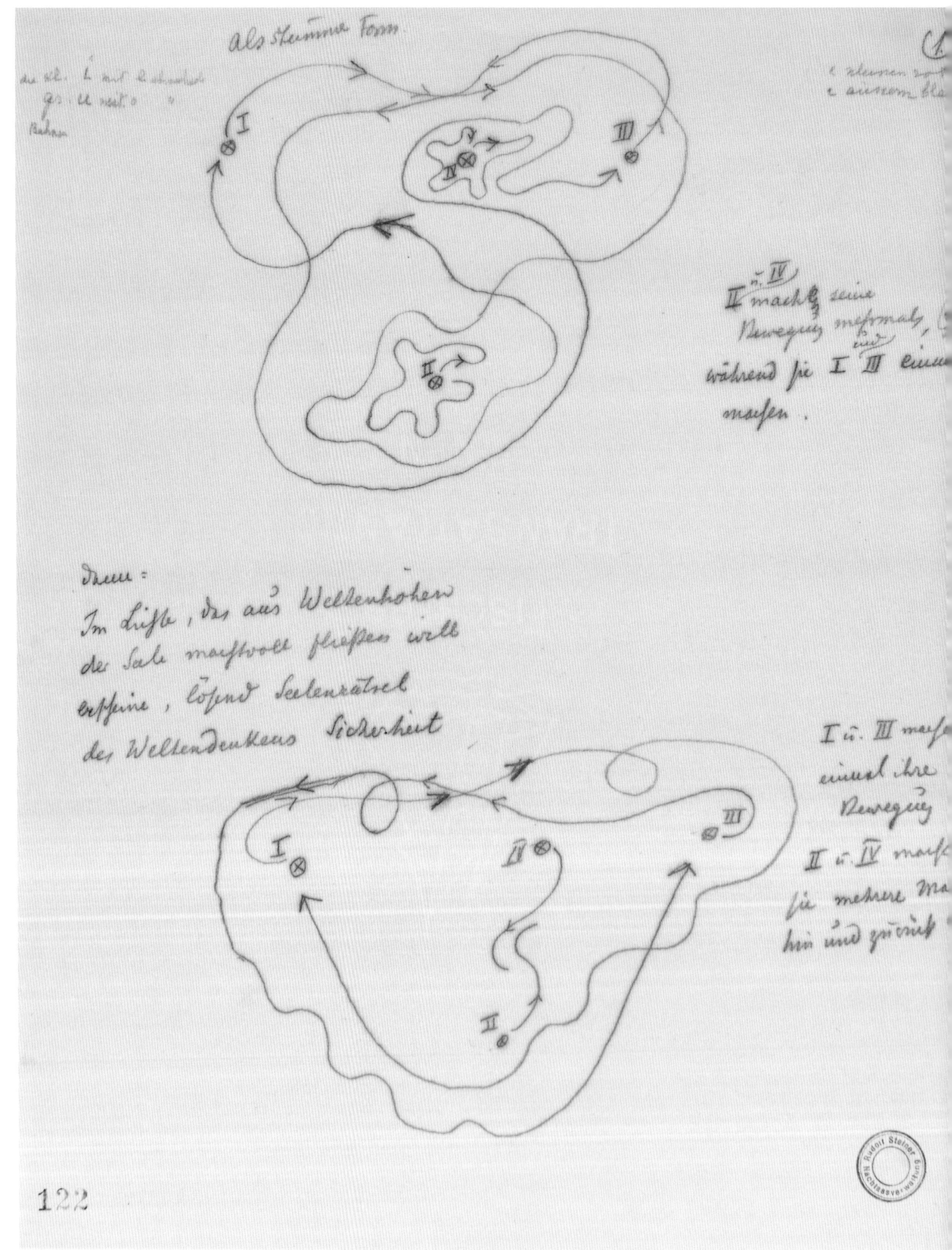
Als stumme Form
I
III
IV
II
II u. IV machen seine
Bewegung mehrmals,
während sie I und III
machen.
Dann:
Im Lichte, das aus Weltenhöhen
der Seele machtvoll fließen will
erscheine, lösend Seelenrätsel
des Weltendenkens Sicherheit
I u. III
einmal ihre
Bewegung
II u. IV
sie mehrere
hin und zurück
I
II
III
IV
122
Rudolf Steiner Nachlassverwaltung

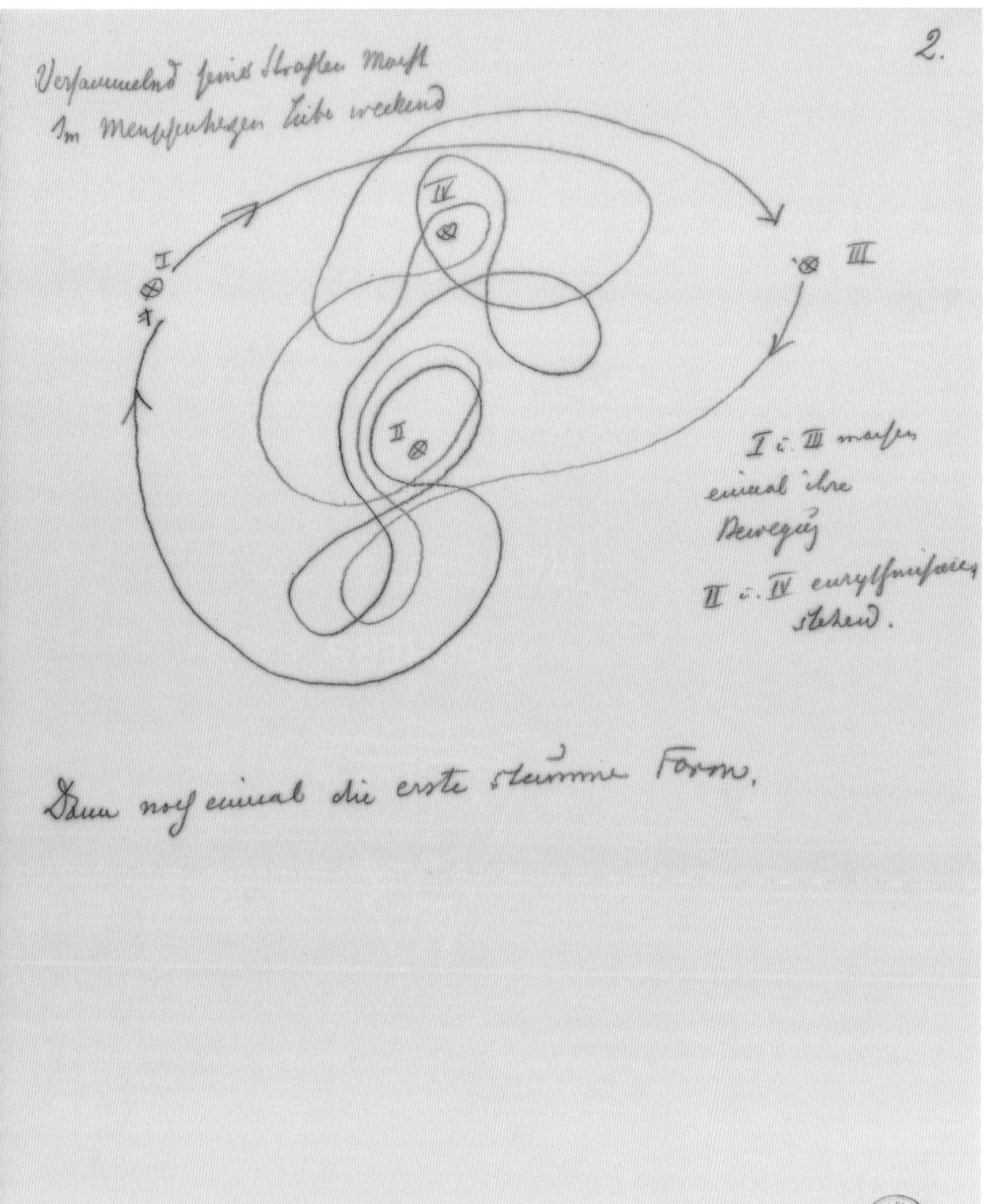
2.
Versammelnd seine Strahlen Macht
Im Menschenherzen Liebe weckend
IV
I
III
II
I u. III machen
einmal ihre
Bewegung
II u. IV eurythmisierend
stehen.
Dann noch einmal die erste stumme Form.
123

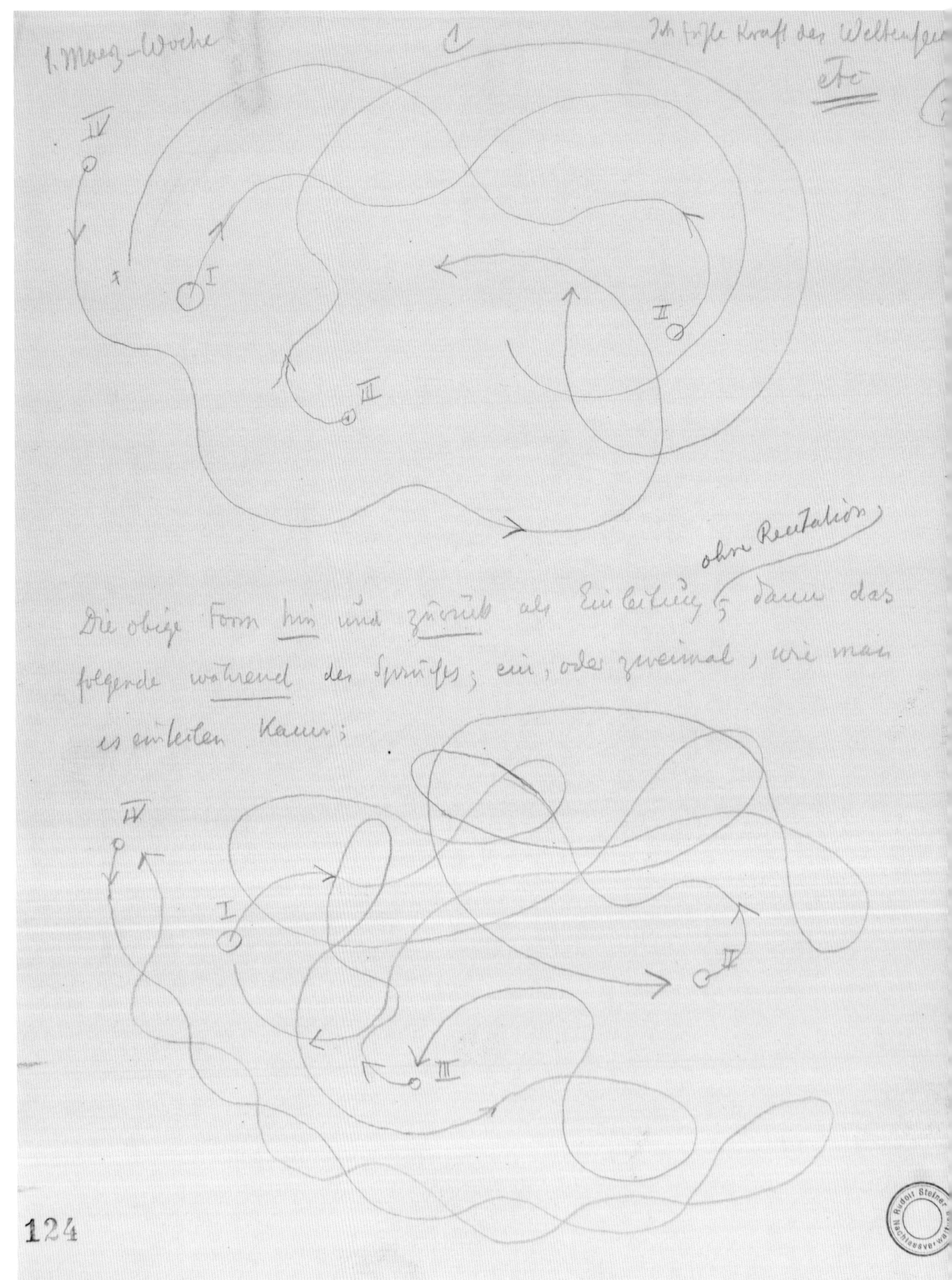
1. März-Woche
1
Ich fühle Kraft des Weltensei[ns]
etc
IV
I
II
III
Die obige Form hin und zurück als Einleitung ohne Recitation; dann das folgende während des Spruches; ein, oder zweimal, wie man es einleiten kann;
IV
I
II
III
124
Rudolf Steiner Nachlassverwaltung

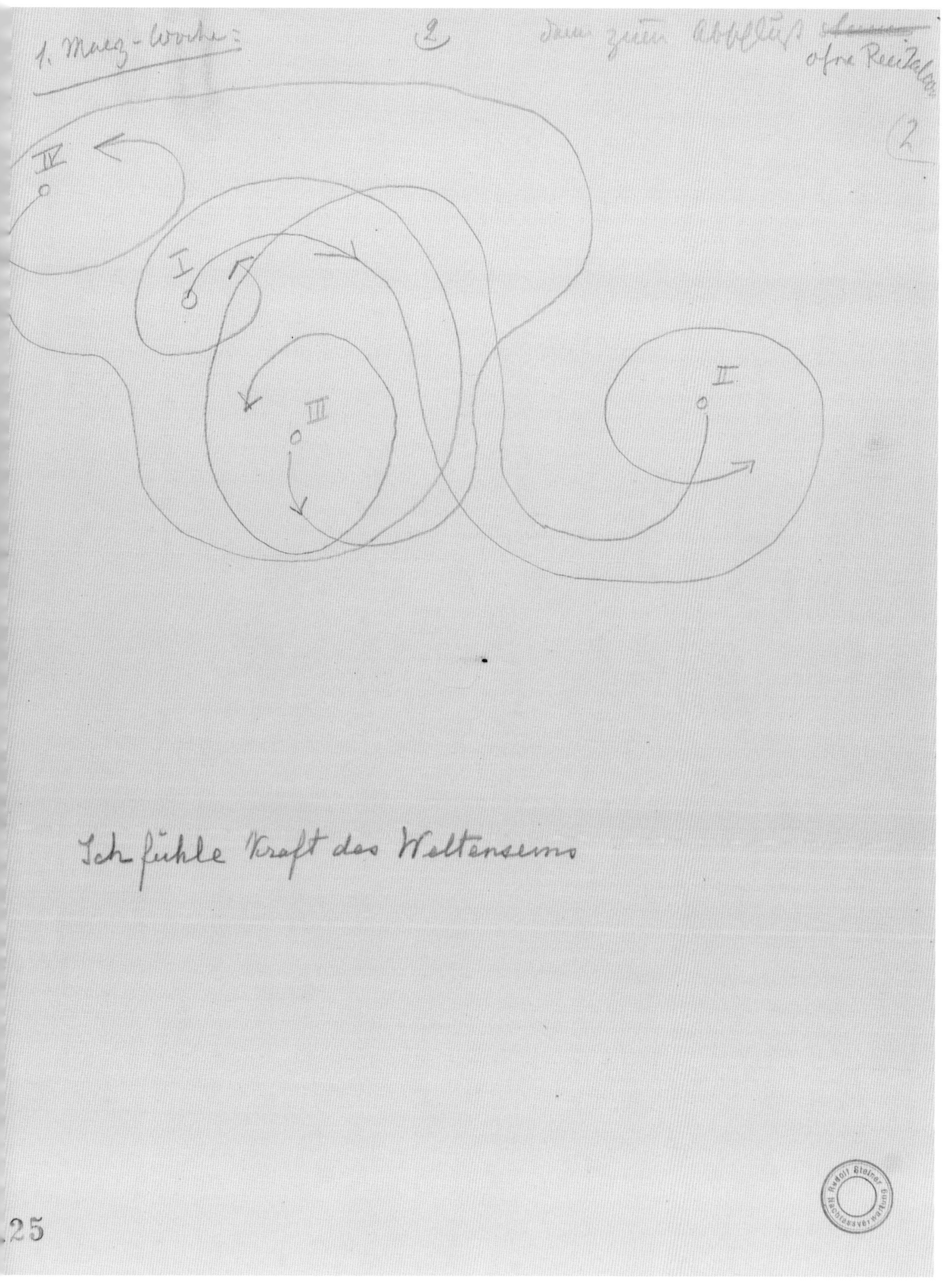
1. März-Woche:
2
IV
I
III
II
Ich fühle Kraft des Weltenseins
Rudolf Steiner Nachlassverwaltung

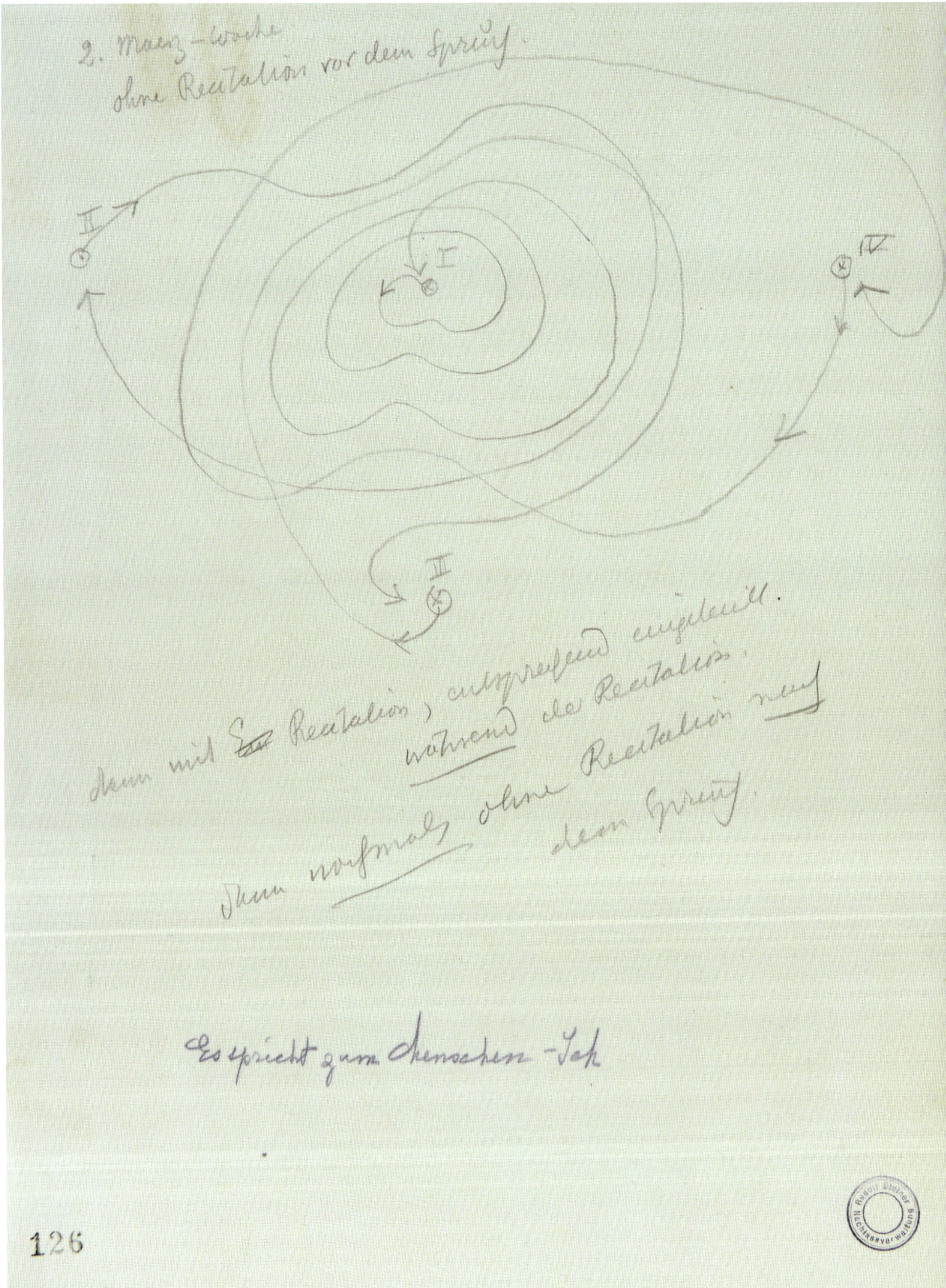

2. Maerz-Woche
ohne Recitation vor dem Spruch.

dann mit Recitation, entsprechend eingeteilt.
während der Recitation.
Dann nochmals ohne Recitation nach
dem Spruch.

Es spricht zum Menschen-Ich

126

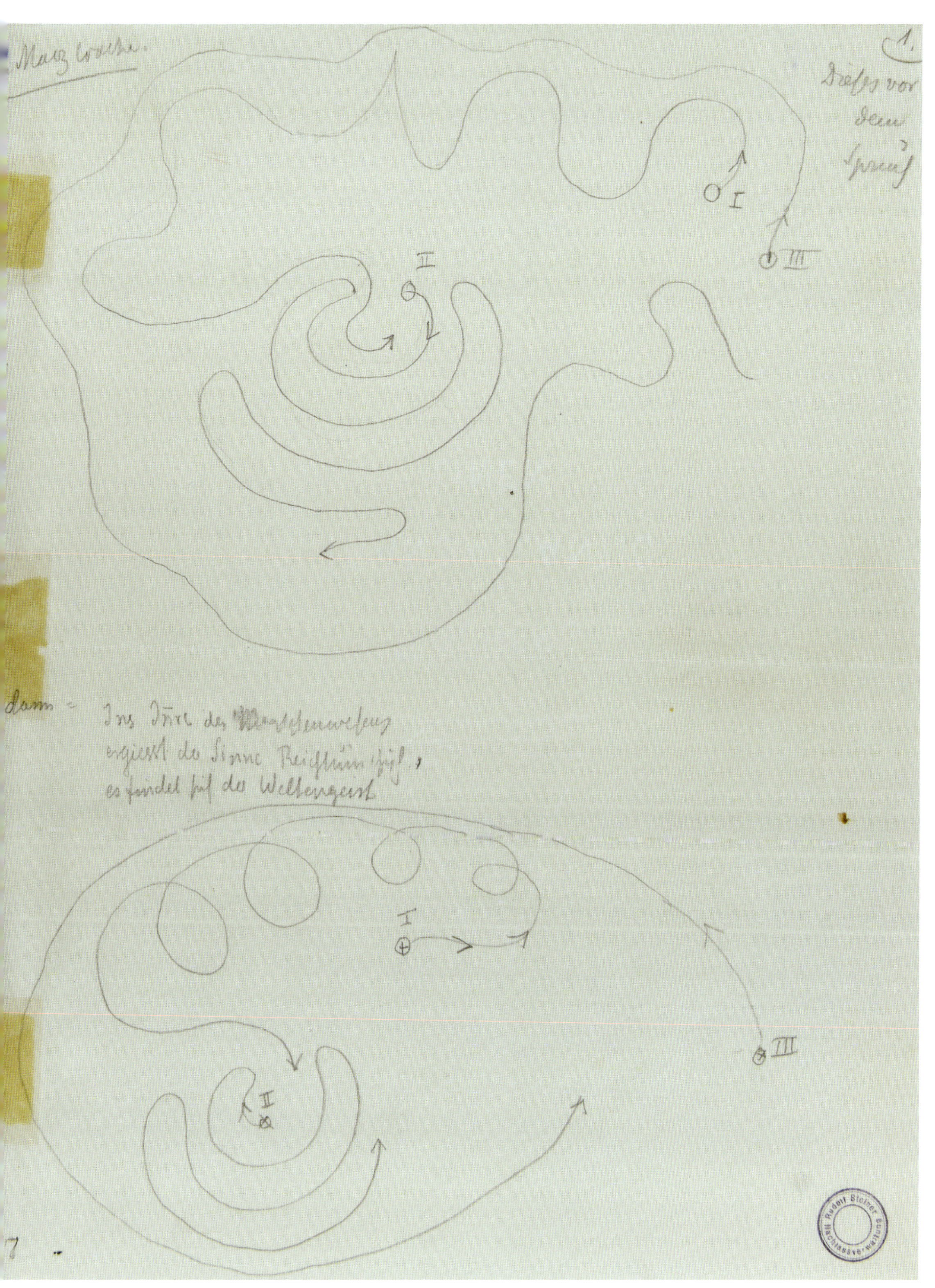

Awaiting Spring (Fifty-first Week) (I)

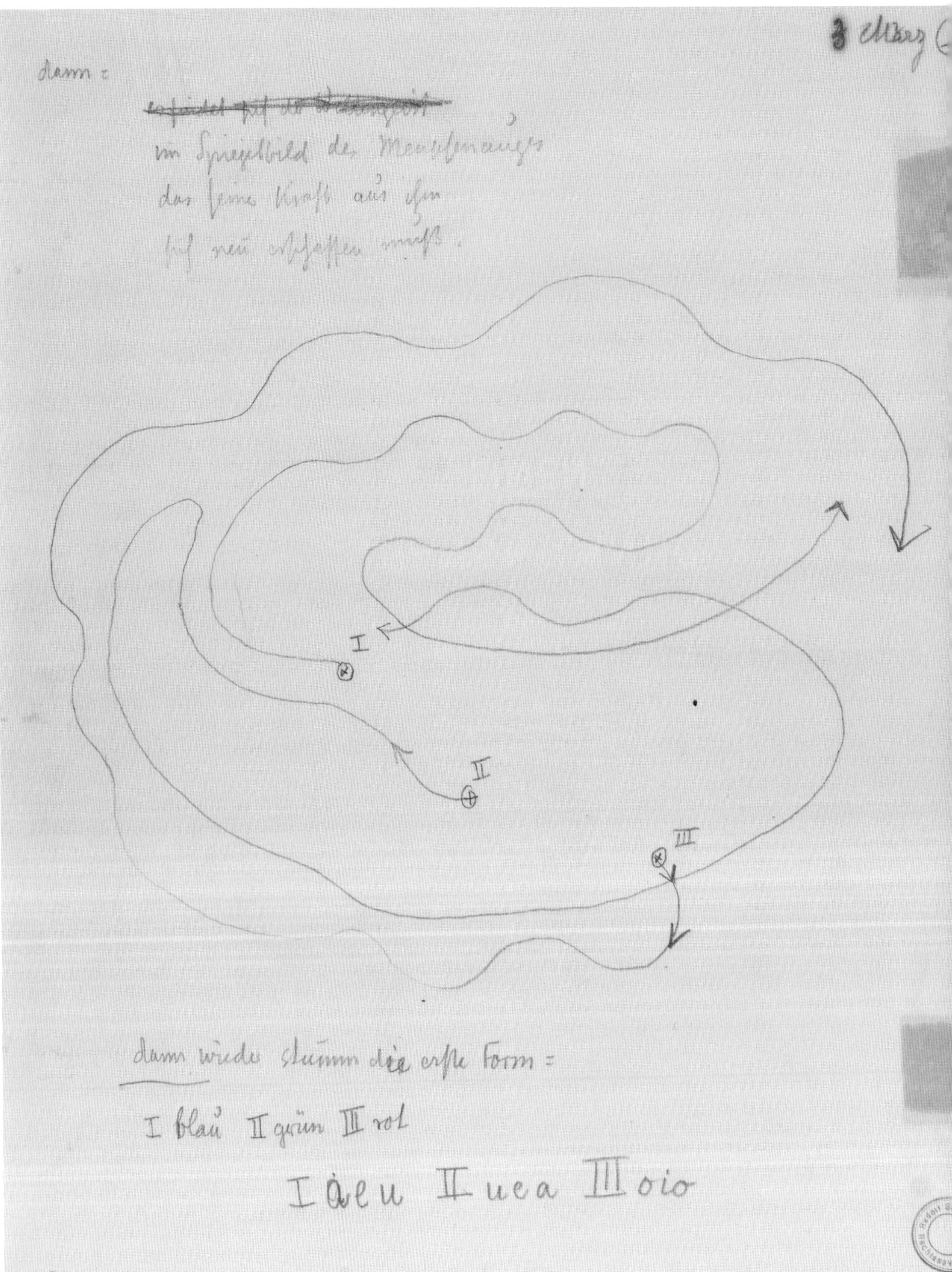
3 März (

dann =

~~[illegible]~~

im Spiegelbild des Menschenauges

das seine Kraft aus ihm

sich neu erschaffen muss.

dann wieder stumm die erste Form =

I blau II grün III rot

I aeu II uea III oio

128

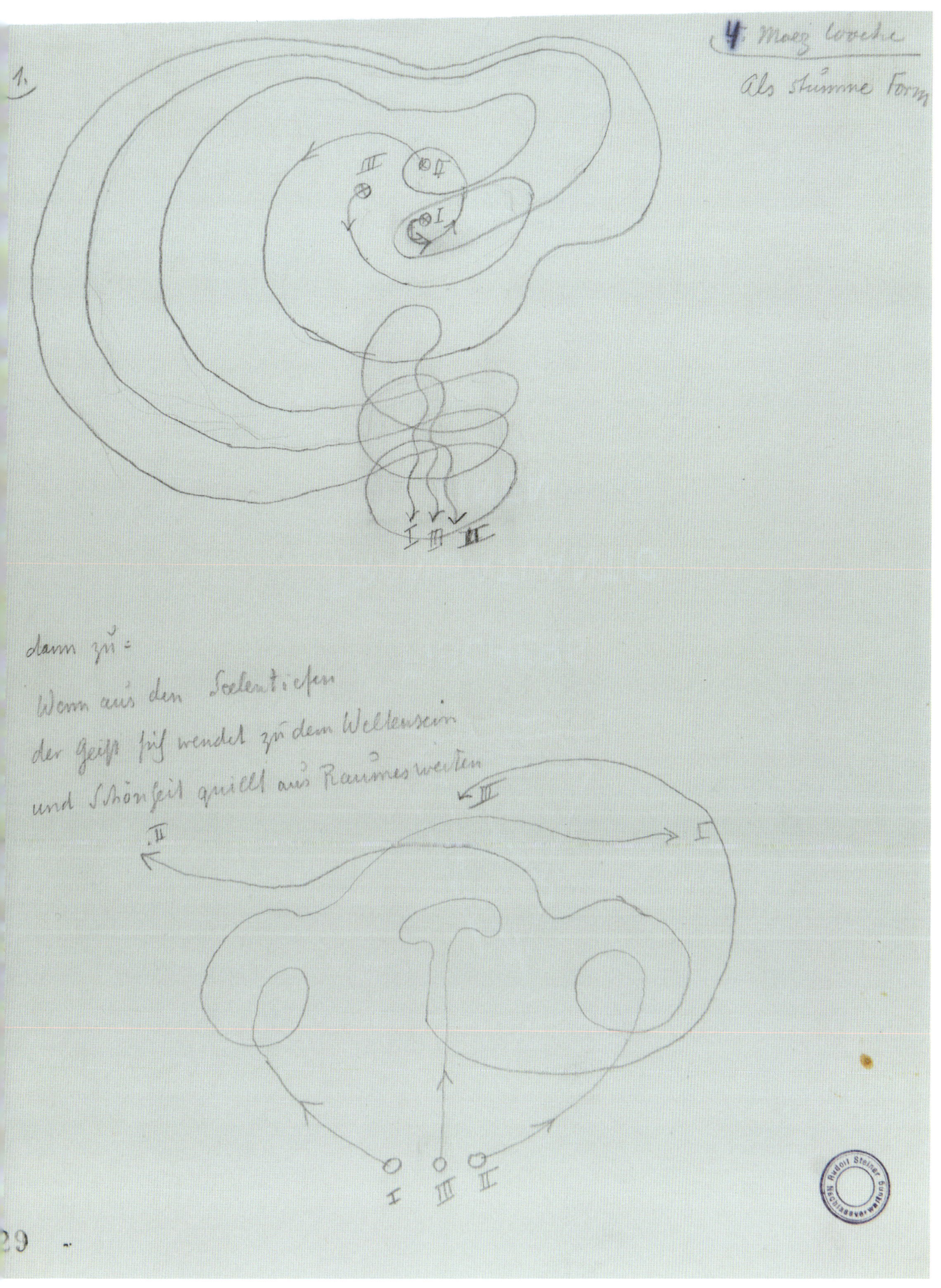
4. Märzwoche
Als stumme Form
1.
II
I
I
II
III
I III III
dann zu:
Wenn aus den Seelentiefen
der Geist sich wendet zu dem Weltensein
und Schönheit quillt aus Raumesweiten
III
II
I
I III II
Rudolf Steiner Nachlassverwaltung
29

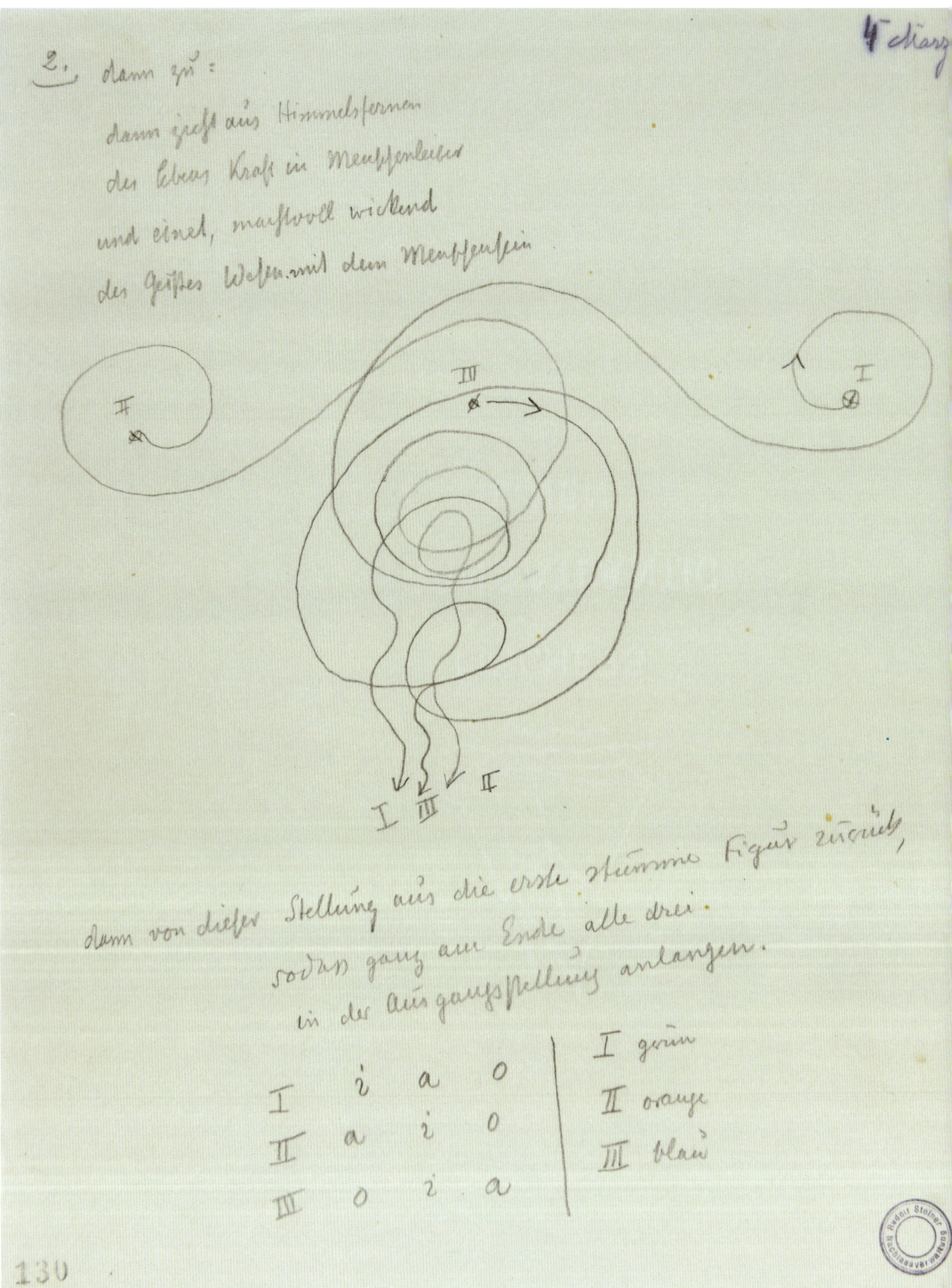
4 März
2. dann zu:
dann zieht aus Himmelsfernen
der Lebens Kraft in Menschenleiber
und eint, maßvoll wirkend
des Geistes Wesen mit dem Menschensein
III
II
I
I III II
dann von dieser Stellung aus die erste stumme Figur zurück,
sodass ganz am Ende alle drei
in der Ausgangsstellung anlangen.
I i a o
II a i o
III o i a
I grün
II orange
III blau
130
Rudolf Steiner Nachlassverwaltung

FURTHER INDICATIONS FOR THE SOUL CALENDAR FORMS

The following are indications for sounds and costumes that came about during the work on the Soul Calendar forms during Rudolf Steiner's lifetime. However, the original handwritten indications no longer exist. These indications have proven necessary for many eurythmists.

p. 21	2nd April week	I, II, II } purple — IV, V, VI } yellow I and IV = arrows at the beginning in the opposite direction
p. 22	3rd April week	I and II = line 5 and 6 switched forms; also line 7
p. 23	4th April week	III = arrow at the beginning in opposite direction
p. 24	1st May week	IV = arrow at the beginning in opposite direction
p. 29	4th May week	…, that *III* and IV begin a little later … …, *III* and IV vowels With the silent form: III and IV start their forms when I and II have moved around them With the text: II and IV only start with "Im Bunde mit der Götter Schaffen," I and II already stand with "… Zur Traumes Dumpfheit mir herab."
p. 30	4th May week	II and IV only start with the 6th line, I and II stand with the 8th line Nachtakt = silent form in the same sequence
p. 34	2nd June week	*III* = ***s i s i s*** with silent form
p. 53	4th July week	II and III = are switched in the Vortakt
p. 54	5th July week	III = arrow at the beginning in the opposite direction
p. 55	5th July week	Text = "… daß *ich Kraft* muß finden …" [line 4] II ending changed [ending of Nachtakt, I should be II]
p. 74	3rd September week	II = arrow at the beginning opposite direction
p. 76	3rd September week	s. Text = "… sollen *wachen* und *wachend* …" [confirming *wachend*, not *wachsend*]
p. 88	4th October week	2nd from: III = arrow at the beginning in opposite direction
p. 98	4th November week	s. Text = "…Altbewarte…" u. "Eigensein…" [All - Alt, Eigensinn Eigensein]
p. 100	1st December week	IV and VI = are switched in the Nachtakt
p. 104	2nd December week	IV, V, and VI = a whole lemniscate for the last line
p. 108	3rd December week	Text "…In *Welten*gründen…" [Welten instead of Menschen]
p. 111	4th December week	White dresses, yellow stoles Vortakt: VII enters first with 'W' (German) out of the center. The others somewhat later from both sides. Nachtakt: While the others leave the stage, VI remains standing in 'Ah' and then goes off as the last, in the middle exit.
p. 112	4th December week	V = form there and back (to the starting point)
p. 113	4th December week	Text = "… Es *hat* …"

p. 114–15	4th December week	from "… gezeugt das heilige Weltenwort …" [line 4] II and VII are switched, also in the Nachtakt. Enter the Vortakt with the German sound W [English V]. The sounds of the Vortakt are done three times: first, in the lower zone; the second time, the gestures rise from below upwards; the third time, all in the upper zone. With "Ich fühle..." gestures go downward and are done in the lower zone for the first two lines of the verse; V does the form there and back. In the breath, gestures go up for "Es hat...": again, the gestures are done entirely in the upper zone. After "Himmelsfrucht...": go immediately with a breath (Schwung) out into the periphery and then immediately back again: "Gottesgrund": the O with hands in front of the chest and the U narrow rising upward. Nachtakt: the sounds three times; first all above, then bringing the sounds from above downwards, then the third time in the lower zone. The exit: the middle (I) is the last to exit in A.
p. 116	5th December week	White dresses, yellow stoles [as for the fourth week of December]
p. 122	2nd January week	I red III blue } ***i u o i u o*** V green II red IV blue } ***m l m l***
p. 123	2nd January week	V slowly goes through their form once; the others, go there and back, or three times: there, back, there.
p. 124	3rd January week	The direction of IV and V are correct (parallel)
p. 128	4th January week	I light red (cinnibar) [scarlet] II karmin } ***e i e i*** V red (crimson) ***m i m i*** III indigo IV purple } ***s e s e*** V Nachtakt = arrow at the beginning in the wrong direction
p. 129	5th January week	I. Text form: V must end at the starting point
p. 133	1st February week	silent form = no indications for the sounds; presumably those of the silent form at the end or those of the Vortakt.
p. 136	2nd February week	I ***m s m s*** II } blue ***u s u s*** III ***m s m s*** IV ***u s u s*** V } red ***m s m s*** According to an earlier indication: While coming on: I, II, and III in blue and ***o*** IV, V in red and ***i***
p. 137	2nd February week	II and III Textform: only *there*
p. 137	2nd February week	Text = "… dro*het*" and "…eingebor*'ne"* [spelling clarification]
p. 138	2nd February week	Text = "… sich selbst *erhalten* kann." [word correction]
p. 139	3rd February week	I purple ***o*** II blue ***i*** III green ***a*** IV red ***e***
p. 142	1st March week	Text: the first time 4 lines, the second time 2 lines on the form
p. 143	1st March week	I II } red ***i*** going over into ***o*** III IV } blue ***o*** going over into ***i***
p. 144	2nd March week	I green ***i*** going over into ***o*** II orange ***o*** going over into ***a*** III purple ***a*** going over into ***e*** IV orange ***e*** going over into ***i*** The form can also be done twice; or: Text: Form there till "Werdelust" [lines 1–4]; Form back till the end. Nachtakt back again
Regarding the following two pages:		These two forms—preliminary steps for the 46th week—were never performed. Rudolf Steiner gave the forms printed on p. 136 instead.

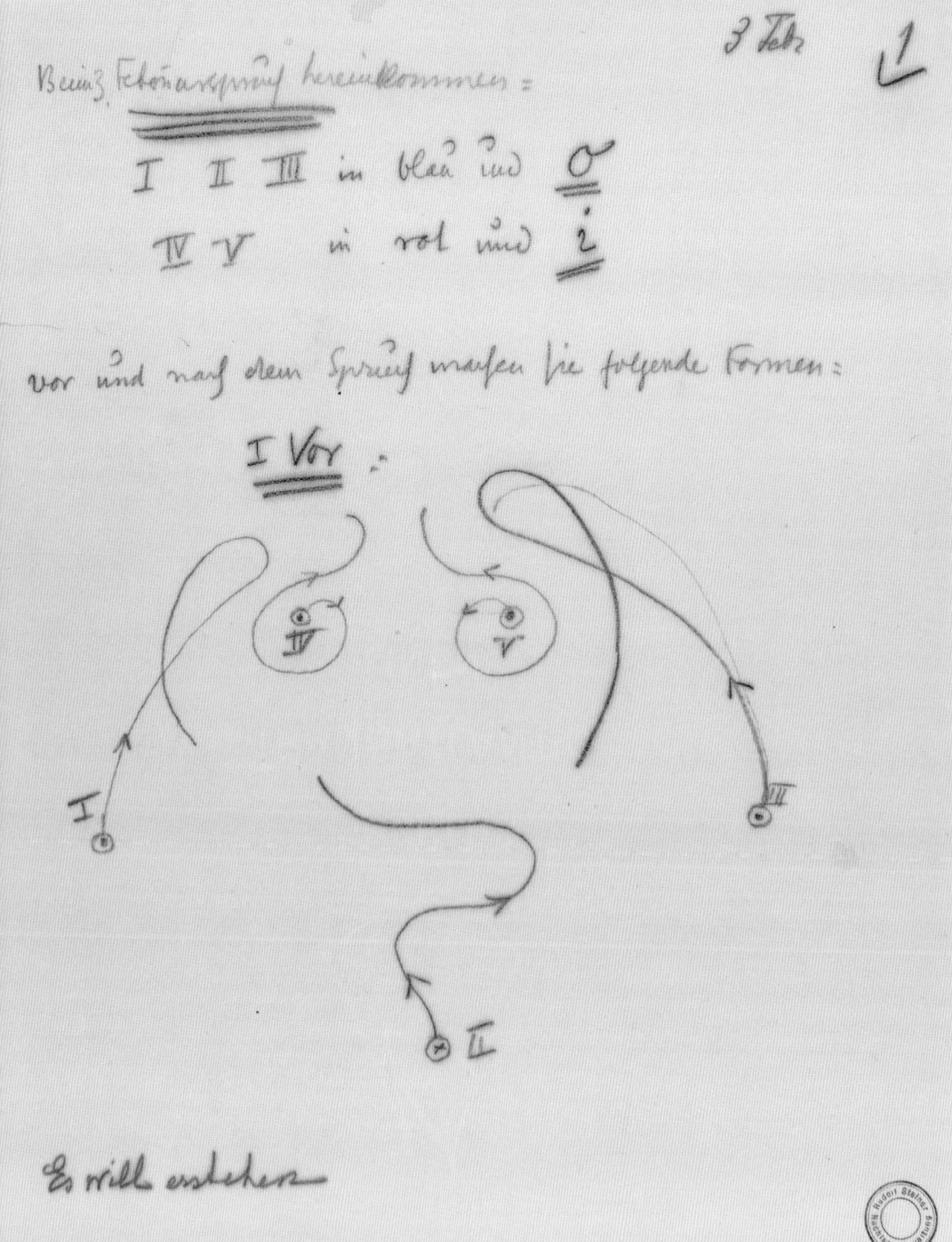
3 Febr
1
Beim Februarspruch hereinkommen:
I II III in blau und o
IV V in rot und i
vor und nach dem Spruch machen sie folgende Formen:
I Vor:
IV
V
I
III
II
Es will erstehen
119

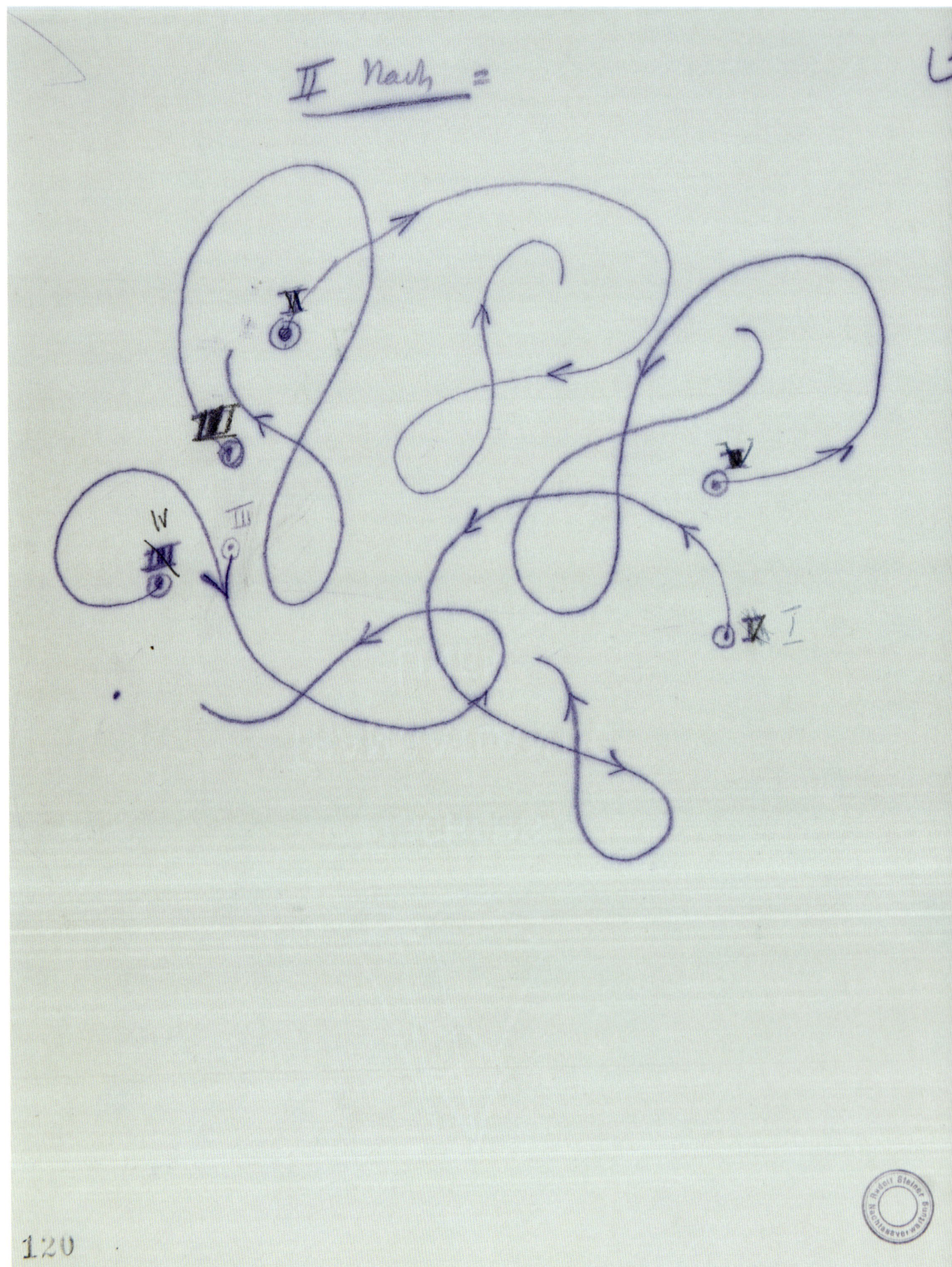

NOTES ON THE EURYTHMY FORMS

The following is a translation of the indications written down by Rudolf Steiner directly on the forms.

p. 19, Verse 1: As silent form

p. 20, Verse 1: Then the first figure there, so that at the end, all four reach the position they had at the end of the first figure

p. 21, Verse 2: At first, this silent form
(Sounds) during the silent form
IV V VI do the sounds at first in standing only, then the form above
So that already to begin with, I II III do the form, IV V VI still stand, but then in the resting position arrive at the same time
Then the same form done with IV V VI beginning later and IV V VI do vowels, while they stand as well as doing the form, I II III do consonants during their form
Then after the recitation, the first silent form again
[See page 149]

p. 22, Verse 3: Vor- and Nachtakt forms 1 and 2 each time. In the Vortakt, I and II switch places so that they arrive for the text as indicated on the form. First form [lines 1 & 2], then to the second form during [lines 3 & 4], then the first form again [lines 5 & 6], then the second form [line 7]
Then the first and second form in silence
[See page 149]

p. 23, Verse 4: At first as silent form
Then with the recitation in the corresponding division, I and II vowels, III consonants
Then again as silent form and the same sounds as to begin with
[See page 149]

p. 24, Verse 5: At first as silent form
I ***i e i***, repeated, II & III ***lis les lis*** repeated, IV ***t b t*** repeated
then with recitation in the corresponding division, I vowels, II vowels, III consonant, IV consonants, then again as silent form and same sounds as at first
[See page 149]

p. 25, Verse 6: To begin with as silent form: V does the form once through, while I II III IV do their little forms three times
Then: during the recitation [lines 1 & 2], V does the form till "A," during this time I II III IV do their form once

p. 26, Verse 6: Then: [lines 5 & 6] V finishes their form, I II III IV do their forms once
Then: [line 7] V does their form with - - - - [dotted line]
I II III IV do their form with - - - -
Then again the silent form as at the beginning
I and II do in the silent form ***i i*** in different zones, III does ***a o a o***... IV does ***u e u e...***
V does in the silent form ***l s l s***
I and II do in the silent form ***i i*** in different zones, III does ***a o a o***... IV does ***u e u e...***

p. 27, Verse 7: [Lines 1 & 2]: I and II do the given forms at the same time; III and IV stand
[Lines 3 & 4]: II stands; I and III do their forms; IV remains standing
[Lines 5 & 6]: II stands; I stands; III and IV do their forms
[Line 7]: all do their forms

p. 28, Verse 7: All that was done in the sequence with the recitation is done before and afterwards as silent form

I does: ***i u o i u o…***	I is yellow
II does: ***i l s i l s i…***	II is purple
III does: ***ei ei ei…***	III is blue
IV does: ***s t l s t l…***	IV is green

p. 29, Verse 8: This at first as silent form, but so that III (not II) and IV start a bit later than I and II [who stop earlier and then stand]
Then with the recitation the same form I and II do consonants, III and IV vowels. These begin only with the 2nd line (and with the 4th line I and II stand)
The same form during the text: [lines 1–4]
[See page 149]

p. 30, Verse 8: Then during [lines 5–8], III and IV start only on line 6; I and II stand on line 8
Then again the same form as silent, but so that III and IV begin a bit later. I and II stop a bit sooner.
Nachtakt the same form in the same sequence during the silent form:
III and IV: ***o u a o u a…***
I and II: ***l s f l s f…***

p. 31, Verse 9: Silent form: I begins; when they are at A, II begins; when I is at B, III begins, then I starts on the way —• —• —• back again to their position; II also returns back in their position and will then arrive later; III remains standing, when they arrive
Then: during the recitation the same is done and the corresponding division
Then at the end of the silent form as at the beginning
I consonants and during the silent form ***l b l b***
II vowels and during the silent form ***u a u a u a***
III consonants and during the silent form ***s p s p s p***

p. 32, Verse 10: This is with the first silent form: I ***i u o***… blue; II ***o u i***… red. Two lines for each form

p. 33, Verse 10: Then *this* ↑ [indicating the form above] form at the end three times as silent form:
I ***o u i…***
II ***i u o…***

p. 34, Verse 11: This at first as silent form:
I red, II blue, III green
I ***i s a i s a…*** II ***s a s a s…*** III ***s i s i s…***

p. 35, Verse 11: Then the above form with [lines 4–6]. If necessary, the form can be done twice.
The dotted line when repeated

p. 36, Verse 11: Then at the end *this* as silent form

p. 37, Verse 12: St. John's mood

p. 38, Verse 12: 1. The *first form* as silent introduction
2. The *first form* with [lines 1 & 2] I consonants, the others vowels
3. The *second form* with [lines 3 & 4] I consonants, the others vowels

p. 39, Verse 12: 4. The *third form* with [lines 5–7] I vowels, the others consonants
5. The *third form* as Nachtakt

p. 41–42, Verse 13: 1. As silent introduction *the first form*: I ***i u o i u o…*** II ***u o i u o i…*** III ***s l s l…***
2. The *first form* during: [lines 1 & 2] I vowels, II vowels, III consonants
3. The *second form* during: [lines 3 & 4] I vowels, II consonants, III vowels
4. The *third form* during: [lines 5 & 6] I consonants, II vowels, III vowels
5. The *third form* as silent ending [Nachtakt]: I ***s l s l…*** II ***i u o i u o…*** III ***u o i u o i…***

p. 43, Verse 14: The same for the Nachtakt
I does ***i u o i u o***, II and III do ***l s l s l s***

p. 46, Verse 15: The same for the Nachtakt
I does ***i e a i e a***, II and III do ***s l s l***

p. 50, Verse 16: Vortakt and Nachtakt on the next page

p. 52, Verse 17: Vortakt and Nachtakt on the next page

p. 53, Verse 17: [Red yellow. From a conversation with Annemarie Bäschlin: "A warm yellow, not orange. 'Warm yellow'"]
[In the Vortakt, II and III end with switched places for the text. Either one changes to the correct place and number for the text with a breath or continues with exchanged numbers. As the whole form for II and III is continuously crossing, it does not seem so important which side they are on.]

p. 55, Verse 18: Nachtakt, obviously end of II should stand II instead of I

p. 57, Verse 19: Remains standing

p. 59, Verse 20: I does his movement twice, while II and III once

p. 61, Verse 20: I does his movement twice, while II three times and III twice
III middle of page belongs to Nachtakt

p. 62, Verse 20: Also for the Nachtakt

p. 63, Verse 21: II and III do eurythmy in standing: II vowels, III consonants

p. 65, Verse 22: Vortakt to the 4th August verse

p. 67, Verse 22: Nachtakt to the 4th August verse

p. 71, Verse 24: Vortakt to the 2nd September verse

p. 72, Verse 24: Nachtakt to the 2nd September verse

p. 74, Verse 25: Line 1; III vowels, II consonants

p. 75, Verse 25: Line 4: III consonants, II vowels

p. 77, Verse 25: Nachtakt to 3rd week of September

p. 78, Verse 26: IV standing vowels, V standing consonants

p. 80, Verse 26: Nachtakt to 4th week of September

p. 82, Verse 27: Then the Nachtakt the same as the Vortakt

p. 84, Verse 28: Nachtakt exactly the same as Vortakt

p. 85, Verse 29: I begins somewhat later than II and III

p. 86, Verse 29: Nachtakt is now the same as Vortakt

p. 87, Verse 30: I and III start first, then II and IV come later
II and IV do consonants in standing

p. 88, Verse 30: I remains standing
III remains standing
Both do vowels

p. 89, Verse 30: I does vowels, the other consonants
Then comes the Nachtakt same as Vortakt

p. 90, Verse 31: III and IV start only later
I and II stand and do consonants

p. 91, Verse 31: III and IV remain standing and do vowels
Nachtakt as Vortakt

p. 92, Verse 32: Silent form
III remains standing
I vowels, II vowels and consonants, III consonants

p. 93, Verse 32: Silent form
II remains standing

p. 94, Verse 33: Vortakt to 3rd week of November
In Vortakt and Nachtakt

p. 97, Verse 34: Vortakt to 4th week of November

p. 100, Verse 35: First week of December Vortakt

p. 101, Verse 35: First December: weekly verse, 1–7 December

p. 102, Verse 35: [line 5, III retraces silently; line 6, II retraces silently; at the end of the text, I retraces silently for the beginning of the Nachtakt]

p. 104, Verse 36: Line 1: I II III to A B C the middle IV V VI stand doing eurythmy
Line 2: I II III back to starting position, IV V VI move half way
Line 3: I II III again to A B C, IV V VI move the second half of the way
Line 4: I II III back to starting position, IV V VI move in the opposite direction the second half of the way
Line 5: I II III in opposite direction to A B C, IV V VI on to the starting position
Line 6: II III back to original position, IV V VI in the first direction, half of the way
[We did a whole lemniscate, not what is written.]

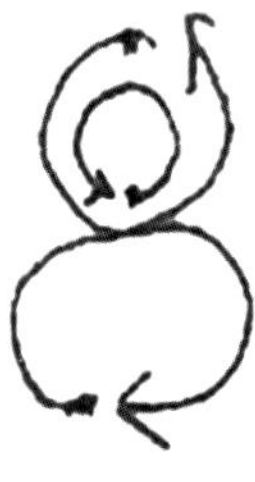

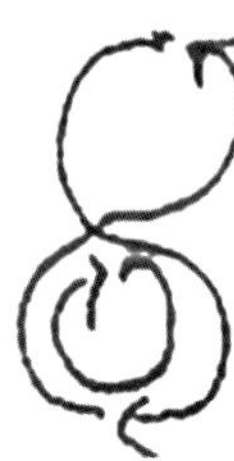

[Difference in size for clarification only]

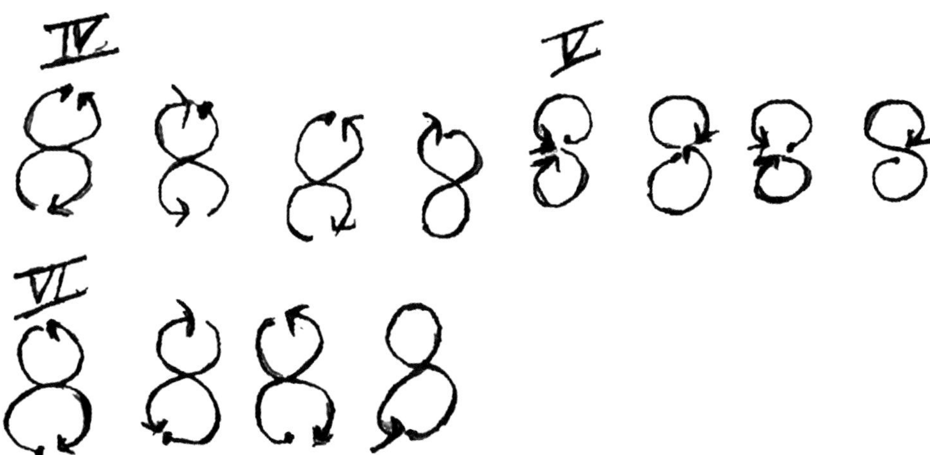

[It is unclear what the dotted lines mean, other than to indicate relative positions or relationships.]

p. 106, Verse 37: All seven enter to their place—then they remain standing, [all] who have come to the end of the Vortakt until it is their turn.

These letters [sounds] during the Vortkakt and then while standing they accompany

I III V VII consonants, II IV VI vowels

p. 107, Verse 37: II remains standing during the first line

I remains standing during the second line

I and II remain standing during the third line

III remains standing during the first four lines

IV and V move during the third line and remain standing during the fourth line

p. 108, Verse 37: That is for 1 & 2 to do.

Now 1 2 4 5 remain standing till the end and 3, 6, 7 do the following movement

[See p. 149]

p. 111, Verse 38: [See p. 148]

p. 112, Verse 38: White [dresses] and yellow stoles with yoke on top

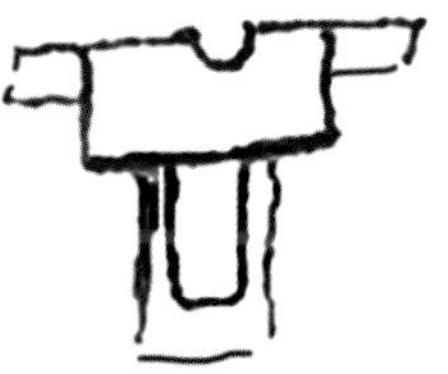

NOTES FOR THE 38TH WEEK

Indications given by Rudolf Steiner, published in Book III of the lighting and costume indications for speech eurythmy.

The following notes were collected in the 1960s and performed till at least 1990 at the Goetheanum, given to us "young ones" mainly through Friedel Thomas, confirmed by Lory Maier-Smits and Ilona Schubert. [I received them from Ute Medebach, who had them from Anke Drescher-Puffpaff, 2022.]

Entrance: Christmas mood: coming in for the Vortakt in W. [7 comes on with Aries (German W) from the center curtain. The others come on with W, all end together in Aries.] The first appearance is that of a Gestalt coming from the spirit realm, after 2000 years the others enter the stream.
The front ones
The back ones [Marie Steiner]
[See p. 14]

Today we live in a time when the traditions need to be enlivened through our understanding—that applies to the practicing eurythmists. Here only a brief example: In the eurythmy Zodiac, W is designated "event" (*Ereignis*)—the event of all events, the Mystery of Golgotha, is introduced through the birth of the Nathan Jesus.

Vortakt: The sounds of the Vortakt three times: to begin with in the lower zone, the second time do the sounds going up, the third time, above with "I feel." With the in-winding spiral, the three sounds in the lower zone in inwardness, the last sound of the turning point and gently go into the knees (past.) An evolutionary spiral, a stream from the past, dies out (*versiegt,*) the mighty impulse of the future takes hold of us. Second sound sequence: with a strong upward impulse, wind out of the spiral, swing over to the loops (quickly,) then the sounds all the way up and fade away to the beginning positions for the text. Another way of expressing the Vortakt and inwardness, out of the cosmos: that the pure soul untouched by Lucifer and Ahriman, the archetypal Adam soul leads the immense impulse through the deed of Christ for the future of the earth and cosmos (spiraling out, transition, loops.)

Text: Take note: Line 1, 5 does their form there and back. The first and second lines of the text, down. In the pause, upwards—the sounds up above.

Lines 1 and 2: Sounds down, with "I feel" direct downwards

Line 3: Sounds up. Anticipate the impersonal "Es" [English version "it" in the fourth line.]

After "in heart-high gladness" (*Herzenhelligkeit*) the numbers are switched, everyone carries on from where they landed.

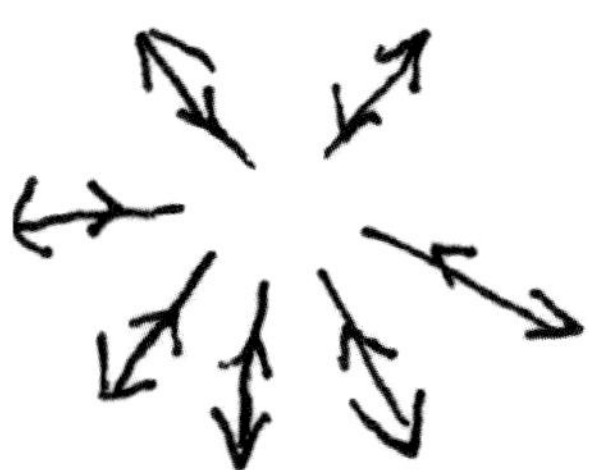

After "heaven's fruit," a breath out towards the periphery and come back immediately: "God's ground" hands in O in front of the chest and U narrow going upwards, going up on the toes. Then breath to the Nachtakt places.

Nachtakt: The sound sequence in the upper zone with loops. The sound sequence in the lower zone, calmly fading away.

Exit: The "Ah" represents the human being in their highest attainment (*Vollendung*) through all time till the distant future. I remains standing, the others go off in "Ah." Then I goes off with "Ah" from below rising all the way up: Center back!

Friedel Thomas practiced the text with the following soul gestures:

Lines 1 and 2: Inwardness
Line 3: Happy, light
Line 4: Communication, solemnity. Expand to the periphery and back again to the next place
Line 5: Hope, fulfillment
Line 6: Call
Line 7: Devotion 'Ich schaue auf'

Lighting indications, Book III, page 402: (Christmas mood – the last in "Ah") come in – heavenly fruit – exit [?]. Coming on: VII appears with "W" [German W] from the center back and moves to the starting place for the Vortakt. The others come on somewhat later with "W."

To the sounds: They have a connection to the threefold human being:
Movement: I yellow above – S: thought, head
Movement: E green middle – M: balance, breast
Movement: U blue below – N: destiny, feet

Coming together (*Zusammenklang*):

I and S:	Mercury staff	the Savior spirit
E and M:	Heart space	Redeemer soul
U and N:	support through	the body

NOTES ON THE EURYTHMY FORMS (*continued*)

p. 114, Verse 38: Place the pentagram symmetrically

p. 115, Verse 38: Soul gesture hope

p. 121, Verse 40: During the five lines, the four figures do the four lines so that they *start together* and arrive together at the end position; the ending position coincides with the beginning position.

p. 123, Verse 41: [The top form was a first attempt; the bottom is correct. See page 150]

p. 124, Verse 42: First, I II III do their movement there [*hin und zurück*, there and back (retrace)]; during this time IV and V stand, then IV and V move and I II III retrace [their form]; then IV and V retrace their movement while I, II, and III remain standing.

[I red II brown III red IV & V green]

p. 125, Verse 42: First II IV V do their movement, then they stand while I and III do their movement. Then II IV V retrace their movement, while I and III remain standing.

p. 126, Verse 42: During lines 1 and 2: I, II, and III do their movement, IV and V stand doing eurythmy

During lines 3 and 4: I and III stand doing eurythmy, II retraces the movement, IV and V do their movement there.

During lines 5 and 6: I and III retrace their movement, II does eurythmy in standing, IV and V retrace their movement

p. 127, Verse 43: [I scarlet red, II crimson, III indigo, IV violet, V purple[*]]

[See page 150]

p. 129, Verse 44: gray

← or →

brown

1 and 2 stand doing eurythmy

p. 132, Verse 45: I II III – orange, come in ***i***; IV V – blue come in ***e*** [Marie Steiner]

p. 133, Verse 45: [silent form, with Lea van der Pals, we did ***l*** 3 times]

p. 134, Verse 45: Then silent form

p. 136, Verse 46: [see p. 150]

p. 137, Verse 46: II bottom form only there!

p. 138, Verse 46: (the following only there)

(the following there and back)

III and IV, I and V, adjust the end of the retracing in order to do the correct places for the Nachtakt

p. 139, Verse 47:

1. Silent form: While I does the whole *once*, II, III, and IV do their form *three* times.
2. Then during the first *two* lines, II, III, and IV do their forms *twice* and I *once*, but when the recitation stops, with a pause between lines 2 and 3, I can complete the form [*auslaufen - flow out, trickle away*.] Then during lines 3, 4, and 5, II, III, and IV do their forms twice, I *once retracing*, again they need not have arrived at the end of the recitation.

---

* [Deep crimson tending towards blue is how Annemarie Bäschlin described it. The dictionary gives purple which is incorrect.]

3. Then the above form silently after the verse. Exactly the same as *before* it.

[I retraces the form, II, III, and IV do not, but always do the form ‘there,’ not ‘back’]

[See page 150]

p. 140, Verse 48: The small ones ***i*** with ***e*** alternating — two small ones red

The big ones ***u*** with ***o*** alternating — two outer ones blue

II and IV do their movement many times (4 to 5x) while I and III do their form once

I and III do their movement once, II and IV do theirs many times there and back (6x)

p. 141, Verse 48: I and III do their movement once, II and IV do eurythmy standing

Then once more the first silent form

p. 142, Verse 49: The above form there and back as introduction without recitation; then the following *during* the verse; once or twice, how one can [best] divide it.

p. 143, Verse 49: Then as a closing without recitation

[See page 15]

p. 144, Verse 50: Without recitation before the verse

Then with recitation, divided accordingly *during* the recitation

Then *again* without recitation *after* the verse.

[See page 150]

p. 145, Verse 51: This before the verse

p. 146, Verse 51: Then again the first form

p. 147, Verse 52: As silent form

Then to [text follows]

p. 148, Verse 52: Then from this position back into the first silent form, so that at the end all three arrive at their original places.

VEIL COLOR INDICATIONS

Verse number*	Letter	Number of people	Colors (*white dresses throughout*)
1	A	4	I mauve, II green, III dark blue, IV red
2	B	6	I, II, & III purple; IV, V, & VI yellow
3	C	4	I red, II blue, III green, IV mauve
4	D	3	I yellow, II red, III green
5	E	4	I white, II yellow, III red, IV blue
6	F	5	I & II green, III & IV purple, V red
7	G	4	I yellow, II purple, III blue, IV green
8	H	4	I & II green, III & IV red
9	I	3	I blue, II red, III green
10	K	2	I blue, II red
11	L	3	I red, II blue, III green
12	St. John's Tide	3	I green, II purple, III red
13	M	3	I red, II mauve, III green
14	N	3	I red, II & III blue
15	O	3	I yellow, II & III purple
16	P	3	I mauve, II green, III red
17	Q	3	I green, II mauve, III red yellow
18	R	3	I red, II yellow, III blue
19	S	3	I red, II blue, III green
20	T	3	I red, II green, III blue
21	U	3	I red, II blue, III green
22	V	4	I red, II green, III blue, IV yellow
23	W	4	I red, II green, III orange, IV purple
24	X	3	I green, II blue, III red
25	Y	3	I blue, II purple, III red
26	Z	5	I green, II red, III mauve, IV orange, V blue

27	Ā	3	I reddish, II green, III yellow
28	B̄	3	I mauve, II orange, III red
29	C̄	3	I blue, II red, III yellow
30	D̄	4	I purple, II red, III green, IV orange
31	Ē	4	I purple, II orange, III blue, IV yellow
32	F̄	3	I green, II yellow, III red
33	Ḡ	4	I & IV gray, II yellow, III blue
34	H̄	4	I & IV red, II & III purple
35	Ī	6	I purple, II indigo, III blue, IV green, V orange, VI red
36	K̄	6	I & IV red, II & V green, III & VI blue
37	L̄	7	I indigo, II blue, III yellow, IV & V orange, VI & VII white
38	M̄	7	All yellow stoles
39	N̄	7	All yellow stoles
40	Ō	4	I yellow, II mauve, III green, IV red
41	P̄	5	I & II red, III & IV blue, V green
42	Q̄	5	I & II red*, II blue*, IV & V green*
43	R̄	5	I light red, II red, III indigo, IV purple, V red
44	S̄	6	I & II gray or brown, II & VI green, IV & V red
45	T̄	5	I, II, & III orange; IV & V blue
46	Ū	5	I, II, & III blue; IV & V red
47	V̄	4	I purple, II blue, III green, IV red
48	W̄	4	I & III blue, II & IV red
49	X̄	4	I & II red, III & IV blue
50	Ȳ	4	I green, II & IV orange, III purple
51	Awaiting Spring	3	I blue, II green, III red
52	Z̄	3	I green, II orange, III blue

Verses with forms for:	1 verse for 2	16 verses for 4	4 verses for 6
	21 verses for 3	7 verses for 5	3 verses for 7

[* From the lighting book]

RUDOLF STEINER

VERSES OF THE ANTHROPOSOPHICAL SOUL CALENDAR

translated by Ruth and Hans Pusch

The following pages contain an English translation of *The Anthroposophical Soul Calendar*, presented in the same format as the German found on pp. 11–17 minus the lighting indications. Because of differences between the orginal and the translated text, it is best to determine lighting on a case by case basis with reference to the indications for the German.

Spring

1 A *Easter Verse*

When out of world-wide spaces
The sun speaks to the human mind,
And gladness from the depths of soul
Becomes, in seeing, one with light,
Then rising from the sheath of self,
Thoughts soar to distances of space
And dimly bind
The human being to the spirit's life.

2 B *Second Week*

Out in the sense-world's glory
The power of thought gives up its separate being,
And spirit worlds discover
Again their human offspring,
Who germinates in them
But in itself must find
The fruit of soul

3 C *Third Week*

Thus to the World-All speaks,
In self-forgetfulness
And mindful of its primal state,
The growing human I:
In you, if I can free myself
From fetters of my selfhood,
I fathom my essential being.

4 D *Fourth Week*

I sense a kindred nature to my own:
Thus speaks perceptive feeling
As in the sun-illumined world
It merges with the floods of light;
To thinking's clarity
My feeling would give warmth
And firmly bind as one
The human being and the world.

5 E *Fifth Week*

Within the light that out of spirit depths
Weaves germinating power into space
And manifests the gods' creative work:
Within its shine, the soul's true being
Is widened into worldwide life
And resurrected
From narrow selfhood's inner power.

6 F *Sixth Week*

There has arisen from its narrow limits
My self and finds itself
As revelation of all worlds
Within the sway of time and space;
The world, as archetype divine,
Displays to me at every turn
The truth of my own likeness.

7 G *Seventh Week*

My self is threatening to fly forth,
Lured strongly by the world's enticing light.
Come forth, prophetic feeling,
Take up with strength your rightful task:
Replace in me the power of thought
Which in the senses' glory
Would gladly lose itself.

8 H *Eighth Week*

The senses' might grows strong
United with the gods' creative work;
It presses down my power of thinking
Into a dreamlike dullness.
When godly being
Desires union with my soul,
Must human thinking
In quiet dream-life rest content.

9 I *Ninth Week*

When I forget the narrow will of self,
The cosmic warmth that heralds summer's glory
Fills all my soul and spirit;
To lose myself in light
Is the command of spirit vision
And intuition tells me strongly:
O lose yourself to find yourself.

10 K *Tenth Week*

To summer's radiant heights
The sun in shining majesty ascends;
It takes my human feeling
Into its own wide realms of space.
Within my inner being stirs
Presentiment which heralds dimly,
You shall in future know:
A godly being now touched you.

11 L *Eleventh Week* (O)*

In this the sun's high hour it rests
With you to understand these words of wisdom:
Surrendered to the beauty of the world,
Be stirred with new-enlivened feeling;
The human I can lose itself
And find itself within the cosmic I.

* [Compare with note on p. 16]

12 *St. John's Tide* (O)

The radiant beauty of the world
Compels my inmost soul to free
God-given powers of my nature
That they may soar into the cosmos,
To take wing from myself
And trustingly to seek myself
In cosmic light and cosmic warmth.

13 M *Thirteenth Week*

And when I live in senses' heights,
There flames up deep within my soul
Out of the spirit's fiery worlds
The gods' own word of truth:
In spirit sources seek expectantly
To find your spirit kinship.

Summer

14 N *Fourteenth Week*

Surrendering to senses' revelation
I lost the drive of my own being,
And dreamlike thinking seemed
To daze and rob me of my self.
Yet quickening there draws near
In sense appearance cosmic thinking.

15 O *Fifteenth Week*

I feel enchanted weaving
Of spirit within outer glory.
In dullness of the senses
It has enwrapt my being
In order to bestow the strength
Which in its narrow bounds my I
Is powerless to give itself.

16 P *Sixteenth Week*

To bear in inward keeping spirit bounty
Is stern command of my prophetic feeling,
That ripened gifts divine
Maturing in the depths of soul
To selfhood bring their fruits.

17 Q *Seventeenth Week*

Thus speaks the cosmic Word
That I by grace through senses' portals
Have led into my inmost soul:
Imbue your spirit depths
With my wide world horizons
To find in future time myself in you.

18 R *Eighteenth Week*

Can I expand my soul
That it unites itself
With cosmic Word received as seed?
I sense that I must find the strength
To fashion worthily my soul
As fitting raiment for the spirit.

19 S *Nineteenth Week*

In secret to encompass now
With memory what I've newly got
Shall be my striving's further aim:
Thus, ever strengthening, selfhood's forces
Shall be awakened from within
And growing, give me to myself.

20 T *Twentieth Week*

I feel at last my life's reality
Which, severed from the world's existence,
Would in itself obliterate itself,
And building only on its own foundation,
Would in itself bring death upon itself.

21 U *Twenty-first Week*

I feel strange power, bearing fruit
And gaining strength to give myself to me.
I sense the seed maturing
And expectation, light-filled, weaving
Within me on my selfhood's power.

22 V *Twenty-second Week* (O)

The light from world-wide spaces
Works on within with living power;
Transformed to light of soul
It shines into the spirit depths
To bring to birth the fruits
Whereby out of the self of worlds
The human self in course of time shall ripen.

23 W *Twenty-third Week* (O)

There dims in damp autumnal air
The senses' luring magic;
The light's revealing radiance
Is dulled by hazy veils of mist.
In distances around me I can see
The autumn's winter sleep;
The summer's life has yielded
Itself into my keeping.

24 X *Twenty-fourth Week* (O)

Unceasingly itself creating,
Soul life becomes aware of self;
The cosmic spirit, striving on,
Renews itself by self-cognition,
And from the darkness of the soul
Creates the fruit of self-engendered will.

25 Y *Twenty-fifth Week* (O)

I can belong now to myself
And shining spread my inner light
Into the dark of space and time.
Toward sleep is urging all creation,
But inmost soul must stay awake
And carry wakefully sun's glowing
Into the winter's icy flowing.

26 Z *Michaelmas* (O)

Nature, your maternal life
I bear within the essence of my will.
And my will's fiery energy
Shall steel my spirit striving,
That sense of self springs forth from it
To hold me in myself.

27 Ā *Twenty-seventh Week*

When to my being's depths I penetrate,
There stirs expectant longing
That self-observing, I may find myself
As gift of summer sun, a seed
That warming lives in autumn mood
As germinating force of soul.

28 B̄ *Twenty-eighth Week*

I can, in newly quickened inner life,
Sense wide horizons in myself.
The force and radiance of my thought—
Coming from soul's sun power—
Can solve the mysteries of life,
And grant fulfillment now to wishes
Whose wings have long been lamed by hope.

29 C̄ *Twenty-ninth Week*

To fan the spark of thinking into flame
By my own strong endeavor,
To read life's inner meaning
Out of the cosmic spirit's fount of strength:
This is my summer heritage,
My autumn solace, and my winter hope.

30 D̄ *Thirtieth Week*

There flourish in the sunlight of my soul
The ripened fruits of thinking;
To conscious self-assurance
The flow of feeling is transformed.
I can perceive now joyfully
The autumn's spirit-waking:
The winter will arouse in me
The summer of the soul.

31 Ē *Thirty-first Week*

The light from spirit depths
Strives to ray outwards, sun-imbued;
Transformed to forceful will of life
It shines into the senses' dullness
To bring to birth the powers
Whereby creative forces, soul-impelled,
Shall ripen into human deeds.

32 F̄ *Thirty-second Week*

I feel my own force, bearing fruit
And gaining strength to give me to the world.
My inmost being I feel charged with power
To turn with clearer insight
Toward the weaving of life's destiny.

33 F̄ *Thirty-third Week* (O)

I feel at last the world's reality
Which, lacking the communion of my soul,
Would in itself be frosty, empty life,
And showing itself powerless
To recreate itself in souls,
Would in itself find only death.

34 H̄ *Thirty-fourth Week* (O)

In secret inwardly to feel
How all that I've preserved of old
Is quickened by new-risen sense of self:
This shall, awakening, pour forth cosmic forces
Into the outer actions of my life
And growing, mold me into true existence.

35 Ī *Thirty-fifth Week* (O)

Can I know life's reality
So that it's found again
Within my soul's creative urge?
I feel that I am granted power
To make my self, as humble part,
At home within the cosmic self.

36 K̄ *Thirty-sixth Week* (O)

Within my being's depths there speaks,
Intent on revelation,
The cosmic Word mysteriously:
Imbue your labor's aims
With my bright spirit light
To sacrifice yourself through me.

Winter

37 L̄ *Thirty-seventh Week* (O)

To carry spirit light into world-winter-night
My heart is ardently impelled,
That shining seeds of soul
Take root in grounds of worlds
And Word Divine through senses' darkness
Resounds, transfiguring all life.

38 M̄ *Christmas* (O)

The spirit child within my soul
I feel freed of enchantment.
In heart-high gladness has
The holy cosmic Word engendered
The heavenly fruit of hope,
Which grows rejoicing into worlds afar
Out of my being's godly roots.

39 N̄ *Thirty-ninth Week* (O)

Surrendering to spirit revelation
I gain the light of cosmic being;
The power of thinking, growing clearer,
Gains strength to give myself to me,
And quickening there frees itself
From thinker's energy my sense of self.

40 Ō *Fortieth Week* (O)

And when I live in spirit depths
And dwell within my soul's foundations,
There streams from love-worlds of the heart,
To fill the vain delusion of the self,
The fiery power of the cosmic Word.

41 P̄ *Forty-first Week* (O)

The soul's creative might
Strives outward from the heart's own core
To kindle and inflame god-given powers
In human life to right activity;
The soul thus shapes itself
In human loving and in human working.

42 Q̄ *Forty-second Week* (O)

In this the shrouding gloom of winter
The soul feels ardently impelled
To manifest its innate strength,
To guide itself to realms of darkness,
Anticipating thus
Through warmth of heart the sense-world's revelation.

43 R̄ *Forty-third Week* (O)

In winter's depths is kindled
True spirit life with glowing warmth;
It gives to world appearance,
Through forces of the heart, the power to be.
Grown strong, the human soul defies
With inner fire the coldness of the world.

44 S̄ *Forty-fourth Week* (O)

In reaching for new sense attractions,
Soul-clarity would fill,
Mindful of spirit-birth attained,
The world's bewildering, sprouting growth
With the creative will of my own thinking.

45 T̄ *Forty-fifth Week* (O)

My power of thought grows firm
United with the spirit's birth.
It lifts the senses' dull attractions
To bright-lit clarity.
When soul-abundance
Desires union with the world's becoming,
Must senses' revelation
Receive the light of thinking.

46 Ū *Forty-sixth Week* (O)

The world is threatening to stun
The inborn forces of my soul;
Now, memory, come forth
From spirit depths, enkindling light;
Invigorate my inward sight
Which only by the strength of will
Is able to sustain itself.

47 V̄ *Forty-seventh Week* (O)

There will arise out of the world's great womb,
Quickening the senses' life, the joy of growth.
Now may it find my strength of thought
Well armed by powers divine
Which strongly live within my being.

48 W̄ *Forty-eighth Week* (O)

Within the light that out of world-wide heights
Would stream with power toward the soul,
May certainty of cosmic thinking
Arise to solve the soul's enigmas—
And focusing its mighty rays,
Awaken love in human hearts.

49 X̄ *Forty-ninth Week* (O)

I feel the force of cosmic life:
Thus speaks my clarity of thought,
Recalling its own spirit growth
Through nights of cosmic darkness,
And to the new approach of cosmic day
It turns its inward rays of hope.

50 Ȳ *Fiftieth Week* (O)

Thus to the human I speaks
In mighty revelation,
Unfolding its inherent powers,
The joy of growth throughout the world:
I carry into you my life
From its enchanted bondage
And so attain my truest goal.

51 *Awaiting Spring* (O)

Into our inner being
The riches of the senses pour.
The Cosmic Spirit finds itself
Reflected in the human eye,
Which ever must renew its strength
From out that spirit source.

52 Z̄ *Fifty-second Week*

When from the depths of soul
The spirit turns to the life of worlds
And beauty wells from wide expanses,
Then out of heaven's distances
Streams life-strength into human bodies,
Uniting by its mighty energy
The spirit's being with our human life.